Linguistique française: français langue étrangère

Volker Fuchs / Serge Meleuc

Linguistique française: français langue étrangère

La communication en français

PETER LANG

Frankfurt am Main · Berlin · Bern · Bruxelles · New York · Oxford · Wien

Information bibliographique de la Deutsche Bibliothek
La Deutsche Bibliothek a répertorié cette publication dans la
Deutsche Nationalbibliographie ; les données bibliographiques
détaillées peuvent être consultées sur Internet à l'adresse http://
dnb.ddb.de.

Publié avec le concours de Paris X Nanterre.

ISBN 978-3-631-51312-5

© Peter Lang GmbH
Europäischer Verlag der Wissenschaften
Frankfurt am Main 2003
Tous droits réservés.

Imprimé en Allemagne 1 2 3 4 6 7
www.peterlang.de

Volker FUCHS, Serge MELEUC
LINGUISTIQUE FRANÇAISE : FRANÇAIS LANGUE
ÉTRANGÈRE
La communication en français

PRÉSENTATION

1. Principes et visées de l'ouvrage

Pour le non-initié à la « Linguistique », on peut proposer le terme proche et plus explicite de « Sciences du langage ». Le terme de « sciences », ainsi mis au pluriel, montre à la fois que la linguistique n'est pas une discipline figée et dogmatique, mais plutôt un ensemble varié de recherches sur le langage avec certaines convergences, des données considérées comme admises, mais aussi des notions en débat. Il y a en effet, comme on peut aisément s'en persuader en ouvrant n'importe quel manuel de la discipline, de nombreuses écoles qui ont développé des théories différentes, complémentaires ou exclusives, depuis les années cinquante tout particulièrement.

Le terme de *sciences du langage* montre aussi que la discipline a une ambition théorique et revendique ainsi une place parmi les connaissances scientifiques, dont elle accepte en contrepartie les exigences de rigueur, d'explicitation des concepts, de constitution de modèles formels ainsi que les règles de vérification/falsification qui les accompagnent ; enfin, le terme de *linguistique* fait d'abord penser aux domaines traditionnels de la description des langues : la phonétique, la grammaire, la lexicologie, la philologie, alors que l'expression composée *sciences du langage* ouvre le champ conceptuel vers le langage en général, la communication, la socio- ou la psycholinguistique, l'acquisition des langues. C'est pourquoi cette dernière dénomination, qui rend mieux compte de l'élargissement de la perspective au-delà de la seule analyse du système formel interne ou « grammaire » des langues, tend progressivement à s'imposer. Toutefois, un problème de nature expressive et stylistique demeure : comment adjoindre à l'expression *sciences du langage*, idéale pour désigner le domaine dans son ensemble, tous les adjectifs et noms que l'on peut aisément adjoindre au mot *linguistique* : linguistique *générale*, *française*, linguistique *de l'énonciation*, linguistique *générative*, *communicationnelle*, *cognitive*, *synchronique*, etc. ?

Ainsi se justifie notre titre de **LINGUISTIQUE FRANÇAISE** et tous nos emplois du mot dans les pages qui suivent ; puisque nous voulons en effet exposer ici divers aspects du champ de connaissance pertinent et non pas proposer une simple *grammaire du français*, le substantif simple *linguistique* est le terme le plus approprié.

Linguistique française visant le FRANÇAIS LANGUE ETRANGERE, dans la mesure où il s'agit de faire connaitre à des lecteurs insérés dans une tradition scolaire et universitaire étrangère et qui veulent faire de l'enseignement du français leur activité professionnelle les travaux linguistiques et ouvrages pratiques produits sur le français, ces travaux de linguistique française n'étant pas limités à ce que les linguistes français eux-mêmes ont écrit sur leur propre langue.

Enfin, il convient aussi de dire que les deux volumes de l'ouvrage sont conçus en vue d'une **formation en autonomie**, ou **auto-formation**, de la part du lecteur et qu'ils comportent de ce fait un appareil pédagogique important, inséré dans le corps de l'ouvrage et qui se veut une aide concrète à la formation : annexes documentaires, références précisément ciblées par rapport au contenu et développé point après point, questions, pistes de réflexion, exercices analytiques de corpus français, recherche personnelle de données (cf. détails ci-dessous), etc., avec à chaque fois les éléments de réponse associés : soit les sources à consulter soit les « corrigés » des exercices proprement dits. Le texte présente-ment édité est d'ailleurs issu d'une expérience concrète de formation universitaire à distance, développée *in situ* et à grande échelle pour la qualification de professeurs de français à l'étranger.

2. Organisation pratique de l'ouvrage

Chaque chapitre comporte des éléments pédagogiques associés au texte et conçus dans la perspective d'une **auto-formation** du lecteur :

- DOCUMENTS : nombreux fragments de textes. Les citations de l'exposé peuvent ainsi très souvent être replacées dans un contexte plus large grâce au document, qui peut lui-même servir à un travail personnel (fiche de synthèse, discussion ou commentaire d'un point particulier) ou de point de départ pour la lecture de l'ouvrage lui-même.
- REFERENCES bibliographiques : Elles sont présentées au fil du texte sous la forme : nom d'auteur et date et renvoient ainsi clairement à la bibliographie associée à chaque chapitre. Le lecteur de langue maternelle anglaise ou allemande pourra y trouver des références à des oeuvres originales comme à des travaux de synthèse didactique écrits dans sa propre langue. Une biblio-graphie générale de tous les textes mentionnés ou cités est placée à la fin du second volume.

- **LECTURES** : Extensions de l'exposé sous forme de lectures à faire, certaines associées aux documents annexés au chapitre, d'autres externes et plus extensives.
- **TRAVAUX** : Exercices variés, depuis la fiche de lecture jusqu'à l'analyse de petits corpus ou la recherche de données, complémentaires de celles analysées dans l'ouvrage.
- **CORRIGES** : La mention [COR] portée à la suite d'un travail indique l'existence d'un corrigé ; tous les corrigés sont regroupés à la fin de chaque volume.
- **GLOSSAIRE** : Les mots-concepts spécialisés (dit TERMES) propres aux sciences du langage sont mis en petites capitales et assortis d'une définition, reprise en fin de second volume.

NOTE ORTHOGRAPHIQUE : L'écriture de ce livre suit les *Rectifications de l'orthographe française* de décembre 1990, approuvées puis récemment adoptées (printemps 2001) par le *Dictionnaire de l'Académie Française*.

INTRODUCTION
LES DOMAINES DE LA LINGUISTIQUE

1. Philologie, grammaire, linguistique générale et linguistique du français

L'étude des langues a longtemps été partagée entre la philologie et la grammaire : recherche des étymologies, des filiations historiques entre langues apparentées, question philosophique plus générale de l'origine du langage, abondamment débattue tout au long du XVIIIème siècle. Cette approche historique a été tout particulièrement dominante au XIXème siècle, le « siècle de l'histoire » dit-on parfois, ce qui explique le rôle novateur marqué des cours de F. de Saussure [→ chap. 1]. Parallèlement à ces recherches qui ont prises leur première forme scientifique avec la Grammaire comparée des langues indo-européennes, le travail d'analyse s'est poursuivi, prenant pour objet soit la grammaire d'une langue particulière, soit la grammaire *générale*, c'est-à-dire la recherche sur les lois qui pourraient valoir pour l'ensemble des langues et sur le rapport entre logique et langage, et entre pensée et langage. L'ouvrage français ancien le plus célèbre dans le domaine est celui des philosophes jansénistes Arnauld et Lancelot de 1660 dont le titre énonce à lui seul tout le programme de recherche :

> « Grammaire générale et raisonnée contenant les fondements de l'art de parler, expliqués d'une manière claire et naturelle, les raisons de ce qui est commun à toutes les langues, et des principales différences qui s'y rencontrent, etc. »

En général, les grammaires restaient cependant beaucoup plus modestes en s'attachant à classer les mots (catégories et sous-catégories) et les phrases, d'abord des langues anciennes, puis, à partir du XVIème siècle seulement, des langues modernes; ainsi *Lesclaircissement de la langue fransoise* de Palsgrave est édité en 1630. De même que Palsgrave écrivait sa grammaire pour aider les nobles anglais à apprendre ou mieux parler le français (perspective « français langue étrangère », déjà!), de même les autres ouvrages se voulaient-ils d'abord pratiques, conçus pour apprendre à parler correctement et plus encore à bien écrire, selon l'usage des lettrés et des groupes sociaux dirigeants du pays.

Les théories du langage d'aujourd'hui partent toutes plus ou moins du constat simple et fondamental que dans la langue il y a des formes matérielles, de nature acoustique, doublées par des formes graphiques dans les sociétés qui se sont dotées d'une écriture, et que ce matériau sonore produit du sens, objet sans doute moins immédiatement tangible mais, bien sûr, essentiel puisqu'il est la finalité même de la langue.

Si une langue peut avoir de multiples fonctions individuelles comme sociales et ne peut être réduite à la seule fonction de communication que pourrait assurer n'importe quel autre code, elle sert néanmoins au premier chef à produire et échanger de l'information entre humains; le matériau sonore n'est pas un « bruit » comme les autres, il est structuré pour produire du sens, s'exprimer soi-même, se représenter conceptuellement l'expérience des choses et des êtres et la communiquer à ses semblables. Dans sa présentation d'E. Coseriu (1988), H. Weber propose une excellente formulation :

> Si on cherche à la caractériser par un seul mot, la linguistique d'aujourd'hui est avant tout une « linguistique de la compétence », là où la linguistique de la première moitié du siècle était une « linguistique de la structure » et la linguistique du XIXe s. une « linguistique de l'histoire des langues ». (trad. de l'allemand)

Pour avancer dans ce champ nouveau de la compétence élargie, les linguistes du XXème siècle ont consacré beaucoup d'énergie à réfléchir aux outils concep-tuels qu'ils utilisaient pour décrire les langues : aussi bien F. de Saussure qui tente de constituer la linguistique en science autonome, que N. Troubetzkoy ou R. Jakobson qui s'attachent à spécifier soigneusement le fonctionnement des systèmes phonologiques, que N. Chomsky essayant de construire une théorie syntaxique intégrée et formulable en langage-machine, ou encore qu'E. Coseriu qui discute les concepts saussuriens pour reformuler le concept de LANGUE. Cette recherche de l'explicitation et de la rigueur, plus récemment cette volonté de parvenir à formaliser les propriétés mises au jour, caractérisent et distinguent bien la linguistique moderne, dont les objectifs ne sont pas prioritairement le bien-écrire ou la pédagogie des langues.

2. Linguistique générale et linguistique française

2.1. Phonétique et phonologie
L'étude linguistique de toute langue comporte une description de la PHONETIQUE de cette langue : inventaire des sons, analyse articulatoire et/ou acoustique de ces sons, de leurs variantes selon les usages sociaux, de leur com-binatoire, de leurs jonctions : certains sons ne se combinent jamais, d'autres ra-rement (ou par emprunt), d'autres encore très fréquemment; par ex. la suite [Rt]+voy. formant syllabe ne se rencontre jamais, mais [tR] + voy. et de façon plus générale consonne occlusive + consonne vibrante, [R] ou bien [l], sont des séquences d'une très haute fréquence et dans toutes les positions possibles d'un mot : trop, trébucher, attraper, battra, etc.; le son [ŋ] est importé des mots anglais et limité à ces seuls mots, tandis que [a], [e], [k], [y], [ɑ̃], etc. sont constamment utilisées dans les mots les plus divers; du point de vue des usages sociaux, de nombreux mots ont des prononciations différentes, même parmi les plus usuels;

11

ainsi la forme *est* (du verbe *être*), qui est de très loin l'unité la plus utilisée du français, est-elle articulée [e] aussi bien que [ɛ], même si les dictionnaires, les grammaires ou les manuels scolaires demandent aux Français de la prononcer [ɛ]. Un alphabet phonétique[1] et d'autres signes conventionnels permettent de représenter les sons, les accents d'intensité, les schémas intonatifs, les pauses (avec plus ou moins de précision), un sonogramme permet de visualiser directement l'onde sonore produite. L'alphabet phonétique donné dans les dictionnaires ou les grammaires même s'il est un outil qu'un phonéticien considérerait comme très rudimentaire, n'en est pas moins indispensable à la représentation de la forme orale.

La **PHONOLOGIE** décrit, quant à elle, la structuration globale du matériau sonore pour mettre à jour les oppositions distinctives à partir desquelles des signes peuvent exister et constituer une langue; on passe alors du son au phonème : le phonème /n/ s'oppose au phonème /b/ dans la mesure où *neige* et *beige* sont deux mots différents; phonétique et phonologie ne se recouvrent pas puisque toute différence de son ne constitue pas nécessairement une opposition distinctive de sens [→ chap. 7].

2.2. Morphologie et syntaxe

Ce domaine est plus familier au non-spécialiste, avec deux points à souligner. D'abord, les formes orales et les formes écrites méritent l'une et l'autre l'attention du grammairien et tout le monde devrait savoir aujourd'hui que l'on obtient d'une langue, et du français tout spécialement, une image bien différente selon la forme que l'on considère. On peut par ex., sans esprit de paradoxe, affirmer que les substantifs français sont invariables en nombre et que cette distinction sg/pl est portée par le déterminant (article, etc.) ainsi que par la jonction entre le déterminant et le substantif qui suit (*les amis*, [le-z-ami], *ces idiots*, [se-z-idjo], phénomène dit de liaison); par voie de conséquence, la liaison n'apparait plus comme un phénomène marginal, secondaire par rapport aux mots, mais comme une entité grammaticale à part entière de la langue française. Ensuite, les formes grammaticales doivent d'abord être analysées du point de vue de leurs propriétés combinatoires : distribution des mots les uns par rapport aux autres, hiérarchisation dans la phrase (analyse dite en *constituants*), relations entre types de phrase ou bien entre phrase simple et phrase complexe, au lieu que le point de vue traditionnel des grammairiens privilégiait une étude énumérative des catégories et cherchait à classer chaque phrase dans un sous-type ou un sous-sous-type, que l'on étudiait à part des autres.

---

[1] Nous utiliserons dans ce livre l'Alphabet Phonétique International (désormais: A.P.I.) pour toutes nos notations des formes orales du français. L'orthographe suit les *Rectifications* de décembre 1990.

Les syntacticiens modernes visent la généralisation en cherchant à mettre au jour les principes capables d'expliquer la construction des diverses phrases [→ vol. II].

On ajoutera aussi que la relation entre morphologie et syntaxe est très étroite; une marque morphologique telle singulier/pluriel en français concerne dans une même phrase le déterminant, le nom, l'adjectif, s'il y en a un, et le verbe, elle joue donc un rôle très important comme signe de cohésion de la phrase tout entière et une description du français qui procéderait par énumération catégorie après catégorie ne pourrait rendre compte de cette propriété.

2.3. Lexique et sémantique

Le sens des énoncés se construit grâce à la conjonction entre une construction, objet de la syntaxe, et une unité lexicale, un « mot » pour faire simple, et la linguistique doit développer aussi une théorie du lexique [→ vol. II].

La LEXICOLOGIE tente d'analyser les composants du sens des mots (analyse en traits sémantiques ou sèmes, par ex.), cherche à comprendre comment décrire la polysémie ou l'homonymie entre deux ou plusieurs mots : *adhérer* dans : *ces pneus adhèrent parfaitement à la route* et dans : *j'adhère entièrement à ce projet* sont-ils une seule et même unité lexicale (un seul SIGNE) ou bien deux unités distinctes mais dont la forme identique masque la différence lexicale? Pour l'acquisition d'une langue étrangère, une connaissance affinée du degré de SYNONYMIE entre mots distincts est essentielle; celle-ci doit donc être analysée précisément. Par ailleurs, il apparait aussi que la plus grande part des mots, 75% environ en français, sont des mots construits avec plusieurs mots simples par ce qu'on appelle le processus de COMPOSITION (*un fourre-tout, une pomme de terre, une porte-fenêtre, un hôtel-restaurant, le baby-boom*) ou bien qu'ils associent un radical et un affixe (*faire, refaire, défaire, parfaire; construire, un constructeur, la construction, la déconstruction*) par le processus de DÉRIVATION. Sémantique lexicale et morphologie lexicale traitent de l'ensemble de ces problèmes et bénéficient des relevés statistiques étendus obtenus grâce au traitement électronique des mots mis en relation avec leurs constructions[2]. J. Pustejovsky (1995) écrit :

> Sans la prise en compte de la structure syntaxique du langage, les études du sens lexical sont vouées à l'échec. Il n'existe aucune voie de recherche possible si le sens est complètement disjoint de la structure syntaxique qui le porte. (p. 5)

---

[2] Outre M.Gross, on trouve sur le français: G. Helbig (1969), W. Busse, P. Dubost (1983), I. Melču'k (1983); l'anglais ou l'allemand aussi ont été l'objet de travaux similaires, p. ex. R. Courtney (1983) *Dictionary of Phrasal Verbs*, Longman éd. pour l'anglais. Ces références sont en bibliographie générale.

13

Cette prise de position qui résume bien l'esprit des travaux actuels sur le lexique ne l'empêche pas d'affirmer immédiatement après :

> Le sens des mots doit nécessairement refléter les structures conceptuelles plus profondes du système cognitif et le domaine dans lequel il opère; ce qui revient à dire que la sémantique des langues naturelles devrait être l'image de principes organisateurs non linguistiques, quelle que soit la structure de ceux-ci. (*Ibid.*, p.7)

Un nouveau courant de recherche se développe en effet rapidement depuis 1990 avec pour objet d'explorer et de modéliser les rapports entre structures linguistiques et structures conceptuelles sous l'appellation de *linguistique cognitive*.

2.4. Histoire de la langue

Tous les aspects, phonétiques, grammaticaux ou sémantiques du français ont fait l'objet de recherches et de travaux historiques, soit selon un axe longitudinal, dit « diachronique » (l'évolution entre tel et tel état de la langue), soit sous forme « synchronique » (le français de telle époque limitée à elle-même). Les sommes en la matière sont : F. Brunot & C. Bruneau, *Histoire de la langue française*, 13 vol. parus entre 1905 et 1937, la *Grammaire historique de la langue française* de K. Nyrop, 6 vol., entre 1899 et 1930, ou encore le *Dictionnaire étymologique de la langue française* de O. Bloch et W. von Wartburg, 2 vol. 1932, rév.1964. Un passionnant *Dictionnaire historique de la langue française*, issu des recherches lexicographiques du CNRS[3], vient d'être publié par A. Rey, 2 vol. 1992 [→ **vol. II**].

3. Linguistique de la communication

3.1. Pragmatique

Les énoncés d'une langue peuvent - et doivent - aussi être étudiés en tenant compte de leur situation de production et de leur producteur (le locuteur, dit « énonciateur »); ce qu'on peut appeler une *linguistique de la communication*, incluant aussi l'étude des textes, qui s'est largement développée à la fois sur les traces de l'ancienne rhétorique et à partir des réflexions de K. Bühler (1934), de R. Jakobson (1963) sur les fonctions du langage, les *embrayeurs* (« shifters ») et la poétique, plus encore à partir de celles d'E. Benveniste (1966 et 1974) sur les temps, la personne et sur ce qu'il a finalement appelé lui-même en 1969 *l'appareil formel de l'énonciation*. L'école de philosophie analytique, représentée entre autres par J. L. Austin ou J. R. Searle, a développé des travaux sur les *actes de langage*, la *référence*, la *présupposition*, qui ont eu des répercussions sur la linguistique française.

---

[3] Centre national de la Recherche Scientifique, base de données FRANTEXT, consultable sur le réseau Internet.

J. Moeschler et A. Reboul (1994) proposent de regrouper ce champ de recherches sous le terme de PRAGMATIQUE, défini en ces termes :

> D'une manière tout à fait générale, on définira la **pragmatique** comme l'étude de l'usage du langage, par opposition à l'étude du système linguistique, qui concerne à proprement parler la linguistique. (p.17)

Bien que nous la présentions ici plutôt de cette façon, c'est-à-dire comme une approche théorique complémentaire de la linguistique *stricto sensu*, laquelle inclut de droit l'étude de la communication, de l'énonciation, etc., la pragmatique peut aussi être conçue et présentée comme une remise en cause plus radicale, une critique des fondements même de la linguistique, surtout sous sa forme structuraliste américaine :

> L'usage [du langage] n'est neutre, dans ses effets, ni sur le processus de communication, ni sur le système linguistique lui-même. (*Ibid.*, p.17)

En France, F. Récanati s'est intéressé à la question de la performativité. O. Ducrot a particulièrement travaillé sur la présupposition. J. C. Anscombre et O. Ducrot (1988) ont développé un riche travail sur l'argumentation et proposé sous la dénomination de « *pragmatique intégrée* » un modèle où le niveau sémantique et le niveau pragmatique de la description du sens ne soient plus disjoints. L'ensemble du domaine, des auteurs et des travaux essentiels de la pragmatique est présenté dans J. Moeschler & A. Reboul (1994).

3.2. Typologie des langues, géolinguistique et sociolinguistique

La situation d'une langue donnée parmi les grandes classes typologiques de langues et la diversification des usages d'une même langue dans la dimension géographique ouvrent des champs de recherche intéressants; le français est en particulier impliqué dans le vaste ensemble dit de la francophonie et soumis aux contacts de langues étrangères diverses [→ chap. 2].

La variation des usages sociaux à l'intérieur d'une seule et même langue[4] est l'objet de la SOCIOLINGUISTIQUE. La variation interne à la langue (groupes de locuteurs socialement ou régionalement définis, différences de générations, etc.) n'y est pas traitée comme erreur ou, selon le terme le plus courant, une « faute » de langue, mais bien comme une variable, et donc comme une régularité dont il faut saisir la logique interne et la place par rapport aux autres usages, l'usage standard ou « norme » en particulier. Certains traits de la structure d'une langue sont communs à l'ensemble des locuteurs, d'autres comportent des va-

---

[4] Nous insistons sur ce point car la sociolinguistique ne se réduit pas à la dialectologie; il s'agit bien, dans l'ensemble de la population parlant le « même » français, des variations **internes** au français lui-même.

riables aux multiples sources. Le linguiste américain W. Labov, qui a travaillé surtout sur les parlers des noirs américains est un bon exemple de cette problématique, relayée en France par les travaux de L.-J. Calvet ou de F. Gadet. Par l'étude précise de larges groupes de locuteurs, la sociolinguistique peut aussi contribuer très utilement à la compréhension des changements en cours dans la langue contemporaine [→ chap. 3].

3.3. Linguistique textuelle et stylistique

La linguistique cherche aussi à analyser les énoncés au-delà des limites de la phrase : analyse du discours, typologie des textes, description linguistique des œuvres littéraires et stylistique. En Suisse romande, J. P. Bronckart (1996) a développé une *typologie des discours*; en Allemagne, de nombreux travaux sont parus autour des concepts de *Textarten* ou *Textsorten*, dont R. A. Beaugrande et W. U. Dressler (1981) ont présenté une synthèse. H. Weinrich, après avoir présenté un livre sur les temps verbaux inscrit dans cette perspective (1964), a proposé une Grammaire textuelle du français (1982) qui couvre tout le champ de la langue, depuis les articles jusqu'aux phrases complexes. Ce point de vue *textuel* en grammaire ne sera pas traité à part dans notre ouvrage mais intégré aux descriptions particulières. Ces travaux de linguistes rencontrent aussi ceux de théoriciens de la textualité et de la littérature, tels G. Genette (1972), K. Hamburger (1977) ou M. Bakhtine (1979), qui ont travaillé sur le récit romanesque. L'étude proprement stylistique du français fera l'objet d'un chapitre autonome dans cet ouvrage [→ vol. II].

RÉFÉRENCES DES AUTEURS MENTIONNÉS OU CITÉS

Anscombre, J. C., Ducrot, O. (1988) : *L'argumentation dans la langue*. Bruxelles, Mardaga.
Austin, J. L. (1962) : *Quand dire c'est faire*. trad. franç. 1970, Le Seuil.
Bakhtine, M. (1979) : *Esthétique de la création verbale*. trad. franç. 1984, Gallimard.
Beaugrande, R. A. & Dressler, W. U. (1981) : *Einführung in die Textlinguistik*. Tübingen, Niemeyer.
Benveniste, E. (1966 et 1974) : *Problèmes de linguistique générale*. Paris, Gallimard.
Bronckart, J.-P. (1996) : *Activités langagières, textes et discours*. Delachaux & Niestlé.
Bühler, K. (1934) : *Sprachtheorie*. Iéna, Fischer, rééd. UTB, 1992, Francke.
Calvet, L.-J. (1994) : *Les voix de la ville*. Introduction à la sociolinguistique, Paris, Payot.
Chomsky, N. (1965) : *Aspects de la théorie de la syntaxe*. trad. Paris, Le Seuil.
Coseriu, E. (1988) : *Einführung in die Allgemeine Sprachwissenschaft*. UTB, Berne, Francke.
de Saussure, F. (1916, rééd. 1970) : *Cours de linguistique générale*. Paris, Payot.
Ducrot, O. (1980) : *Les mots du discours*. Paris, Ed. de Minuit.
Gadet, F. (1989) : *Le français ordinaire*. Paris, Armand-Colin.
Genette, G. (1972) : *Figures III*. Paris, Le Seuil.
Hamburger, K. (1977) : *Logique des genres narratifs*. Stuttgart, Klett, trad. Le Seuil 1986.
Jakobson, R. (1963) : *Essais de linguistique générale*. Paris, Ed. de Minuit.

Labov, W. (1976) : *Sociolinguistique*. Paris, Ed. de Minuit.
Moeschler, J. & **Reboul, A**. (1994) : *Dict. encycl. de pragmatique*. Paris, Le Seuil.
Pustejovsky, J. (1995) : *The Generative Lexicon*. Cambridge Mass., MIT Press.
Récanati, F. (1981) : *Les énoncés performatifs*. Paris, Ed. de Minuit.
Searle, J. R. (1969) : *Les actes de langage*. Berkeley Calif., trad. Paris, Hermann.
Troubetzkoy, N. S. (1939, trad. 1967) : *Principes de phonologie*. Paris, Klincksieck.
Weinrich, H. (1964, trad. 1984) : *Le temps*. Paris, Le Seuil, et (1982, trad. 1989) : *Grammaire textuelle du français*. Paris, Hatier.

CHAPITRE 1
SAUSSURE ET LE CONCEPT DE LANGUE
LANGUE ET USAGE DE LA LANGUE

Sans développer vraiment une histoire de la linguistique, ce qui n'est pas l'objet de cet ouvrage, il faut cependant d'abord exposer brièvement comment la linguistique s'est constituée autour de quelques problèmes, ou questions centrales, qui en constituent les fondements et qui sont susceptibles d'animer toujours les discussions dans le champ de la discipline :

1. Comment le langage et les diverses langues particulières se sont-ils constitués?
2. Comment les langues particulières se sont-elles développées et modifiées au cours de leur existence et selon quels principes ou lois?
3. Qu'en est-il dans l'usage de la langue de la relation entre l'oral et de l'écrit?
4. Comment est-on parvenu à poser un usage dit « correct » de la langue, réglé par des normes et associé à des visées esthétiques? Et comment ces normes ont-elles été fixées?
5. Quel est l'être de la LANGUE? Quelles propriétés a ce système de signes si particulier parmi tous les autres signes et s'agit-il d'une structure homogène uniforme ou de sous-structures articulées de façon complexe?

C'est sur les questions 3, 4 et 5 que le XXème siècle aujourd'hui achevé a réalisé ses meilleures avancées; en effet, tandis que les questions touchant à l'émergence et au développement (perspective historique dite *diachronique*) avaient été dans le passé, et spécialement aux XVIIIème et XIXème siècle, abondamment explorées et éclaircies, celles qui touchaient à l'usage de la langue n'avaient pas été posées avec précision. La réponse à la question sur l'être de la LANGUE est quant à elle dépendante de la plus grande pertinence possible des réponses apportées aux autres questions.

Beaucoup s'accordent à penser que la réponse conceptuellement la plus significative, celle qui marque le début de la linguistique « moderne » et garde encore aujourd'hui son actualité, est celle du linguiste suisse Ferdinand de Saussure. Naturellement, au-delà de l'effet de « modernité », sa théorie reste redevable à d'autres qui, avec leurs modalités et leur terminologie propres, l'avaient précédée. Sa théorie sur l'être de la LANGUE a fécondé les recherches de nombreux successeurs et a en même temps provoqué la contradiction, de telle sorte que diverses théories se réclament de lui et qu'en même temps de nouvelles découvertes sur les langues, sur le parler et l'écriture, sur l'enracinement social et psychologique d'une langue sont venues s'adjoindre à la sienne. L'objet du pré-

sent chapitre est d'une part d'exposer les conceptions saussuriennes de la
LANGUE et les théories structurales qui en sont issues et, d'autre part, d'aborder
les conceptions qui, ayant cherché à remplir les vides laissés par Saussure, ont
amené à relativiser tel ou tel de ses points de vue. Nous ne chercherons pas, naturellement, à faire une synthèse exhaustive des multiples voies empruntées par
la linguistique du XXème siècle, bien que toutes contribuent à dessiner le
paysage actuel de la discipline. Nous nous intéresserons prioritairement au partage, essentiel, entre la notion de LANGUE conçue comme système autonome de
signes (système dit *sémiotique*) élaborée par F. de Saussure et la problématique
de l'énonciation et de l'énoncé.

1. Le concept saussurien de LANGUE

Le Cours de linguistique générale, publié en 1916 par les élèves de Saussure à
partir de ses cours-conférences à l'université, pose le problème fondateur de la
linguistique : existe-t-il, parmi les divers champs de connaissance scientifique
un espace propre pour une science du langage qui ne se réduise ni à des recherches historiques, ni à de la psychologie du langage, ni à de la sociologie, pas
plus qu'à des considérations philosophiques, bien que la langue soit impliquée
dans chacun de ces divers domaines des sciences humaines? Saussure était lui-
même très engagé dans la recherche historique et il abordait aussi certaines
questions dans le cadre de la pensée psychologique, voire psychologisante[1], de
son époque, mais tout son effort tendait à séparer les domaines conceptuels du
psychologique, du sociologique et du linguistique proprement dit.

1.1. Langage, langue, parole

Saussure propose que la LANGUE soit conçue comme un système *sémiotique*
dont les unités doivent être mises à jour et décrites par les seules relations internes qu'elles entretiennent entre elles. Là où plus tard on a parlé de « structure »,
Saussure parle de SYSTÈME.

Le concept de LANGUE doit d'abord être séparé de celui, par trop imprécis,
de LANGAGE :

> Pris dans son tout, le langage est hétérogène et hétéroclite : à cheval sur plusieurs do-
> maines, à la fois physique, physiologique et psychologique, il appartient au domaine
> individuel et au domaine social : il ne se laisse classer dans aucune catégorie de faits
> humains, parce qu'on ne sait pas comment dégager son unité.
> La langue, au contraire, est un tout en soi et un principe de classification. (*Clg*, p.25)

---

[1] C'est-à-dire ramenant tout phénomène à une question de forme interne de l'esprit.

Il faut ensuite spécifier mieux le terme de LANGUE en l'opposant à celui de PAROLE. Chaque locuteur, au moment où il parle (ou écrit), actualise de façon ponctuelle et contingente un code général abstrait qui rend cette réalisation langagière possible. Ce code, issu d'un acquiescement collectif, est toujours déjà là quand le locuteur individuel se l'approprie, de sorte que la relation entre LANGUE et PAROLE est d'implication mutuelle; si la production verbale est la seule source possible de changements, ceux-ci n'acquièrent une réalité que s'ils intègrent le code collectif des locuteurs et deviennent par là des faits de LANGUE.

Au concept de PAROLE, Saussure associe donc des propriétés telles que : individuel, accidentel, hétérogène, alors que le concept de LANGUE signifie : social, essentiel, homogène. C'est ce système « profond », non directement observable dans l'usage du langage, que la linguistique aura d'abord pour mission de mettre au jour et de théoriser.

1.2. Système synchronique
Saussure insiste également beaucoup sur la nécessité pour atteindre cet objectif scientifique de soigneusement distinguer dans l'analyse d'une langue entre un point de vue dit SYNCHRONIQUE et un point de vue dit DIACHRONIQUE.

> **synchronie**
> 1.*La linguistique synchronique* étudie les phénomènes selon l'axe des simultanéités, sans tenir compte de l'évolution dans le temps. Elle fait apparaître les relations instituées dans un état de langue donné (= une synchronie), c'est-à-dire les systèmes que constituent ces unités : par ex., le système du nombre grammatical en français contemporain (...). On observera qu'il est possible de faire la description *synchronique* d'un état de langue ancien (par ex. le latin, ou le français du XIIIè siècle).
> 2. *La linguistique diachronique* étudie les phénomènes selon l'axe des successivités temporelles. Elle vise un processus d'évolution (= une diachronie).
> (M. .Arrivé & *al.* 1986)

Si la relation diachronique est de plein droit dans l'approche saussurienne, et légitime l'étude de l'évolution des langues, la relation synchronique est néanmoins « première » dans la théorie tout comme elle l'est dans l'usage de la langue par les locuteurs :

> La première chose qui frappe quand on étudie des faits de langue, c'est que **pour le sujet parlant leur succession est inexistante** : il est devant un état. (...) Pour la masse parlante, l'aspect synchronique est **la vraie et seule réalité**.
> (*Clg*, p.117, et p.128, notre soulignement)

On peut résumer en posant l'alternative suivante : ou bien les données langagières seront considérées dans leur succession temporelle, historique (*diachroni-*

quement, le regard fixé sur les changements), ou bien elles seront décrites en un point déterminé dans leurs rapports mutuels (*synchroniquement*, le regard porté sur leur place dans le système); les deux points de vue s'articuleront l'un avec l'autre mais sans se confondre.

- **LECTURE 1**
  La linguistique statique et la linguistique évolutive.
  F. de Saussure : *Cours de linguistique générale*, Partie 1, chap. 3 pp.114-143.

- **TRAVAIL 1 [→ COR]**
  Expliquez la citation suivante de F. de Saussure :

> Une partie d'échecs est comme une réalisation artificielle de ce que la langue nous présente sous une forme naturelle. (*Clg*, p. 125)

Cherchez, en français ou dans votre propre langue, des exemples dans le vocabulaire et dans la grammaire (morphologie ou syntaxe) qui montrent l'opposition entre point de vue diachronique et point de vue synchronique sur le phénomène considéré.

1.3. Signe et arbitraire

La théorie du SIGNE et de l'ARBITRAIRE du signe est l'aspect majeur de la théorie saussurienne. La langue ne doit pas être conçue comme une simple nomenclature qui aurait pour rôle d'étiqueter les objets de la réalité (ou les concepts de la pensée) et qui nous obligerait à poser des entités en quelque sorte « prédécoupées » que les signes ne viendraient que « dénommer ». La LANGUE n'est pas en effet, toujours selon Saussure, une machine à désigner ou dénommer, mais un système autonome propre à construire des signes. On trouve dans le *Clg* plusieurs analogies à valeur explicative devenues célèbres même au-delà du cercle des spécialistes, comme celle de la surface de l'eau ou celle de la feuille de papier avec son recto et son verso. Saussure conclut son propos en parlant du signe comme l'association d'un signifiant et d'un signifié :

> Le signe linguistique unit non une chose et un nom, mais un concept et une image acoustique.
> Le signe linguistique est donc une entité psychique à deux faces, qui peut être représentée par la figure :
> (Cf. **Document 1** : Schéma du signe)

La relation entre les deux faces du signe ne relève d'aucune motivation interne, elle est arbitraire :

> Le lien unissant le signifiant au signifié est radicalement arbitraire.
> (*Clg*, p. 100 et note 136)

L'adverbe *radicalement* de cette formule est très important, il peut être glosé par « à la racine », ce qui revient à poser que l'association forme-sens du signe linguistique est arbitraire dans son principe même de constitution. Aucune rationalité, aucune nature, percept psychologique, ou motivation de type symbolique, ne peut expliquer que tel segment phonique vienne s'associer, ou « se condenser avec » tel segment conceptuel :

> L'idée de 'sœur' n'est liée par aucun rapport intérieur avec la suite de sons *s - ö- r* qui lui sert de signifiant : il pourrait être aussi bien représenté par n'importe quelle autre : à preuve les différences entre langues et l'existence même de langues différentes : le signifié 'bœuf' a pour signifiant : *b - ö - f* d'un côté de la frontière et : *o - k - s* (*Ochs*) de l'autre. (*Ibid*, p.100)

On comprend ainsi qu'un signe linguistique ne peut pas être constitué par une relation externe mais qu'il doit être pensé comme une VALEUR définie à l'intérieur du système linguistique propre à chaque langue :

> La langue est un système dont tous les termes sont solidaires et où la valeur de l'un ne résulte que de la présence simultanée des autres :
> Cf. **Document 2** Schéma des relations entre signes

> Le choix qui appelle telle tranche acoustique pour telle idée est parfaitement arbitraire. Si ce n'était pas le cas, la valeur perdrait quelque chose de son caractère, puisqu'elle contiendrait un élément imposé du dehors. Mais en fait les valeurs sont entièrement relatives, et voilà pourquoi le lien de l'idée et du son est radicalement arbitraire.
> (*Ibid.*, p. 156)

- **LECTURE 2 Document 1**
  La nature du signe linguistique. (*Clg*, pp. 97-102) et **la valeur** (*Clg*, pp. 155-158)

1.4. Linéarité du signifiant

La LINÉARITÉ du signifiant est un dernier trait caractéristique essentiel de tout système linguistique :

> Le signifiant, étant de nature auditive, se déroule dans le temps seul et a les caractères qu'il emprunte au temps : a) il représente une étendue, et b) cette étendue est mesurable dans une seule dimension : c'est une ligne.
> Ce principe est évident (...). Tout le mécanisme de la langue en dépend. Par opposition aux signifiants visuels (signaux maritimes, etc.), qui peuvent offrir des complications simultanées sur plusieurs dimensions, les signifiants acoustiques ne disposent que de la ligne du temps, leurs éléments se présentent l'un après l'autre; ils forment une chaîne. Ce caractère apparaît immédiatement dès qu'on les représente par l'écriture et qu'on substitue la ligne spatiale des signes graphiques à la succession dans le temps.
> (*Clg*, p.103)

Le donné observable du langage se présente en effet toujours comme une séquence, séquence d'énoncés dans un texte, séquence de mots, eux-mêmes composés de séquences de sons, ou bien séquence de signes graphiques, mots ou caractères, eux-mêmes interprétables comme séquences de lettres ou d'éléments de base (pour les idéogrammes), lesquels doivent être tracés (ou frappés sur le clavier!) l'un après l'autre, et décodés par le balayage linéaire de la lecture. A l'oral, la production verbale étant entièrement soumise au temps, le locuteur ne pourra, pour modifier ou améliorer son énoncé, qu'ajouter de la parole à de la parole, tandis que la forme écrite pourra être soumise à des reprises et effacements successifs, pour ne laisser subsister que la forme terminale du message, qui sera donc la forme linéaire finale retenue par le scripteur et transmise au lecteur [→ **chap. 4 et chap. 6**].

1.5. Compte tenu des propriétés des signes linguistiques ainsi mises au jour, une unité linguistique sera définie par un double réseau de rapports : rapports SYNTAGMATIQUES et rapports *associatifs*, ou dits encore PARADIGMATIQUES :

> Ainsi, dans un état de langue, tout fonctionne sur des rapports; comment fonctionnent-ils?
>
> Les rapports et les différences entre termes linguistiques se déroulent dans deux sphères distinctes dont chacune est génératrice d'un certain ordre de valeurs (...).
>
> D'une part, dans le discours, les mots contractent entre eux, en vertu de leur enchaînement, des rapports fondés sur le caractère linéaire de la langue, qui exclut la possibilité de prononcer deux éléments à la fois (voir p. 103). Ceux-ci se rangent les uns à la suite des autres sur la chaîne de la parole. Ces combinaisons qui ont pour support l'étendue peuvent être appelées *syntagmes*. (...) Placé dans un syntagme, un terme n'acquiert sa valeur que parce qu'il est opposé à ce qui précède et à ce qui suit, ou à tous les deux.
>
> D'autre part, en dehors du discours, les mots offrant quelque chose de commun s'associent dans la mémoire, et il se forme des groupes au sein desquels règnent des rapports très divers. Ainsi le mot enseignement fera surgir inconsciemment devant l'esprit une foule d'autres mots (*enseigner, renseigner*, etc., ou bien *armement, changement*, etc., ou bien *éducation, apprentissage*); par un côté ou par un autre, tous ont quelque chose de commun entre eux.
>
> On voit que ces coordinations sont d'une toute autre espèce que les précédentes. Elles n'ont pas pour support l'étendue; leur siège est dans le cerveau; elles font partie de ce trésor intérieur qui constitue la langue chez chaque individu. Nous les appellerons rapports associatifs.
>
> Le rapport syntagmatique est *in praesentia*; il repose sur deux ou plusieurs termes également présents dans une série effective. Au contraire, le rapport associatif unit des termes *in absentia* dans une série mnémonique virtuelle. (*Clg*, pp.170-171)

Tous les éléments linguistiques étant soumis à l'enchainement par la propriété de linéarité, leur étude impliquera l'analyse de leur contexte, de leur environnement linguistique; les linguistes parlent alors de DISTRIBUTION : en un point donné de la séquence linguistique, avec quels autres éléments l'élément X est-il associable, avec quels autres éléments ne l'est-il pas? L'école *distributionnaliste* américaine des années cinquante a voulu faire de cette propriété le seul et unique critère légitime de toute description linguistique; même s'il parait impossible de souscrire à ce point de vue, il demeure vrai que toute analyse linguistique doit prendre en compte la distribution des éléments. En-dehors de la suite linéaire de la parole, les unités du langage prennent place dans des champs associatifs, dans des séries formelles ou sémantiques où elles entretiennent des relations spécifiques (relations de forme, relations de sens); sur ce rapport *associatif* (terme de Saussure) se fondent toutes les classes de substitution, ou PARADIGMES (terme utilisé par les linguistes après Saussure) qui permettent de constituer entre autres les catégories grammaticales majeures (nom, verbe, déterminant, adjectif, adverbe, etc.) et donc de construire la grammaire d'une langue en référence à un modèle général.

- **LECTURE 3 Document 2**
  Rapports syntagmatiques et rapports associatifs (*Clg*, pp.170-175)

1.6. de Saussure au structuralisme

L'apport essentiel de F. de Saussure consiste donc à avoir fait de la linguistique synchronique un domaine de plein statut, précisément délimité et développé sur une base théorique clairement spécifiée. La linguistique y a gagné un espace scientifique propre, bien distinct des domaines de l'étude historique, psychologique ou socioculturelle et esthétique du langage.

La langue apparait ainsi dans son principe même comme un système autonome de signes, un système sémiotique formel; selon les termes mêmes de Saussure :

> La langue est **une forme et non une substance**.   (*Clg*, p. 169, notre soulignement)

Les recherches linguistiques ont pu ainsi se développer dans plusieurs directions, qu'on a dénommées globalement par le terme de STRUCTURALISME. Le concept de structure n'est pas issu de la linguistique mais de l'architecture (au XIVème siècle), il n'est importé en linguistique qu'à la suite des travaux du Cercle linguistique de Prague (N. S. Troubetzkoy, R. Jakobson) et se répand rapidement, surtout dans l'aire anglo-saxonne. Les sciences du langage doivent au structuralisme de nombreuses avancées, dans le domaine de la phonologie et de la grammaire tout spécialement : la procédure d'analyse de plus en plus affinée des phonèmes en traits distinctifs binaires, la perspective fonctionnaliste de mise au jour des unités pertinentes du processus de communication (approche sémiologique), l'analyse distributionnelle mentionnée ci-dessus ainsi que l'analyse en constituants issue de celle-ci et qui permet de rendre visible les dépendances et les hiérarchies de structure qui sous-tendent l'organisation syntaxique des phrases [→ vol. II].

La critique la plus importante adressée au structuralisme touche d'abord au fait qu'il exclut la considération de tout phénomène externe aux unités linguistiques elles-mêmes, conçues comme pièces d'un système sémiotique autonome; mais aussi au fait que des phénomènes internes au signe tels que le sens ne sont pas vraiment traités, dans la mesure où les façons anciennes et traditionnelles de l'appréhender semblent elles-mêmes très approximatives. Ainsi A. Greimas a-t-il proposé pour rendre compte du sens des mots d'utiliser la méthode des traits distinctifs, laquelle avait été conçue pour la phonologie et non pour l'analyse du sens, ce qui n'est pas sans faire problème.

- **LECTURE 4 de synthèse**
  F. de Saussure (1916, 1970) : Cours de linguistique générale.
  Partie I, chap. 1 à 3, pp. 97-138; Partie II, chap. 2 à 5, pp.144-175.
  J.-P. Bronckart (1973) : Théories du langage, une introduction critique.
  Chap. 4. F. de Saussure : Les fondements de la linguistique contemporaine, pp. 83-118; Chap. 6. Le structuralisme européen, pp. 135-166.

- **TRAVAIL 2 [→ COR]**
  Montrez à quel point l'environnement (notion de rapport *syntagmatique*) est crucial pour identifier le sens des mots suivants : *aigu* (adjectif); *accuser* (verbe); *traite* (nom). Vous vous aiderez de dictionnaires français pour trouver plus facilement les principaux contextes distinctifs de chacun de ces mots.

- **TRAVAIL 3**
  Après avoir lu les fragments du *Clg* annexés et les « lectures de synthèse » indiquées, rédigez, à votre usage personnel, une fiche récapitulative sur les points essentiels de la théorie saussurienne qui continuent à alimenter la réflexion des linguistes.

2. Linguistique de la communication

2.1. Énonciation et discours : Emile Benveniste

La spécificité de l'objet-langage ayant été délimitée à travers les travaux de Saussure et l'approche structurale en général, demeurent d'autres problèmes, parmi lesquels la question cruciale de la « mise en emploi » de la langue. En effet, la seule réalité observable pour les sciences du langage n'est jamais rien d'autre qu'une suite de mots réalisés, de phrases enchaînées, un échange verbal entre locuteurs, bref, un ÉNONCÉ; on peut dire aussi un TEXTE à condition de bien donner à ce terme le sens de : 'toute production verbale effective, orale aussi bien qu'écrite'. Et tout énoncé est produit par un locuteur bien défini, il a une organisation particulière liée à la situation de production dans laquelle il prend place, il est adressé à un interlocuteur, explicitement (*Tu viendras dîner avec nous demain?*) ou implicitement (*La génétique confirme que l'homme et le chimpanzé sont de très proches cousins et nous savons aujourd'hui que...*). Il faut aussi ajouter que tout énoncé s'inscrit dans une forme sociale de discours (ou *genre de texte*) établie dans la communauté langagière, qu'il répond donc à un modèle social déjà établi[2]. Ce n'est donc que par une abstraction scientifique[3] qu'on extrait certaines propriétés pour écrire une grammaire, pour faire un dictionnaire (dans lequel on liste tous les sens possibles d'un mot, très divers et en principe exclusifs les uns des autres dans le même énoncé) de façon à isoler et caractériser la nature sémiotique propre du langage, « l'*en-soi* du langage ». F. de Saussure, en professant un cours de « linguistique générale », s'est donc opiniâtrement attaché à définir une *ontologie* du signe linguistique, à préciser ce qui fait qu' « il y a du signe » en démarquant celui-ci de son support conceptuel psychologique comme de son référent d'expérience (d'où les termes de *signifiant* et de *signifié*) mais il n'a jamais proposé une grammaire et encore moins une description de la langue en fonctionnement dans les échanges interlocutifs. Dans le dispositif théorique du *Clg*, cette étude a cependant sa place assignée, la « linguistique de la parole », dont la légitimité est posée mais dont les éléments ne sont pas développés. On comprend donc qu'à la fois après Saussure et le moment structuraliste et à côté de ceux-ci, dans d'autres approches du langage, cette linguistique de la communication ait connu de riches développements.

E. Benveniste (1974) s'est efforcé de formuler ce point de jonction entre la langue comme système sémiotique représentable abstraitement et la langue comme fonctionnement concret dans l'échange verbal; il donne à la partie V de ses *Problèmes de linguistique générale* le titre-programme de : *L'homme dans la langue* et introduit le terme-clé d'ÉNONCIATION, ou « acte même de produire un énoncé » en même temps que le terme associé de DISCOURS :

> L'énonciation est cette mise en fonctionnement de la langue par un acte individuel d'utilisation.
> L'énonciation suppose la conversion individuelle de la langue en discours. (...)
> Avant l'énonciation, la langue n'est que la possibilité de la langue. Après l'énonciation, la langue est effectuée en une instance de discours, qui émane d'un locuteur, forme sonore qui atteint un auditeur et qui suscite une énonciation en retour.
>
> (II, *L'appareil formel de l'énonciation*, p.80-81, *passim*)

---

[2] Ce qui n'exclut en rien que tel ou tel énoncé ait pour but de rejeter la forme déjà établie et d'en créer une nouvelle, en rapport avec des enjeux sociaux ou culturels; la littérature par ex. procède sans cesse au remaniement des stéréotypes textuels en créant de nouveaux *genres*: « roman réaliste » du XIXème siècle, « poème en prose » baudelairien, poème par « écriture automatique » des surréalistes, etc.

[3] Cette abstraction des données est parfaitement légitime, elle correspond au mode de constitution et de fonctionnement de **toute** activité scientifique en quelque domaine que ce soit.

Cette problématique fondamentale entre système en soi et mise en fonctionnement du système est encore développée par une opposition terminologique propre à cet auteur, celle entre l'ordre SÉMIOTIQUE (les signes, les formes, les structures oppositionnelles d'un système, disons la LANGUE selon Saussure) et l'ordre qu'il dénomme SÉMANTIQUE (la mise en emploi de la langue) :

> Le sémiotique désigne le mode de signifiance qui est propre au SIGNE linguistique et qui le constitue comme unité. [...] La seule question qu'un signe suscite pour être reconnu est celle de son existence, et celle-ci se décide par oui ou par non : arbre - chanson - laver - nerf - jaune - sur et non *orbre -*vanson -*laner -*derf -*saune -*tur. Toute l'étude sémiotique, au sens strict, consistera à identifier les unités, à en décrire les marques distinctives et à découvrir des critères de plus en plus fins de la distinctivité.
> Avec le sémantique, nous entrons dans le mode spécifique de signifiance qui est engendré par le DISCOURS. Les problèmes qui se posent ici sont fonction de la langue comme productrice de messages. Or le message ne se réduit pas à une succession d'unités à identifier séparément; ce n'est pas une addition de signes qui produit le sens, c'est au contraire le sens (l' « intenté »), conçu globalement, qui se réalise et se divise en « signes » particuliers, qui sont les MOTS. En deuxième lieu, le sémantique prend nécessairement en charge l'ensemble des référents; l'ordre sémantique s'identifie au monde de l'énonciation et à l'univers du discours.
> Le sémiotique (le signe) doit être reconnu; le sémantique (le discours) doit être compris. [...] la langue est le seul système dont la signifiance s'articule ainsi sur deux dimensions. Le privilège de la langue est de comporter à la fois la signifiance des signes et la signifiance de l'énonciation.
>
> (II. Sémiologie de la langue, pp. 64-65, *passim*)

Les articles très connus d'E. Benveniste sur les pronoms et sur les temps ont précisément pour objet d'étudier de façon détaillée les instruments linguistiques privilégiés de la conversion du système des formes en discours et de l'ancrage référentiel : 1ère personne *je* définissable comme l'énonciateur qui dit « *je* », temps *présent* définissable seulement par le repère « présent de l'énonciation », indicateurs déictiques *ceci/cela, aujourd'hui/hier/demain*, etc. [→ vol. II].

- **LECTURE 5 de synthèse**
  Les situations de communication et le sujet dans la langue. J.L. Chiss & al. (1992), chap. 1.

- **LECTURE 6 complémentaire**
  Sémiologie de la langue. E. Benveniste (1974), II La communication, pp. 43-66.

2.2. Les fonctions du langage. R. Jakobson.

R. Jakobson a représenté dans un schéma devenu un classique de la linguistique les facteurs fondamentaux de toute communication verbale :

CONTEXTE

DESTINATEUR →→→→→ MESSAGE →→→→→ DESTINATAIRE
CONTACT

CODE

Ce schéma lui permet de définir autant de **FONCTIONS DU LANGAGE** qui peuvent servir à caractériser et typer à un plan général les innombrables espèces d'énoncés que la langue permet d'élaborer.

La fonction **RÉFÉRENTIELLE** est la fonction de base, le langage sert en effet à mettre en forme communicable et à transmettre des informations sur les objets environnants, sur les concepts que toute activité et tout champ de connaissance constituent, sur l'expérience que nous avons du monde. Un compte-rendu de réunion, un article sur la dernière découverte génétique, le récit que je fais de mon voyage à un ami, etc. ont d'abord une visée référentielle (renvoi du signe à l'objet/ au référent).

La fonction **ÉMOTIONNELLE** relève de la situation du locuteur et de l'image qu'il donne de lui-même à travers son énoncé[4]. Employer le pronom *je* (ou *nous*) est déjà se situer comme énonciateur, la parole comporte de nombreux signes personnels et sociaux, la langue comporte des modalisateurs (modes et adverbes) qui indiquent le degré d'adhésion du locuteur par rapport à ce qu'il dit (renvoi du signe au destinateur/locuteur).

La fonction **CONATIVE**[5] regroupe tout ce qui est signe de l'interlocuteur, elle est symétrique de la fonction subjective ou *émotionnelle* : noms personnels de 2è personne (*tu*, *vous*), modulation de l'adresse à autrui avec ses innombrables systèmes de politesse, ordre et formes grammaticales d'impératif, demande et formes grammaticales interrogatives (renvoi du signe au destinataire/à l'interlocuteur).

La fonction **PHATIQUE**[6] a le rôle précis de maintenir le contact verbal là où on a le sentiment qu'il pourrait être rompu; les *euh* des francophones, qui permettent de gagner du temps dans l'émission verbale sans perdre la parole, les : oui ..., oui..., oui... » dont on ponctue le discours de quelqu'un pour lui faire comprendre qu'on l'écoute toujours, ou même seulement le geste d'opiner de la tête relèvent de cette fonction. Ces éléments sont souvent à tort considérés comme des parasites de la parole, des « bruits » au sens de la théorie de l'information, alors qu'ils ressortissent logiquement à la nécessité du maintien

---

[4] *émotionnelle* est le terme jakobsonnien, il risque de ne faire penser qu'à la notion psychologique d'émotion. On pourrait lui préférer *fonction subjective* (au sens 'image du *sujet* verbal').

[5] du v. *conor*, latin, 'contraindre qqn'. Jakobson étend le sens à toute visée de la '2ème personne'.

[6] PHATIQUE: de *phatis*, grec, 'parole' (*phanai*, 'parler'); ce qui est *phatique* concerne non ce que la parole peut ou non transmettre mais le seul fait qu'il y ait de la parole, que « ça parle ».

de l'échange verbal. L'écrit, en raison de sa situation de communication spécifique, tend à éliminer tout élément phatique (renvoi du destinateur au destinataire établi et maintenu par le signe).

La fonction MÉTALINGUISTIQUE[7] permet d'insérer dans l'échange verbal des considérations sur le code partagé avec l'interlocuteur, de s'assurer qu'il a bien compris l'énoncé, de vérifier qu'il utilise un mot dans le même sens que soi et, à l'inverse, de lui demander de bien vouloir définir ce qu'on n'est pas sûr d'avoir bien compris. Grammaires, dictionnaires, articles de linguistique sont des ouvrages ou des textes écrits entièrement investis par la fonction *métalinguistique* (renvoi du signe à l'usage du signe).

La fonction POÉTIQUE enfin porte l'attention sur le message lui-même, elle suppose un travail d'élaboration particulier qui n'a pas pour seule visée de transmettre de l'information mais de lui donner une forme remarquable, telle qu'elle participe de sa perception et de sa fixation chez l'interlocuteur. La *poésie* au sens strict, mais aussi toute la littérature, mais aussi tout énoncé publicitaire, politique, humoristique (sketch, jeu de mots, histoire drôle) relève d'une élaboration *poétique* au sens jakobsonien. Le message comporte alors un niveau d'élaboration particulier qui le fait percevoir comme un message original, irréductible à tout autre qui porterait pourtant la même information (renvoi du signe aux autres signes).

Aucun texte ne relève d'une seule fonction, celles-ci se combinent dans tout texte selon des degrés et des dominances qu'il faut préciser et qui permettent de construire une première typologie d'ensemble des énoncés oraux comme écrits.

- **LECTURE 7**
  Les fonctions du langage. R. Jakobson (1963), pp. 214-220 *passim.*

- **LECTURE 8 complémentaire**
  Linguistique et poétique. R. Jakobson (1963), chap. XI, pp. 209-248.

2.3. La perspective pragmatique, norme et variantes

Dans cette problématique de la communication et des fonctions du langage, puisque le locuteur et la situation d'interlocution sont introduits dans le champ linguistique, on ne peut en aucune façon se contenter d'un « locuteur idéal »[8] abstrait et il convient au contraire de penser un locuteur (qui n'est cependant pas l'individu « psychologique ») qui a une visée précise dans l'interaction verbale,

---

[7] MÉTA-: 'au-dessus, à propos de'; MÉTALINGUISTIQUE: qui prend pour objet la langue elle-même.

[8] dénomination due à N. Chomsky (1965) et à l'école générativiste américaine. Le choix de cette définition très réductrice est lié au projet, prioritaire pour l'école américaine des années soixante, de produire des modèles informatisables du langage en prenant pour appui une syntaxe formelle.

qui agit dans un contexte social et par rapport à des normes et des usages précis; la compétence linguistique *communicationnelle* comporte en effet la connaissance des normes supra-individuelles et des conditions d'emploi précises des formes langagières : conditions de type ethnique, social, géographique, ou conditions liées à des groupes d'individus que rassemblent leur activité et leurs buts communs.

E. Coseriu a ainsi proposé d'insérer entre langue et parole le concept de NORME entendu comme « ce qui est traditionnellement (socialement) fixé, d'un usage courant et commun » dans une situation de communication donnée et de représenter tout ensemble langagier comme un ensemble articulé de variations dites DIATOPIQUES, DIASTRATIQUES et DIAPHASIQUES.

Il faut y ajouter la mise en contraste de principe, particulièrement importante pour le français, entre la forme parlée et la forme écrite [→ chap. 4].

Dans une perspective communicationnelle, et dans la visée pratique d'un enseignement de la langue, on ne s'intéressera pas seulement à toutes les formes de textes écrits mais aussi à la forme parlée, et tout spécialement au dialogue sous sa forme la plus naturelle et familière; dans cette situation dialogique fondamentale, l'interlocuteur est fortement impliqué dans le procès de communication, il influe sur la façon même dont le locuteur construit son discours et l'infléchit selon les réactions verbales ou non verbales (gestes et mimiques) qu'il manifeste. Un champ intéressant d'observations à portée didactique s'ouvre ainsi à l'analyse linguistique.

- **TRAVAIL 4 Document 3**
  La langue comme dia-système E.Coseriu (1988), extrait traduit.
  Vous expliquerez les termes DIATOPIQUE, DIASTRATIQUE et DIAPHASIQUE et l'importance qu'il y a à concevoir la langue comme un dia-système tant par rapport aux approches normatives traditionnelles que par rapport à un point de vue étroitement structuraliste.

- **TRAVAIL 5**
  Vous constituerez une fiche sur les domaines spécifiques de la PRAGMATIQUE à partir de J. Moeschler & A. Reboul (1994), Introduction.

Eléments de conclusion

1. Le signe selon F. de Saussure **doit être conçu comme une unité de la** LANGUE et non comme un concept-percept, objet de la psychologie : l'individu ne peut créer un signe à partir de ses seules représentations mentales, le signe n'est pas une représentation imposée de l'extérieur par la donnée d'expérience, il est construit à l'intérieur de et par le système sémiotique lui-même (délimité, *dé-fini* par sélection de propriétés), il constitue une mise en forme et une généralisation conceptuelle par rapport à l'expérience mentale du « monde » qui lui correspond. On ne saurait trop insister ici sur la nature proprement linguistique des termes fondamentaux de *signifiant* et de *signifié* introduits avec beaucoup d'insistance par Saussure :

> Il n'y a pas d'équivalence (...) entre le concept et le signifié d'autre part, l'image acoustique et le signifiant de l'autre. L'introduction de ces deux termes est, comme le note de Mauro, « le sceau, sur le plan terminologique, de la pleine conscience de l'autonomie de la langue, comme système formel, par rapport à la nature auditive ou acoustique et par rapport à la nature conceptuelle, psychologique ou d'objet de substances qu'elle organise. « Signifiant » et « signifié » sont les « organisateurs », les « discriminants » de la substance communiquée et de la substance communicante » (de Mauro,1972, note 128, p. 438).
>
> (J.-P. Bronckart (1977) *Théories du langage, une introduction critique*, pp. 112-113)

La langue, outil de structuration sémiotique des données de l'expérience, réalise par là sa fonction de REPRÉSENTATION.

2. Le social est toujours impliqué car c'est la communauté qui fait qu'il y a LANGUE et unité de langue : le SIGNE doit être formé dans le cadre d'un SYSTÈME *déjà constitué*, il doit être compris, accepté et donc repris par un groupe, puis par la communauté; si cette dernière condition n'est pas remplie (lorsque je forme un mot, structuralement possible, dans un contexte précis et à mon usage, sans que ce mot soit repris par d'autres), il n'y a pas signe mais seulement possibilité d'un signe. Même dans cette hypothèse, je ne suis pas libre de la forme de ce mot, celle-ci m'étant imposée par le système phonologique aussi bien que morphologique déjà constitué dans lequel je les produis; malgré l'apparence, aucune production absolument « individuelle » n'est vraiment possible, mais seulement une « nouveauté » située dans un espace non utilisé dans le système, comme lorsque je forme ci-dessous le mot « socialité » ou comme dans un mot-valise : *altipute, hésistation* ou *drolmadaire*[9].

Cette « socialité » intrinsèque de la langue a deux conséquences fondamentales :

- une langue ne peut pas être absolument uniforme sur toute l'aire d'extension de son usage;
- une langue est investie par des enjeux sociaux de nature non linguistique qui génèrent des échelles différentielles de valeur entre les formes que permet le système. La norme représente cette intervention directe du social dans la langue, elle contraint sévèrement le pouvoir-dire beaucoup

---

[9] ALTIPUTE: prostituée des stations de sport d'hiver; HÉSISTATION: gare incertaine, dans un pays lointain. DROLMADAIRE: chameau facétieux (A. Finkielkraut, *Ralentir: mots-valises*, Paris, Le Seuil, 1979.

31

plus étendu qu'ouvrirait le pur et simple jeu combinatoire du système de signes.

3. Une langue est un outil de communication, sa fonctionnalité générale relève de l'échange verbal, et donc d'un modèle dialogique mettant en interaction un locuteur avec un ou des interlocuteurs; des objectifs divers sont toujours associés à l'échange : communication d'information à autrui, mais aussi jeu sur le langage lui-même, mais encore domination ou conviction de l'interlocuteur à travers un discours par lequel un pouvoir et des effets concrets s'ensuivent. Dans les formes de la langue se construisent des unités, phrastiques ou textuelles, qui relèvent de ce versant énonciatif-pragmatique, ou, dans les termes d'E. Benveniste, de l'ordre *sémantique* de la langue.

La LANGUE apparait ainsi comme une entité double construite par la conjonction d'une fonction de REPRÉSENTATION MENTALE « pour soi » et d'une fonction de COMMUNICATION SOCIALE « pour autrui ». Aucun de ces deux versants de l'objet langagier ne peut être négligé, ni dans les modèles théoriques des sciences du langage, ni dans les modèles pédagogiques qu'on en induit pour l'enseignement.

BIBLIOGRAPHIE DU CHAPITRE 1

Arrivé, M. ; Gadet, F. ; Galmiche, M. (1986) : *La grammaire d'aujourd'hui.* Paris, Flammarion.
Benveniste, E. (1966) : *Problèmes de linguistique générale 1 ; (1974) II.* Paris, Gallimard.
Bronckart, J.-P. (1977) : *Théories du langage, une introduction critique.* Bruxelles, Mardaga.
Chiss, J.-L. ; Filliolet, J. ; Maingueneau, D. (1992, rééd. 2001) : *Introduction à la linguistique française. Notions fondamentales*, vol.1. Paris, Hachette-Supérieur.
Coseriu, E. (1988) : *Einführung in die allgemeine Sprachwissenschaft.* UTB, Tübingen, Francke.
de Saussure, F. (1916, rééd. 1970) : *Cours de linguistique générale.* Paris, Payot.
Greimas, A.-J. (1966) : *Sémantique structurale.* Paris, Larousse.
Jakobson, R. (1963) : *Essais de linguistique générale.* Paris, Editions de Minuit.
Moeschler, J. ; Reboul, A. (1994) : *Dictionnaire de linguistique et de pragmatique.* Bruxelles, De Boek.

DOCUMENTS DU CHAPITRE 1

DOCUMENT 1
Nature du signe linguistique. F. de Saussure : *Clg*, pp. 97-102, 155-158, *passim*.
DOCUMENT 2
Rapports syntagmatiques et rapports associatifs. F. de Saussure : *Clg*, pp. 170-175.
DOCUMENT 3
La variation dans la langue. E. Coseriu : *Einführung in die Allg. Sprachwissenschaft.*

Document 1
La nature du signe linguistique

§ 1. Signe, signifie, signifiant. *

Pour certaines personnes la langue, ramenée à son principe essentiel, est une nomenclature, c'est-à-dire une liste de termes correspondant à autant de choses.*Par exemple :

Cette conception est critiquable à bien des égards. Elle suppose des idées toutes faites préexistant aux mots (sur ce point, voir plus loin, p. 155) ; elle ne nous dit pas si le nom est de nature vocale ou psychique, car *arbor* peut être considéré sous l'un ou l'autre aspect ; enfin elle laisse supposer que le lien

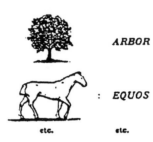

ARBOR

: EQUOS

etc.   etc.

qui unit un nom à une chose est une opération toute simple, ce qui est bien loin d'être vrai. Cependant cette vue simpliste peut nous rapprocher de la vérité, en nous montrant que l'unité linguistique est une chose double, faite du rapprochement de deux termes.

On a vu p. 28, à propos du circuit de la parole, que les termes impliqués dans le signe linguistique sont tous deux psychiques et sont unis dans notre cerveau par le lien de l'association. Insistons sur ce point.

Le signe linguistique unit non une chose et un nom, mais un concept et une image acoustique[1].* Cette dernière n'est pas le son matériel, chose purement physique, mais l'empreinte psychique* de ce son, la représentation que nous en donne le témoignage de nos sens ; elle est sensorielle, et s'il nous arrive de l'appeler « matérielle », c'est seulement dans ce sens et par opposition à l'autre terme de l'association, le concept, généralement plus abstrait.

Le caractère psychique de nos images acoustiques apparaît bien quand nous observons notre propre langage. Sans remuer les lèvres ni la langue, nous pouvons nous parler à nous-mêmes ou nous réciter mentalement une pièce de vers. C'est parce que les mots de la langue sont pour nous des images acoustiques qu'il faut éviter de parler des « phonèmes » dont ils sont composés. Ce terme, impliquant une idée d'action vocale, ne peut convenir qu'au mot parlé, à la réalisation de l'image intérieure dans le discours. En parlant des *sons* et des *syllabes* d'un mot, on évite ce malentendu, pourvu qu'on se souvienne qu'il s'agit de l'image acoustique.

Le signe linguistique est donc une entité psychique à deux faces, qui peut être représentée par la figure :

Ces deux éléments sont intimement unis et s'appellent l'un l'autre. Que nous cherchions le sens du mot latin *arbor* ou le mot par lequel le latin désigne le concept « arbre », il est clair que seuls les rapprochements

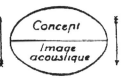

consacrés par la langue nous apparaissent conformes à la réa-

lité, et nous écartons n'importe quel autre qu'on pourrait imaginer.[*]

Cette définition pose une importante question de terminologie.[*]Nous appelons *signe* la combinaison du concept et de l'image acoustique : mais dans l'usage courant ce terme désigne généralement l'image acoustique seule, par exemple un mot (*arbor*, etc.). On oublie que si *arbor* est appelé signe, ce n'est qu'en tant qu'il porte le concept « arbre », de telle sorte que l'idée de la partie sensorielle implique celle du total.

L'ambiguïté disparaîtrait si l'on désignait les trois notions ici en présence par des noms qui s'appellent les uns les autres tout en s'opposant. Nous proposons de conserver le mot *signe* pour désigner le total, et de remplacer *concept* et *image acoustique* respectivement par *signifié* et *signifiant* ; ces derniers termes ont l'avantage de marquer l'opposition qui les sépare soit entre eux, soit du total dont ils font partie. Quant à *signe*, si nous nous en contentons, c'est que nous ne savons par quoi le remplacer, la langue usuelle n'en suggérant aucun autre.[*]

Le *signe* linguistique ainsi défini possède deux caractères primordiaux. En les énonçant nous poserons les principes mêmes de toute étude de cet ordre.

1. Ce terme d'image acoustique paraîtra peut-être trop étroit, puisqu'à côté de la représentation des sons d'un mot il y a aussi celle de son articulation, l'image musculaire de l'acte phonatoire. Mais pour F. de Saussure la langue est essentiellement un dépôt, une chose reçue du dehors (voir p. 30). L'image acoustique est par excellence la représentation naturelle du mot en tant que fait de langue virtuel, en dehors de toute réalisation par la parole. L'aspect moteur peut donc être sous-entendu ou en tout cas n'occuper qu'une place subordonnée par rapport à l'image acoustique (*Ed.*).

CHAPITRE IV

LA VALEUR LINGUISTIQUE

§ 1. LA LANGUE COMME PENSÉE ORGANISÉE DANS LA MATIÈRE PHONIQUE.*

Pour se rendre compte que la langue ne peut être qu'un système de valeurs pures, il suffit de considérer les deux éléments qui entrent en jeu dans son fonctionnement: les idées et les sons.

Psychologiquement, abstraction faite de son expression par les mots, notre pensée n'est qu'une masse amorphe et indistincte. Philosophes et linguistes se sont toujours accordés à reconnaître que, sans le secours des signes, nous serions incapables de distinguer deux idées d'une façon claire et constante. Prise en elle-même, la pensée est comme une nébuleuse où rien n'est nécessairement délimité. Il n'y a pas d'idées préétablies, et rien n'est distinct avant l'apparition de la langue.*

En face de ce royaume flottant, les sons offriraient-ils par eux-mêmes des entités circonscrites d'avance ? Pas davantage. La substance phonique n'est pas plus fixe ni plus rigide ; ce n'est pas un moule dont la pensée doive nécessairement épouser les formes, mais une matière plastique qui se divise à son tour en parties distinctes pour fournir les signifiants dont la pensée a besoin. Nous pouvons donc représenter le fait linguistique dans son ensemble, c'est-à-dire la langue, comme une série de subdivisions contiguës dessinées à la fois sur le plan indéfini des idées confuses (A) et sur celui non moins indéterminé des sons (B) ; c'est ce qu'on peut figurer très approximativement par le schéma :

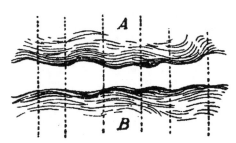

Le rôle caractéristique de la langue vis-à-vis de la pensée n'est pas de créer un moyen phonique matériel pour l'expression des idées, mais de servir d'intermédiaire entre la pensée et le son, dans des conditions telles que leur union aboutit nécessairement à des délimitations réciproques d'unités. La pensée, chaotique de sa nature, est forcée de se préciser en se décomposant. Il n'y a donc ni matérialisation des pensées, ni spiritualisation des sons, mais il s'agit de ce fait en quelque sorte mystérieux, que la « pensée-son » implique des divisions et que la langue élabore ses [226] unités en se constituant entre deux masses amorphes.*Qu'on se représente l'air en contact avec une nappe d'eau : si la pression atmosphérique change, la surface de l'eau se décompose en une série de divisions, c'est-à-dire de vagues ; ce sont ces ondulations qui donneront une idée de l'union, et pour ainsi dire de l'accouplement de la pensée avec la matière phonique.

On pourrait appeler la langue le domaine des articulations, en prenant ce mot dans le sens défini p. 26 : chaque terme linguistique est un petit membre, un *articulus* où une idée se fixe dans un son et où un son devient le signe d'une idée.

La langue est encore comparable à une feuille de papier : la pensée est le recto et le son le verso ; on ne peut découper le recto sans découper en même temps le verso ; de même dans la langue, on ne saurait isoler ni le son de la pensée, ni la pensée du son ; on n'y arriverait que par une abstraction dont le résultat serait de faire de la psychologie pure ou de la phonologie pure.

La linguistique travaille donc sur le terrain limitrophe où les éléments des deux ordres se combinent ; *cette combinaison produit une forme, non une substance.** [227]

Ces vues font mieux comprendre ce qui a été dit p. 100 de l'arbitraire du signe. Non seulement les deux domaines reliés par le fait linguistique sont confus et amorphes, mais le choix qui appelle telle tranche acoustique pour telle idée est parfaitement arbitraire. Si ce n'était pas le cas, la notion de valeur perdrait quelque chose de son caractère, puisqu'elle contiendrait un élément imposé du dehors. Mais en fait les valeurs restent entièrement relatives, et voilà pourquoi le lien de l'idée et du son est radicalement arbitraire.* [228]

A son tour, l'arbitraire du signe nous fait mieux comprendre pourquoi le fait social peut seul créer un système linguistique. La collectivité est nécessaire pour établir des valeurs dont l'unique raison d'être est dans l'usage et le consentement général ; l'individu à lui seul est incapable d'en fixer aucune.[*] [229]

En outre l'idée de valeur, ainsi déterminée, nous montre que c'est une grande illusion de considérer un terme simplement comme l'union d'un certain son avec un certain concept. Le définir ainsi, ce serait l'isoler du système dont il fait partie ; ce serait croire qu'on peut commencer par les termes et construire le système en en faisant la somme, alors qu'au contraire c'est du tout solidaire qu'il faut partir pour obtenir par analyse les éléments qu'il renferme.

[230]

§ 2. La valeur linguistique considérée dans son aspect conceptuel.[*]

Quand on parle de la valeur d'un mot, on pense généralement et avant tout à la propriété qu'il a de représenter une idée, et c'est là en effet un des aspects de la valeur linguistique. Mais s'il en est ainsi, en quoi cette valeur diffère-t-elle de ce qu'on appelle la *signification* ? Ces deux mots seraient-ils synonymes ? Nous ne le croyons pas, bien que la confusion soit facile, d'autant qu'elle est provoquée, moins par l'analogie des termes que par la délicatesse de la distinction qu'ils marquent.[*] [231]

La valeur, prise dans son aspect conceptuel, est sans doute un élément de la signification, et il est très difficile de savoir comment celle-ci s'en distingue tout en étant sous sa dépendance. Pourtant il est nécessaire de tirer au clair cette question, sous peine de réduire la langue à une simple nomenclature (voir p. 97).

Prenons d'abord la signification telle qu'on se la représente et telle que nous l'avons figurée p. 99. Elle n'est, comme l'indiquent les flèches de la figure, que la contre-partie de l'image auditive. Tout se passe entre l'image auditive et le concept, dans les limites du mot considéré comme un domaine fermé, existant pour lui-même.

Mais voici l'aspect paradoxal de la question : d'un côté, le concept nous apparaît comme la contre-partie de l'image auditive dans l'intérieur du signe, et, de l'autre, ce signe lui-même, c'est-à-dire le rapport qui relie ses deux éléments, est aussi, et tout autant la contre-partie des autres signes de la langue.

Puisque la langue est un système dont tous les termes sont solidaires et où la valeur de l'un ne résulte que de la présence simultanée des autres, selon le schéma :

comment se fait-il que la valeur, ainsi définie, se confonde avec la signification, c'est-à-dire avec la contre-partie de l'image auditive ? Il semble impossible d'assimiler les rapports figurés ici par des flèches horizontales à ceux qui sont représentés plus haut par des flèches verticales. Autrement dit — pour reprendre la comparaison de la feuille de papier qu'on découpe (voir p. 157), — on ne voit pas pourquoi le rapport constaté entre divers morceaux A, B, C, D, etc., n'est pas distinct de celui qui existe entre le recto et le verso d'un même morceau, soit A/A', B/B', etc.

Pour répondre à cette question, constatons d'abord que même en dehors de la langue, toutes les valeurs semblent régies par ce principe paradoxal. Elles sont toujours constituées :

1° par une chose *dissemblable* susceptible d'être *échangée* contre celle dont la valeur est à déterminer ;

2° par des choses *similaires* qu'on peut *comparer* avec celle dont la valeur est en cause.

Document 2
Rapports syntagmatiques et rapports associatifs.

§ 1. Définitions.[*]

Ainsi, dans un état de langue, tout repose sur des rapports ; comment fonctionnent-ils ?

Les rapports et les différences entre termes linguistiques se déroulent dans deux sphères distinctes dont chacune est génératrice d'un certain ordre de valeurs ; l'opposition entre ces deux ordres fait mieux comprendre la nature de chacun d'eux. Ils correspondent à deux formes de notre activité mentale, toutes deux indispensables à la vie de la langue.

D'une part, dans le discours, les mots contractent entre eux, en vertu de leur enchaînement, des rapports fondés sur le caractère linéaire de la langue, qui exclut la possibilité de prononcer deux éléments à la fois (voir p. 103). Ceux-ci se rangent les uns à la suite des autres sur la chaîne de la parole. Ces combinaisons qui ont pour support l'étendue peuvent être appelées *syntagmes*[1].*Le syntagme se compose donc toujours de deux ou plusieurs unités consécutives (par exemple : *re-lire ; contre tous ; la vie humaine ; Dieu est bon ; s'il fait beau temps, nous sortirons*, etc.). Placé dans un syntagme, un terme n'acquiert sa valeur que parce qu'il est opposé à ce qui précède ou ce qui suit, ou à tous les deux.

D'autre part, en dehors du discours, les mots offrant quelque chose de commun s'associent dans la mémoire, et il se forme ainsi des groupes au sein desquels règnent des rapports très divers. Ainsi le mot *enseignement* fera surgir inconsciemment devant l'esprit une foule d'autres mots (*enseigner, renseigner*, etc., ou bien *armement, changement*, etc., ou bien *éducation, apprentissage*) ; par un côté ou un autre, tous ont quelque chose de commun entre eux.

On voit que ces coordinations sont d'une tout autre espèce que les premières. Elles n'ont pas pour support l'étendue ; leur siège est dans le cerveau ; elles font partie de ce trésor intérieur qui constitue la langue chez chaque individu. Nous les appellerons *rapports associatifs*.[*]

Le rapport syntagmatique est *in praesentia* ; il repose sur deux ou plusieurs termes également présents dans une série effective. Au contraire le rapport associatif unit des termes *in absentia* dans une série mnémonique virtuelle.

A ce double point de vue, une unité linguistique est
comparable à une partie déterminée d'un édifice, une
colonne par exemple ; celle-ci se trouve, d'une part, dans
un certain rapport avec l'architrave qu'elle supporte ; cet
agencement de deux unités également présentes dans l'espace fait penser au rapport syntagmatique ; d'autre part,
si cette colonne est d'ordre dorique, elle évoque la comparaison mentale avec les autres ordres (ionique, corinthien,
etc.), qui sont des éléments non présents dans l'espace : le
rapport est associatif.

Chacun de ces deux ordres de coordination appelle quelques
remarques particulières.

§ 2. Les rapports syntagmatiques.

Nos exemples de la page 170 donnent déjà à entendre
que la notion de syntagme s'applique non seulement aux
mots, mais aux groupes de mots, aux unités complexes de
toute dimension et de toute espece (mots composés, déri-
ves, membres de phrase, phrases entières).

Il ne suffit pas de considérer le rapport qui unit les diverses
parties d'un syntagme entre elles (par exemple *contre* et
tous dans *contre tous*, *contre* et *maitre* dans *contremaitre*) :
il faut tenir compte aussi de celui qui relie le tout à ses
parties (par exemple *contre tous* opposé d'une part à *contre*,
de l'autre à *tous*, ou *contremaitre* opposé à *contre* et à
maitre).

On pourrait faire ici une objection. La phrase est le type
par excellence du syntagme. Mais elle appartient à la parole,
non à la langue (voir p. 30) ; ne s'ensuit-il pas que le syntagme relève de la parole ? Nous ne le pensons pas.
Le propre de la parole, c'est la liberté des combinaisons ;
il faut donc se demander si tous les syntagmes sont également libres.

On rencontre d'abord un grand nombre d'expressions
qui appartiennent à la langue ; ce sont les locutions toutes
faites, auxquelles l'usage interdit de rien changer, même si
l'on peut y distinguer, à la réflexion, des parties significatives (cf. *à quoi bon ? allons donc !* etc.). Il en est de même,
bien qu'à un moindre degré, d'expressions telles que *prendre la mouche, forcer la main à quelqu'un, rompre une lance,*
ou encore *avoir mal à (la tête, etc.), à force de (soins, etc.),*
que vous ensemble ?, pas n'est besoin de..., etc., dont le caractère usuel ressort des particularités de leur signification ou
de leur syntaxe. Ces tours ne peuvent pas être impro-
visés, ils sont fournis par la tradition. On peut citer aussi les
mots qui, tout en se prêtant parfaitement à l'analyse, sont

caractérisés par quelque anomalie morphologique maintenue par la seule force de l'usage (cf. *difficulté* vis-à-vis de *facilité*, etc., *mourrai* en face de *dormirai*, etc.).

Mais ce n'est pas tout ; il faut attribuer à la langue, non à la parole, tous les types de syntagmes construits sur des formes régulières. En effet, comme il n'y a rien d'abstrait dans la langue, ces types n'existent que si elle en a enregistré des spécimens suffisamment nombreux. Quand un mot comme *indécorable* surgit dans la parole (voir p. 228 sv.), il suppose un type déterminé, et celui-ci à son tour n'est possible que par le souvenir d'un nombre suffisant de mots semblables appartenant à la langue (*impardonnable, intolérable, infatigable*, etc.). Il en est exactement de même des phrases et des groupes de mots établis sur des patrons réguliers ; des combinaisons comme *la terre tourne, que vous dit-il ?* etc., répondent à des types généraux, qui ont à leur tour leur support dans la langue sous forme de souvenirs concrets.[*]

Mais il faut reconnaître que dans le domaine du syntagme il n'y a pas de limite tranchée entre le fait de langue, marque de l'usage collectif, et le fait de parole, qui dépend de la liberté individuelle. Dans une foule de cas, il est difficile de classer une combinaison d'unités, parce que l'un et l'autre facteurs ont concouru à la produire, et dans des proportions qu'il est impossible de déterminer.

§ 3. LES RAPPORTS ASSOCIATIFS.[*]

Les groupes formes par association mentale ne se bornent pas à rapprocher les termes qui présentent quelque chose de commun ; l'esprit saisit aussi la nature des rapports qui les relient dans chaque cas et crée par là autant de series associatives qu'il y a de rapports divers. Ainsi dans *enseignement, enseigner, enseignons*, etc., il y a un élément commun a tous les termes, le radical ; mais le mot *enseignement* peut se trouver impliqué dans une série basée sur un autre élément commun, le suffixe (cf. *enseignement, armement, changement*, etc.) ; l'association peut reposer aussi sur la seule analogie des signifiés (*enseignement, instruction, apprentissage, éducation*, etc.), ou au contraire, sur la simple communauté des images acoustiques (par exemple *enseignement* et *justement*)[1]. Donc il y a tantôt communauté double du sens et de la forme, tantôt communauté de forme ou de sens seulement. Un mot quelconque peut toujours evoquer tout ce qui est susceptible de lui être associé d'une manière ou d'une autre.

Tandis qu'un syntagme appelle tout de suite l'idée d'un ordre de succession et d'un nombre déterminé d'éléments, les termes d'une famille associative ne se présentent ni en nombre défini, ni dans un ordre déterminé. Si on associe *désir-eux, chaleur-eux, peur-eux*, etc., on ne saurait dire d'avance quel sera le nombre des mots suggérés par la mémoire, ni dans quel ordre ils apparaîtront. Un terme donné est comme le centre d'une constellation, le point où convergent d'autres termes coordonnés, dont la somme est indéfinie (voir la figure p. 175).*

Cependant, de ces deux caractères de la série associative, ordre indéterminé et nombre indéfini, seul le premier se vérifie toujours ; le second peut manquer. C'est ce qui arrive dans un type caractéristique de ce genre de groupements, les paradigmes de flexion. En latin, dans *dominus, domini, dominō*, etc., nous avons bien un groupe associatif formé par un élément commun, le thème nominal *domin-*,

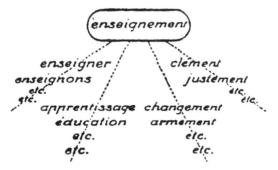

mais la série n'est pas indéfinie comme celle de *enseigne-ment, changement*, etc. ; le nombre des cas est déterminé ; par contre leur succession n'est pas ordonnée spatialement, et c'est par un acte purement arbitraire que le grammairien les groupe d'une façon plutôt que d'une autre ; pour la conscience des sujets parlants le nominatif n'est nullement le premier cas de la déclinaison, et les termes pourront surgir dans tel ou tel ordre selon l'occasion.*

1. Ce dernier cas est rare et peut passer pour anormal, car l'esprit écarte naturellement les associations propres à troubler l'intelligence du discours ; mais son existence est prouvée par une catégorie inférieure de jeux de mots reposant sur les confusions absurdes qui peuvent résulter de l'homonymie pure et simple, comme lorsqu'on dit : « Les musiciens produisent les sons et les grainetiers les vendent. » Ce cas doit être distingué de celui où une association, tout en étant fortuite, peut s'appuyer sur un rapprochement d'idées (cf. franç. *ergot : ergoter*, et all. *blau : durchbläuen*, « rouer de coups ») ; il s'agit d'une interprétation nouvelle d'un des termes du couple ; ce sont des cas d'étymologie populaire (voir p. 238) ; le fait est intéressant pour l'évolution sémantique, mais au point de vue synchronique il tombe tout simplement dans la catégorie : *enseigner : enseignement*, mentionnée plus haut (*Ed.*).

DOCUMENT 3
Le dia-système de la langue: Eugenio Coseriu.

0. L'objet de la description structurale est la langue comme technique synchronique de la parole. Toutefois, dans une **langue historique** (une langue qui s'est constituée historiquement en unité idéale et est identifiée comme telle tant par ses propres locuteurs que par les locuteurs d'autres langues, et ce en vérité au travers d'un adjectif " propre ": la langue allemande, la langue italienne, la langue française, etc.), cette technique de la parole n'est jamais parfaitement homogène. Ce serait bien plutôt le contraire: il s'agit en effet, normalement, de traditions linguistiques liées entre elles historiquement en un ensemble complexe, qui sont différentes entre elles et ne concordent que partiellement. En d'autres termes : une langue historique présente toujours des variations internes. Dans une telle langue, apparaissent généralement trois types, plus ou moins profondément enracinés, de différences internes; différences

a) **diatopiques**, c'est-à-dire affectant l'espace géographique (du gr. *dia*, " à travers " et *topos*, " lieu ");

b) **diastratiques**, c'est-à-dire concernant les couches socio-culturelles de la communauté langagière (du gr. *dia* et du lat. *stratum*);

c) **diaphasiques**, c'est-à-dire intéressant les diverses formes de l'expression (du gr. *dia* et *phasis*, " expression ").

[...]

1. Les différences diatopiques sont généralement reconnues sous la forme de " dialectes "; dans les langues européennes (comme l'italien, le français ou l'allemand), ces dialectes ne peuvent absolument pas être ignorés de la description; mais, outre les " dialectes " au sens habituel, des différences existent aussi sur le plan de la langue commune elle-même (et qui sont donc " supra-régionales " ou " supra-dialectales "). Ainsi peut-on, en Italie, reconnaître de façon tout à fait aisée l'origine d'un locuteur à sa prononciation, à certains phonèmes, à des mots et à des constructions; peu à peu se construisent ainsi différents types régionaux de la langue commune (un type d' " italien du sud ", d' " italien du nord ", d' " italien central "). Parfois, il peut aussi s'agir de variantes plutôt déterminées par les dialectes sous-jacents que vraiment stabilisées et autonomes de l'italien commun. Plus stables, par là plus claires et faciles à délimiter, sont les variantes des langues historiques qui sont parlées dans des pays différents, indépendants politiquement et culturellement: c'est par ex. le cas pour l'anglais, l'espagnol et le portugais en Europe et en Amérique. Malgré des techniques de la parole fondamentalement unitaires, il y a de sensibles différences phonétiques, lexicales et même pour partie grammaticales, ainsi que sur le plan de la langue de prestige (et littéraire) entre ces types.

2. Les différences diastratiques apparaissent de façon particulièrement claire dans les communautés linguistiques de ce type, où existent de grandes différences culturelles entre les couches sociales, et naturellement dans les communautés organisées en castes. Dans l'Inde ancienne, ces différences allaient extraordinairement loin : dans le théâtre (qui était par là très " réaliste "), les rois, les nobles et les prêtres parlaient sanskrit (la langue des hautes castes et des lettrés), tandis que les représentants des basses castes (par ex. les marchands) ainsi que les femmes et les enfants de toutes les castes, utilisaient le prâkrit, c'est-à-die une langue " populaire " [Volkssprache]. Aujourd'hui encore, dans de nombreuses communautés d'Asie (par ex. en Iran, en Indonésie ou au Japon), demeurent de notables différences de ce genre. Dans nos communautés d'Europe, il subsiste également des différences diastratiques plus ou moins profondes, et telles qu'elles ne se laissent pas réduire à l'opposition entre langue commune et " dialecte " (pris au sens de " langue populaire "). Il y a ainsi, en anglais ou en français, des formes populaires de parler (qui se différencient tout à fait nettement des formes " élevées " de ces langues), comme en espagnol et, jusqu'à un certain degré, en italien aussi (comme forme particulière de la langue commune).

3. Les différences diaphasiques peuvent être -selon chaque communauté langagière- considérables, par ex. celles entre langue parlée et langue écrite, entre langue de la communication familière et langue de la littérature, entre forme familière et forme conventionnelle (voire " solennelle "), entre langue courante et langue de l'administration ou du " commerce ", etc. Et à l'intérieur même de la langue litttéraire, on peut très bien noter des différences entre la poésie (en vers) et la prose, entre formes épiques et formes lyriques, etc. En italien, par ex., il n'y a pas si longtemps encore, on utilisait, en se référant à une tradition spécifique à la poésie lyrique, des formes d'imparfait à finale *-ea* et *-ia* (*avea*, *partia*), alors que dans l'usage général de la langue elles avaient été depuis longtemps remplacées par des formes en *-eva* et *-iva* (*aveva*, *partiva*) ; ou bien on utilisait des mots comme *augello*, " oiseau ", et *alma*, " âme ", qu'il aurait été très difficile de rencontrer dans un texte en prose et tout à fait exclu d'utiliser dans la langue parlée.

[...]

4. [...] On peut dire qu'une langue historique n'est jamais un système linguistique unique, mais bien un **DIASYSTEME**: un ensemble global, plus ou moins complexe, articulant entre eux " dialectes ", " niveaux " et " styles d'expression ":

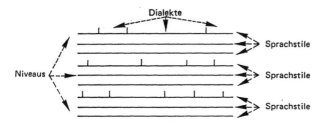

E. Coseriu (1962), *Einführung in die Allgemeine Sprachwissenschaft*. [notre traduction de l'allemand, d'après réédition 1992, Francke, Tübingen.]

CHAPITRE 2
TYPOLOGIE DES LANGUES
GÉOLINGUISTIQUE DU FRANÇAIS

1. L'objectif de la typologie des langues

Etablir une typologie des langues du monde d'après les traits caractéristiques de leurs représentants individuels, les langues ethniques, a été et reste une entreprise très controversée. Le résultat en est normalement qu'une langue (par ex. le français) se voit rangée dans un « type » selon certaines de ses traits caractéristiques, ceux-ci semblables ou identiques à d'autres langues du même type, et qu'elle se distingue d'autres langues classées dans d'autres types par des traits différents. Logiquement ne sont pas prises en considération les traits ou marques universels, c'est-à-dire ceux qui caractérisent la nature du langage et qui sont donc propres à toutes les langues [→ **introd. et chap. 1**]. Pour relever ces différences (et les traits semblables), on a comparé en particulier la structure ou l'organisation interne des langues, leur origine et leur diffusion, y compris leurs variétés. Ainsi apparaissent effectivement des différences frappantes d'une langue à l'autre d'une part et des points communs et des ressemblances d'autre part. Mais on est encore loin d'avoir saisi tous les traits importants et caractéristiques pour pouvoir établir précisément ce que c'est qu'un type bien déterminé.

C'est exactement cela que s'est fixé pour but la typologie « intégrale » (telle qu'elle a été envisagée par W. v. Humboldt et développée, ces dernières années, par E. Coseriu). D'après ce dernier, le type d'une langue peut être fondé sur les « principes qui sont à la base des procédés et des fonctions du système linguistique en question ». Cela veut dire qu'il faut prendre en compte les catégories fonctionnelles (côté du contenu du système de chaque langue) et celles des procédés (son côté matériel) qui se trouvent au niveau le plus haut de leur organisation structurelle.

2. Le français – langue flexionnelle (analytique?)

Le « **type de structuration** » au sens traditionnel se dégage des principes identiques ou semblables qui régissent la constitution d'unités plus grandes à partir des plus petites, par ex. du morphème au mot, du mot au syntagme et du syntagme à la phrase. Selon ce point de vue (qui, en fin de compte, remonte à Humboldt et à Schlegel), le français est une langue *flexionnelle* et appartient par là au même type que l'allemand, l'anglais, l'espagnol, l'italien, le russe, le polonais, le latin. FLEXIONNEL veut dire que, dans les langues de ce type, les unités linguistiques plus grandes sont souvent formées à l'aide de moyens morphématiques non-autonomes, qui, tout en représentant un répertoire limité, créent une sorte de variabilité pour certains espèces de mots autonomes. Autrement dit, de telles langues ont dans leur inventaire de base des morphèmes qui doivent être mis en œuvre pour construire des syntagmes et des phrases, par ex. les morphèmes des cas du russe ou du latin, les morphèmes de conjugaison des verbes, l'usage des prépositions pour former les composés ou pour compléter le prédicat verbal de complément selon la valence du verbe.

Les langues NON-FLEXIONNELLES, par contre, rangent leurs unités sans les faire varier l'une après l'autre dans un certain ordre ou bien elles les font fusionner, s'amalgamer, l'une avec l'autre. Une particularité des langues flexionnelles est donc de posséder un riche inventaire grammatical de morphèmes et, avec cela, un grand nombre de *mots-outil* et de variantes formelles du même mot. Pensons par exemple aux formes des cas dans les noms latins ou russes au singulier et au pluriel ou au grand nombre des formes verbales du latin et des langues romanes. Toutefois il reste encore dans la comparaison des langues flexionnelles des différences frappantes. Tandis que le latin par ex. retient pour ses noms dans chaque fonction syntaxique une autre forme (le nom varie grâce au morphème casuel porteur de signification grammaticale), le français ne dispose plus de cette possibilité : le nom n'a plus de formes casuelles. Par conséquent, les fonctions syntaxiques doivent être marquées différemment. Le manque est compensé par des principes d'ordre plus stricts dans la phrase : le sujet à gauche, l'objet à droite du verbe, le complément adverbial à la fin ou bien – si nécessaire comme « thème » ou sujet logique – au début de la phrase et détaché par une virgule, enfin l'utilisation des prépositions *de* et *à*, de surcroît, pour indiquer un certain statut de l'objet nominal, les raisons à cela se situant dans l'histoire du français [→ chap. 5.3]. Ainsi, tandis que le français procède de façon *analytique* et *syntagmatique* (il «décompose» davantage et range les fonctions l'une après l'autre), le latin nous offre une synthèse du mot et du morphème casuel (ou de la signification lexicale et de la signification grammaticale), et nous devons donc sélectionner dans un paradigme fonctionnel. C'est la raison pour laquelle on a longtemps considéré le français comme une LANGUE ANALYTIQUE, à l'opposé du latin qui serait SYNTHETIQUE.

Selon ce point de vue, le français ressemble plus à l'anglais qu'au latin (sa « mère »), qu'au russe ou qu'à l'allemand, langues synthétiques. Mais tout en étant synthétique dans beaucoup de traits linguistiques, l'allemand possède aussi des traits analytiques (la formation du futur, du parfait et du plus-que-parfait) et l'anglais, plutôt analytique, a maints traits synthétiques (past tense, génitif en -*s*, les formes de comparaison de quelques adjectifs).

Ainsi, beaucoup de langues flexionnelles d'aujourd'hui sont en partie ou essentiellement synthétiques ou analytiques, mais rarement en totalité. C'est aussi le cas du français, dont les riches paradigmes verbaux témoignent de la flexion

synthétique également (par ex. les personnes, imparfait, passé simple, subjonctifs; et même le futur et le conditionnel simple ont l'air synthétique).
Conscients de ces insuffisances quant aux critères univoques de typologisation, certains linguistes ont proposé d'autres approches. Ainsi, L. Tesnière (1932) a cru voir « le caractère éminemment synthétique » du français dans l'existence du mot phonétique qui, contrairement à l'orthographe dissimulatrice (car elle conserve les limites des mots et voile ainsi les faits réels), contient des « fractions de mots », donc synthétisé.[1] H. Weinrich y voit la conséquence d'un parler de plus en plus analytique :

> Je analytischer das Sprechen, um so synthetischer das Hören. Angenommen also, die Franzosen seien als Sprecher analytischer als andere, so müssen sie als Hörer wohl oder übel synthetischer als andere sein.(1963 : 52)[2]

H. Weinrich et K. Baldinger (1968) utilisent le phénomène de **prédétermination** et de **post-détermination** et les termes qui le recouvrent[3] pour attribuer au français un autre trait caractéristique en évolution qui pourrait servir à cerner son « type ». Le français aurait évolué vers la prédétermination et ce procès continuerait encore sans que la post-détermination se soit perdue entièrement.
Pour résumer, le français d'aujourd'hui présenterait donc les traits typologiques suivants: morphologiquement prédéterminant, mais lexicalement postdéterminant, pourvu de l'accent oxytonique et du groupe intonatoire au delà du mot (formant ainsi un mot phonétique), tout cela expression de son éloignement du latin mais en même temps souvent aussi responsable des modifications internes qui ont encore renforcé cet éloignement.[4]

3. Le français est sorti du principe « roman »

La caractérisation du type du français exposée plus haut (qui passe pour « classique ») n'est cependant pas suffisante si l'on veut suivre la conception typologique d'E. Coseriu et l'appliquer au français. [→ §1] ; Coseriu montre entre autres que le français, au cours de son évolution historique, sort peu à peu du « principe » des langues romanes. Ce principe pose – en simplifiant – l'existence d'un parallélisme entre la nature des fonctions et celle des procédés de détermi-

---

[1] Tesnière, L.: *Synthétisme et analytisme*, pp. 63/64, Prague 1932.
[2] Plus le parler est analytique, plus l'audition est synthétique. Or, supposé que les locuteurs français parlent de façon plus analytique par rapport à d'autres, ils devraient, bon gré mal gré, être des auditeurs plus synthétiques. (Trad. des auteurs); Weinrich, H.: „*Ist das Französische eine analytische oder synthetische Sprache?*" Dans : *Lebende Sprachen 8.* (1963), pp.52-55.
[3] Ces termes renvoient au placement des déterminants (articles, adjectifs, compléments du nom, du verbe, intensificateurs, etc.) par rapport aux déterminés. Ils seront expliqués en détail [→ **vol. II**].
[4] D'après ce que résume G. Eckert (1986, p. 368) des travaux de H. Geisler dans : *Studien zur typologischen Entwicklung. Latein – Altfranzösisch – Neufranzösisch.* München 1982.

nation.[5] Pour les fonctions intérieures (non-relationnelles, par ex. genre, nombre, comparatif, élatif, diminutif), sont mis en œuvre les procédés de détermination intérieurs (dans l'unité même, donc paradigmatique), pour des fonctions extérieures qui sont données par la phrase (par ex. compléments du verbe et de la phrase, comparaison, cas, passif, relations temporelles) jouent au contraire les procédés de détermination relationnelle extérieurs (périphrastiques et syntagmatiques). Le français a abandonné ce parallélisme au profit des procédés syntagmatiques sans différenciation fonctionnelle. (Coseriu 1988).

- **TRAVAIL 1**
  Connaissance terminologique
  Consultez des dictionnaires de linguistique ou des grammaires pour pouvoir définir le plus précisément, mais à votre portée, les concepts des termes suivants:
  syntagme, syntagmatique, paradigme, paradigmatique, flexion, comparatif, élatif, cas, détermination, morphème, périphrase, compléments du verbe, passif.

- **TRAVAIL 2 [→ COR]**
  Les traits universels
  Nous nous trouvons, avec l'idée du parallélisme (et aussi de la divergence, pour d'autres types de langue, bien évidemment) des fonctions et des procédés de détermination mis en œuvre pour les réaliser, de nouveau confrontés à un des concepts linguistiques les plus fondamentaux qui est l'unité coopérative de la fonction et de la forme. Duquel des deux côtés voyez-vous davantage de traits universels, donc communs à toutes les langues? Justifiez votre réponse.

4. Généalogie

Un autre principe de classification constitue la parenté généalogique ou génétique entre les langues. Ainsi, le français est parent de l'espagnol, de l'italien, du portugais et du roumain, c'est une des **LANGUES ROMANES**. Cette constatation est fondée sur les résultats de recherches historiques, aussi bien quant à l'histoire des usagers qu'aux études comparatistes ou diachroniques en philologie des langues romanes (au sujet de l'origine et la naissance du français [→ **chap. 5**]).
Le linguiste s'intéresse avant tout à apprendre comment déceler cela dans les langues mêmes (aussi dans leur état actuel, c'est-à-dire du point de vue synchronique). Les études comparatistes à l'intérieur de la famille des langues romanes sont, non seulement dans le domaine synchronique mais aussi dans le domaine diachronique (historique), très développées[6]. Les langues romanes (dont aussi

---

[5] « Fonctions » et « procédés » correspondent ici à peu près aux notions de « motif », « objectif », voire « contenu », d'un côté, et « mise en forme », « forme », de l'autre.

[6] Ce qui était (et est encore) un des grands mérites de la « romanistique » en territoire linguistique allemand (citons les noms de Diez, v. Wartburg, Rohlfs, Meyer-Lübke par ex., et, pour la présentation du bilan de cette philologie « bien allemande », l'ouvrage monumental édité de Holtus, G.;

les moindres, comme le sarde, le corse, le rhéto-roman, le catalan, l'occitan) sont assez bien décrites. Elles présentent un stock de vocabulaire commun provenant du latin, non seulement sous forme d'emprunts, comme c'est le cas dans beaucoup de langues, mais aussi sous forme de vocabulaire hérité; le plus souvent du latin parlé (latin vulgaire). Ainsi, elles se ressemblent beaucoup dans leur forme. Mais ces ressemblances ne sont pas toujours évidentes pour l'observateur non-expérimenté, car souvent cachées derrière les modifications phonétiques et graphiques divergentes qu'elles ont subies en cours d'évolution. Ainsi :

fr. *chef*, it. *capo*, esp. *jefe* vient du lat. *caput* qui voulait encore dire /tête/;
fr. *église*, it. *chiesa*, esp. *iglesia* vient du lat. *ecclesiam* qui est d'ailleurs lui-même un mot grec;
fr. *parler*, it. *parlare* du lat. vulg. *parabolare*; dagegen esp. *hablar* du lat. vulgaire *fabulare*

De plus, dans beaucoup de cas, leurs significations ont changé depuis le latin, et souvent également d'une manière différente dans les divers territoires :

fr. *tête* du lat. vulg. *testa* tesson, esp. cependant *cabeza* indirectement du lat. *caput* tête;
it. *sentire* entendre et sentir, esp. *sentir* sentir et regretter, fr. *sentir* du lat. *sentire* ressentir/ percevoir;
fr. *heureux* via *heur* du lat. vulg. *augurium* pressentiment, mais it. *felice* du lat. *felix* heureux.

Les marques grammaticales aussi bien que leur rangement dans le système grammatical peuvent varier d'une langue à l'autre :

fr. *les gens* m. ou f. pl., it. *la gente* f. sg. du lat. *gens* peuple, race f. sg.;
lat. *illum* démonstratif devient fr. article *le*, it. *il* et *lo*;
lat. *magis* devient esp. *más* et est utilisé pour la comparaison analytique, cependant fr. *plus*, it. *più*; *magis* se trouve néanmoins encore dans *mais*, *jamais*

Le passé commun (latin parlé, roman populaire) se manifeste encore aujourd'hui dans les particularités phonétiques et grammaticales : les syllabes toniques du latin sont, en majorité, restées toniques; le latin vulgaire connaissait déjà des formes temporelles analytiques, semblables aux formes d'aujourd'hui. Quelques résultats des procédés synthétiques du latin se sont conservées jusqu'à aujourd'hui (par ex. de la comparaison latine fr. *meilleur*, *pire*, it. *migliore*, *ottimo*, esp. *mejor*), par contre la forme synthétique du passif a disparu, les catégories des déponents et du participe futur n'existaient déjà plus à cette époque ou bien

---

Metzeltin, M.; Schmitt, Ch. : *Lexikon der Romanistischen Linguistik*. Tübingen, dès 1988, auquel ont coopéré entre autres aussi des linguistes français)

étaient sur le point de disparaitre, le gérondif, par contre, reste vivant, mais sous une réalisation formelle différente.

D'autre part, les « dialectes » du latin parlé déjà différents dans les divers territoires de la Romania, s'éloignaient de plus en plus les uns des autres au cours des siècles. Les influences des autres langues et les emprunts et dérivations du latin à des moments postérieurs, avec la prononciation et l'écriture de l'époque, aussi bien que la permanente formation de mots des propres « stocks », mais aussi un programme structurel interne en voie de changement (la grammaire), souvent à la suite d'autres changements, ont finalement abouti à la naissance de langues autonomes entre lesquelles les différences allaient en s'agrandissant et les points communs devenaient de moins en moins visibles. Des grandes langues de la Romania, l'italien est la langue la moins modifiée par rapport au latin, tandis que le français en est devenu la plus éloignée, mais l'était beaucoup moins au Moyen Age.

5. Le français en perspective externe

La caractérisation détaillée du français (description de ses sub-systèmes et de leur interaction) sera donnée plus loin [→ vol. II]. Nous nous intéresserons pour l'instant, dans le contexte de la typologie, à la question de l'évaluation du français qui vise à décrire son « caractère global ». Il est évident que des évaluations externes d'une langue donnée ne sont pas sans subjectivité, et que d'autre part, elles ont leur sens seulement à l'intérieur d'une comparaison pourvue d'un objectif précis. Sur ce point nous nous trouvons devant l'impossibilité de donner un jugement neutre et objectif du « caractère » d'une langue. Toujours est-il que le français jouit de la réputation d'une grande langue universelle dotée de haut rang culturel, de clarté, de beauté, d'esprit, mais aussi de maintes difficultés dans l'apprentissage. De toute façon, chaque langue, comme le montrent particulièrement les difficultés et les résultats de traductions de textes, a son « style ». Ceci est dû au type et au système phonatoire ou alors à l'articulation (cf. 2-3), mais aussi à l'histoire et à la culture des usagers de la langue en question, ce qui se reflète surtout dans le vocabulaire (cf. 4.). Gipper (1982) caractérise le français par ex. comme « statique, analytique, abstrait et sonnant » à l'opposition de l'allemand qui est, selon lui, « dynamique, synthétique, concret et qui a beaucoup de sonorité ».[7] On trouve de semblables constatations dans la *Stylistique comparée du français et de l'allemand* de Malblanc (1963).

---

[7] Gipper, H.: „*Sprachstil und Individualstil*". Dans: *Komponenten und Wirkungen*. Bd. 1. Ed. W. Kühlwein, A. Raasch, Tübingen 1982, p.14. L'antithétique « klingend » vs. « klangreich » est difficile à rendre: le français serait très sonnant, tandis que l'allemand aurait beaucoup de sonorité, un grand nombre de sons.

La fameuse conception de Humboldt (1835), reprise au XXème siècle par Sapir/Whorf et Weisgerber, selon laquelle chaque langue entrainerait une vision particulière du monde, est au même rang que l'idée (qu'on a déjà défendue dans un passé lointain) selon laquelle l'architecture structurelle de la langue et la capacité de s'exprimer non seulement étaient en rapport réciproque, mais reflétaient aussi l'évolution de la pensée et de la culture d'un peuple. Ici s'insère l'attribution au français des qualités prééminentes de clarté et de tendances d'abstraction, tant répétées à travers les siècles, en France même, mais aussi en dehors.

M. Wandruszka (1990) cite un texte de Bouhours dans laquelle deux amis passent en revue les habitudes de prononciation et d'expression de divers peuples, ce qui les amène à conclure que seuls les Français parlent vraiment, car ce sont eux dont la prononciation est la plus naturelle et la mieux proportionnée. La langue reflète le génie de la nation – une thèse ancienne, répandue en France depuis longtemps, mais vraie seulement tant qu'on y voit le trésor réuni des capacités et expériences culturelles d'un peuple à travers son histoire, qui devient un propos idéologique à partir du moment où l'on oublie que les autres nations ou ethnies possèdent le leur et où la perspective reste prisonnière de la subjectivité de l'esprit national.

Il ne tient peut-être pas à la langue que les Français construisent leurs conférences et exposés d'une autre manière que les Allemands par exemple, et qu'ils attachent une valeur différente à certaines choses dans leur vie. En tout cas, les avis là-dessus sont partagés. Sans aucun doute cependant, les langues ont leurs propres modes d'expression, et chaque traducteur y rencontre ses difficultés.

6. La géolinguistique du français

La géolinguistique du français ne concerne pas seulement sa diffusion géographique dans le monde (voir infra), mais aussi l'exploration et la description de ses « variétés » géographiquement déterminables, donc des variantes régionales et locales de la phonétique, du vocabulaire et de la grammaire, jusqu'au rassemblement systématique : les variétés, comme elles se manifestent dans les dialectes, les parlers et les patois régionaux et locaux (aspect diatopique, une dénomination assez récente pour ce genre d'études pourrait être LINGUISTIQUE DES VARIETES, à l'image de l'allemand **Varietätenlinguistik** ou de l'italien **linguistica delle varietà** [→ chap. 3]). Le français n'est pas partout parlé de la même façon et il y a en France même des endroits et des situations, où l'on ne parle pas uniquement le français, mais où l'on choisit entre plusieurs idiomes.

6.1. A l'intérieur de la France hexagonale

Poursuivons ce dernier raisonnement : dans quelques régions de France, on per-
çoit les sons de langues non-françaises, des LANGUES ETHNIQUES OU
MINORITAIRES. Leurs locuteurs appartiennent à des minorités ethniques et ils
ont conservé leur langue et la maitrisent souvent encore en grande partie en sus
du français, ils sont donc **bilingues**. Les langues occitane, corse, italienne, cata-
lane parlée au sud, basque au sud-ouest, bretonne au nord-ouest, flamande au
nord-est et alsacienne et allemande à l'est en témoignent. Le français n'est alors
pas la seule langue parlée en France, mais elle est comprise et utilisée par tous
les Français. C'était d'ailleurs le but des autorités gouvernementales, administra-
tives et culturelles résidants à Paris il y a des siècles. [→ **chap. 3**] En ce sens, le
français est une langue **transrégionale,** commune à tous les Français, la
LANGUE NATIONALE officielle. Mais cela ne veut pas dire qu'elle soit homogène
en prononciation, emploi du vocabulaire et des structures de grammaire. Elle est
plutôt le résultat d'une norme qui a évolué historiquement, qui est en partie arbitraire et en partie conventionnelle par l'usage, et quelque peu abstraite, car elle
offre l'ensemble des possibilités (le système selon Saussure [→ **chap. 1**]) dont
font usage les locuteurs, valables pour toute la France. Ses formes les plus élaborées se sont codifiées en ce qu'on appelle la **langue littéraire** et la **langue
parlée soignée**. L'évolution de la norme qui est aussi un reflet de l'acceptation
de certains usages par de larges couches de la communauté linguistique[8] a fait
que, après 1945, la langue parlée courante et le français familier sont rentrés
dans ce statut. De nombreux éléments des variétés régionales sont également
rentrés dans la langue commune [→ **chap. 3.2**].

Depuis des siècles, le français commun s'est petit à petit superposé aux
dialectes, les a également influencés et, avant tout, les a de plus en plus évincés.
En même temps, se sont formés des mélanges entre dialecte et français commun,
de manière qu'entre le niveau de la langue française commune et les dialectes
régionaux et locaux, s'est développée une sorte de français régional, qui ne représente pas encore un propre dialecte au sens linguistique stricte (cf. B. Müller,
Biblio.).

Le FRANÇAIS REGIONAL n'est pas simplement une variante du français limitée à
un territoire géographique, mais un français commun qui porte encore les traces
de l'origine régionale ou locale de l'usager (par ex. le français typique du Midi,
l'accent du Midi), sans qu'il y ait des difficultés de compréhension entre les locuteurs des différents français régionaux. Nous ne pouvons pas nous pencher
plus sur la question à savoir si ces parleurs sont capables de se tenir entièrement

---

[8] En France, selon les vieilles traditions, ce rôle de la communauté est en partie cédée soit à
l'Académie, soit à une politique législative, soit à certains de ses représentants. Ceci n'exclut pas
que ces ressortissants de la communauté observent attentivement l'usage que les gens font de la langue. Pour la notion de « norme » cf. chap. 1 et chap. 3.4.

53

à la norme du français commun, sous quelles conditions ils le font ou non ou quand ils vont jusqu'à retomber dans leur dialecte. Les **DIALECTES**, du point de vue synchronique, sont des **variétés diatopiques du français [➔ chap. 1.1, chap. 3.2, chap. 4]**. Bien que limités à certains espaces géographiques, ils sont autre chose que les langues régionales. Du point de vue diachronique, il s'agit de diversifications du latin parlé, particulièrement dans le territoire de la Gaule du nord. Vu sous cet angle historique, les dialectes d'aujourd'hui reflètent l'ancienne division linguistique et territoriale de la France. Les dialectes relativement répandus portent aussi les noms des anciennes provinces françaises : l'angevin, le bourguignon, le bourbonnais, le poitevin, le normand, l'orléanais, le franc-comtois, le berrichon, le tourangeau, le manceau et d'autres. Au centre de la France du nord, on ne trouve que peu de restes dialectaux dans le français régional, ici c'est le francien de l'Ile de France qui a effacé les autres dialectes et qui a pu devenir la langue principale du nord et plus tard de toute la France.

Les **variétés locales (parlers)** ne sont limitées qu'à des territoires très étroits, et souvent, elles se trouvent seulement dans une ville, par ex. le parler d'Arras, celui d'Amiens, ou dans une région rurale. La dénomination **patois** est devenue courante, mais elle semble se charger parfois d'une connotation péjorative, puisque l' idiome de ceux qui parlent en dialecte ou restent fidèles à leurs parlers locaux est souvent considéré comme étant, linguistiquement parlant, inférieur à la norme. On peut objecter que les dialectes et les parlers disposent, eux aussi, d'une norme même si celle-ci n'est pas prescriptive et suffisamment décrite, mais purement usuelle. Ils n'ont surtout pas de norme orthographique, mais s'écrivent sans obligation et selon leur prononciation. En premier lieu, ils servent à la communication orale, et font ainsi partie des variétés linguistiques de proximité **[➔ chap. 4]**. Ils sont régionalement et thématiquement limités. La communication écrite se fait en substance en français régional ou en français commun. On ne peut que difficilement déterminer des frontières topographiques entre les dialectes et les patois, bien qu'il y ait des cartes linguistiques. Dans ces cartes, on enregistre exactement les données phonétiques, grammaticales et lexicales des locuteurs de la région examinée et on relie des données identiques sur la carte en traçant les « isoglosses ». De cette façon, il est possible de représenter graphiquement le tracé de frontière entre les réalisations différentes des mêmes phénomènes linguistiques ou bien leur absence. Cet enregistrement fut entrepris par I. Gilliéron et E. Edmont au début du XXème siècle et publié sous le nom d'Atlas linguistique de la France. Dès le milieu du siècle, les dialectologues ont élaboré 25 atlas linguistiques régionaux et complété ainsi les enquêtes sur les langues régionales.[9]

---

[9] Pour les régions concernés et les noms d'auteurs, on peut se référer à H. Walter (1998) : *Le français d'ici, de là, de là-bas*. Paris, pp. 367.

- **TRAVAIL 3**
  Les mots des dialectes
  Les mots régionaux ou dialectaux (régionalismes) restent assez fréquents dans certains domaines, et qui plus est, font également partie de la nomenclature de certaines matières, telles la gastronomie et le tourisme. Vous consultez des recettes de cuisine, des menus de restaurants, des prospectus touristiques pour y relever un certain nombre de mots régionaux ou locaux qui sont censés être connus par tout Français.

6.2. A l'extérieur des frontières

Au-delà des frontières de la France, le français reste une des langues les plus répandues et les plus parlées, disons de valeur mondiale, par ex. une des langues de conférence de l'ONU et de l'Union Européenne et de certaines de leurs organisations, et enseignée à un grand nombre d'écoliers dans le monde entier. Mais il fonctionne également comme LANGUE OFFICIELLE, ADMINISTRATIVE OU VEHICULAIRE dans beaucoup d'Etats. A proprement parler, dans ce cas aussi, nous avons affaire à des VARIÉTÉS, car le français dans ces Etats est utilisé dans des conditions géographiques, ethniques et politiques complètement différentes de celles de la France et, suite à cela, a une histoire autrement mouvementée. En tant que langue reconnue autonome à côté d'autres et dans le voisinage de la France (par ex. en Belgique, Suisse, Andorre), les différences par rapport au français de France sont moins grandes qu'en tant que langue minoritaire historiquement plus éloignée (province du Québec au Canada). Dans les anciennes colonies d'Afrique et d'Asie où on continue de se servir de la langue de la « mère patrie » d'alors, le français est fort influencé par les locuteurs sur place, surtout en ce qui concerne la prononciation et le vocabulaire, de sorte qu'on peut parler d'une zone conflictuelle entre l'adaptation aux besoins de communication du pays et la sauvegarde de la norme qui vient de la France. C'est à peu près la même chose dans les territoires français d'outre-mer où la France métropolitaine exerce le pouvoir politique et administratif. Le créole des Antilles représente un phénomène particulièrement intéressant : langue à part entière à base lexicale française, mais où le contact des colons et des esclaves originaires d'Afrique a produit un mélange tout à fait original d'éléments de langues africaines, indigènes et du français, parfois même régional.

Les tentatives pour mettre en œuvre une politique linguistique subsumée sous la notion de FRANCOPHONIE qui vise à maintenir et à établir le français comme un lien unifiant tous les francophones sont difficiles parce qu'elles entravent, bien qu'involontairement, l'identité ethno-culturelle et la recherche, dans la politique des langues, de concepts originaux revalorisant les cultures et les parlers autochtones. D'autre part, le français reste une langue véhiculaire importante pour la politique intérieure et les relations économiques et culturelles avec la France, vu l'existence des nombreuses langues indigènes et des immenses problèmes économiques et sociaux, en particulier dans les pays d'Afrique. Mais la francophonie est en premier lieu l'expression de la renommée mondiale du français avec toutes ses variétés et donc un objet de recherche à ne pas sous-estimer pour les romanistes, les ethno- et sociolinguistes et les chercheurs tiers-mondistes.

BIBLIOGRAPHIE DU CHAPITRE 2

Baldinger, H. (1968) : „Post- und Prädeterminierung im Französischen." Dans : *Festschrift W.von Wartburg zum 80. Geburtstag.* Tübingen, Niemeyer, p. 87-106.

Coseriu, E. (1988) : „Der romanistische Sprachtypus. Versuch einer neuen Typologisierung der romanischen Sprachen". Dans : Albrecht, J. et al. (Ed.) : *Energeia und Ergon. Sprachliche Variation – Sprachgeschichte – Sprachtypologie.* Studia in hon. E. Coseriu, Tübingen, Gunter Narr, I., p. 207-224.

Eckert, G. (1986) : *Sprachtypus und Geschichte. Untersuchungen zum typologischen Wandel des Französischen.* Tübingen, Gunter Narr.

Haut Conseil de la Francophonie (1990) : *Etat de la francophonie dans le monde.* 1990, Paris.

Müller, B. (1985*) : Le français d'aujourd'hui.* (trad. de l'allemand). Paris, Klincksieck.

Picoche, J. & Marchello-Nizia, Ch. (1989) : *Histoire de la langue française.* Paris, Armand-Colin.

Poell, B. (2001) : *Francophonies périphériques. Histoire, statut et profil des principales variétés du français hors de France.* Paris, l'Harmattan.

Schwegler, A. (1990) : *Analycity and Syntheticity. A Diachronic Perspective with Special Reference to Romance Languages.* Berlin/ New York. Mouton, de Gruyter.

Tétu, M. (1997) : *Qu'est-ce que la francophonie ?* Paris, Hachette-Edicef.

Walter, H. (1988) : *Le français dans tous les sens.* Paris, Robert Laffont.

Walter, H. (1998) : *Le français d'ici, de là, de là-bas.* Paris, J.-C. Lattès.

Wandruszka, M. (1990) : *Die europäische Sprachgemeinschaft.* Tübingen, A. Francke.

Weisgerber, L. (1963) : *Grundformen sprachlicher Weltgestaltung.* Köln et Opladen, Westdeutscher Verlag.

CHAPITRE 3
SOCIOLINGUISTIQUE

La problématique sociolinguistique

Lorsque nous avons présenté le concept de LANGUE à partir du *Cours de linguistique générale* de F. de Saussure, [→ chap. 1], et celui de la géolinguistique [→ chap. 2] nous avons vu que le principe d'unité qui constitue une langue n'exclut pas la variation, d'où la notion de *dia-système* proposée par E. Coseriu :

> Une langue historique comporte toujours de la variation interne.   (1988, p. 280)

C'est dans ce cadre que se développe le domaine sociolinguistique dont les références sont multiples : W. Labov, qui a beaucoup inspiré tant les linguistes français que les linguistes allemands, a travaillé sur l'anglo-américain; il existe une tradition en Germanistique comme en Romanistique [→ cf. biblio]; en français et sur le français, une description très accessible sur les caractéristiques du français populaire se trouve dans F. Gadet (1992). Sur une présentation du domaine dans son ensemble, on pourra lire L.-J. Calvet (1993).

Les termes-clés de la sociolinguistique sont ceux de VARIÉTÉ, pour désigner tout usage social particulier (par ex. le parler des lycéens, le parler populaire parisien, etc.), celui de VARIATION, qui sert à systématiser les différences observées dans l'ensemble de la langue, celui de VARIABLE, qui désigne le trait précis que l'on choisit d'analyser et de quantifier. Un aspect important de la sociolinguistique concerne le contact (et souvent le conflit) entre langues différentes dans une même communauté : on parle alors de MULTILINGUISME et de DIGLOSSIE. En accord avec les analyses d'E. Coseriu déjà citées, F. Gadet (1989) rappelle que :

> Les différents locuteurs d'une même langue n'ont pas tous, ni toujours, exactement les mêmes usages : les langues manifestent de la variation et du changement, et le constat de l'hétérogène est coextensif à la notion de langue.   (p.7)

- **LECTURE 1**
  La sociolinguistique. L.-J. Calvet (1993) : Que sais-je ? n° 2731, PUF.

- **LECTURE 2**
  Le français populaire. F. Gadet (1992) : Que sais-je ? n° 1712, PUF.

1. La communauté sociale

La communauté sociale elle-même constitue la base des analyses en sociolinguistique; en effet, pour qu'il y ait des systèmes langagiers en partie différents les uns des autres, pour qu'il y ait de la variation et qu'une *sociolinguistique* puisse exister, il faut que ces systèmes langagiers interagissent, **interfèrent**[1] les uns avec les autres. Prenons un exemple : la plupart des jeunes Français apprennent l'anglais (ou une autre langue étrangère) à l'école; s'ils parviennent à bien le parler, ils seront à des degrés divers bilingues et selon qu'ils iront en Angleterre, aux Etats-Unis ou ailleurs, ou encore selon qu'ils côtoieront des anglophones en France, ils parleront anglais. Il n'y a encore rien de « sociolinguistique » en cela, sauf à constater que tel pourcentage de la population française est capable de parler plus ou moins bien l'anglais. L'interférence entre les deux langues ne commence que lorsque des mots ou des constructions syntaxiques anglaises s'intègrent à l'usage des francophones, lorsque des groupes de locuteurs utilisent régulièrement des mots anglais (métiers techniques, informatique, commerce, finance...), lorsque enfin tous les locuteurs français se mettent à les utiliser : *camping, cool, software, hardrock, rush, web, e-mail*, etc.

En d'autres termes, est sociolinguistique le fait qu'un usage spécifique entre en concurrence avec le français à l'intérieur de l'espace francophone, ou, pour reprendre la définition du *Petit Larousse*, « se superpose (au français) en le contrariant ». On se met alors à discuter de la question, on critique (ou non) cette interférence, on observe à quel degré les mots étrangers s'intègrent (*camping* est devenu un mot français aujourd'hui fort distinct de son homologue anglais originel) et dans quelle mesure ils représentent un mot-concept spécifique sans équivalent en français ou bien au contraire un élément qui tend à effacer un mot français déjà en usage ou à empêcher d'exister un mot susceptible d'être formé aisément. L'Etat lui-même intervient alors, parfois, au nom de la gestion de la langue, dévoyée par certains en « défense » de la langue française[2].

La sociolinguistique a donc nécessairement pour objet le conflit linguistique, que celui-ci mette en interaction des variétés internes de la langue (dialectes, parlers régionaux, parlers sociaux) ou des langues différentes (pays multilingues quels qu'ils soient). La plupart des pays se sont constituées en nations lentement, en intégrant des populations aux usages langagiers diversifiés [→ **chap. 2 et chap. 4**]; même là où, comme c'est le cas de la France, un puissant processus historique d'unification linguistique a eu lieu, et même en ne prenant pas

---

[1] INTERFÉRER: se superposer en se renforçant ou en se contrariant (Petit Larousse, 1995).
[2] Parution de décrets au *Journal Officiel de la République française*, tels celui de 1994 comportant une liste des mots français par lesquels l'administration doit remplacer les mot anglais dans tous ses textes.

en compte les variétés proprement dialectales (le provençal, le gascon, le chti-mi[3], etc., [→ chap. 2]), les interférences d'usages restent importantes.

Outre en effet les caractéristiques liées au milieu social, qui sont par ailleurs des signes d'identification et d'unité des sous-groupes de locuteurs entre eux, il y a toutes les minorités immigrées d'origines linguistiques diverses qui cherchent à parler, ou doivent parler, la langue du pays d'accueil; l'attitude subjective qu'ils adoptent selon qu'ils sont en simple transit, qu'ils ont été chassés de chez eux ou qu'ils ont voulu émigrer, pour travailler seulement quelques années ou bien au contraire avec l'intention de rester définitivement, tout comme les conditions de vie objectives qu'ils connaissent une fois installés, auront une influence décisive sur leurs comportements linguistiques personnels et sur l'intégration scolaire et sociale de leurs enfants. On dira donc à la suite de L.-J. Calvet, pour qui le terme *linguistique* vaut *sociolinguistique* :

> (...) l'objet d'étude de la linguistique n'est pas seulement la langue ou les langues mais la communauté sociale sous son aspect linguistique. (1993, p.90)

2. La variation diatopique: dialectes et régionalismes

L'observation de la variation diatopique montre qu'un même phénomène objectif, telle l'existence de sous-systèmes, peut être traité par le corps social de façon tout à fait différente; on adoptera un instant la perspective historique, en remontant au XVIIIème, puis au XIXème siècle, pour rendre sensible le phénomène. Dans *Patois et dialectes* (1971), P. Guiraud remarque :

> Durant tout le Moyen-Age il n'y a pas un français mais des français; chaque province parle et écrit dans son dialecte. Au seuil du XVe siècle, Froissart, né à Valenciennes, écrit encore ses Chroniques dans une langue fortement teintée de provincialisme. [...]
> A partir du XVIIe siècle la chasse aux dialectalismes devient une des préoccupations majeures de l'esthétique classique. Cependant on continue à utiliser les parlers locaux dans la vie quotidienne : Louis XIV est harangué en dialecte au cours d'un voyage en Picardie. (op. cité, p.27)

C'est en effet le XVIIème siècle qui, dans son effort de centralisation du pouvoir politique, se donne le moyen concret d'action d'une administration de mieux en mieux organisée, puissante, et qui va transformer progressivement le pays plurilingue qu'était jusqu'alors la France en pays unilingue, avec le *français* au sens le plus étroit du mot[4] comme modèle étendu à l'échelle nationale.

---

[3] CHTIMI: parler du Nord de la France, de la région jouxtant la frontière de la Belgique
[4] Le parler du pays de France, l'Ile-de-France et la Loire, cœur du domaine royal d'origine.

M. de Vaugelas, porte-parole le plus connu et tenant rigoureux de l'usage de la Cour, écrit par ex. à l'intention de ses contemporains nobles et lettrés :

> DE LA LETTRE R, finale des infinitifs
> Je ne m'étonne pas qu'en certaines provinces de France, particulièrement en Normandie, on prononce par exemple l'infinitif aller avec l'e ouvert, qu'on appelle, comme pour rimer richement avec l'air, tout de même que si l'on écrivait *allair*; car c'est le vice du pays*, qui pour ce qui est de la prononciation, manque une infinité de choses.
> (*pays désigne au XVIIème siècle. la région, ici la Normandie, en contraste avec les autres régions et avec Paris.)
> IL M'A DIT DE FAIRE
> Cette façon de parler est venue de Gascogne, et s'est introduite à Paris; mais elle ne vaut rien. Il faut dire *il m'a dit que je fisse.*
> QUEL et QUELLE pour QUELQUE
> C'est une faute familière à toutes les provinces qui sont delà la Loire de dire, par exemple, *quel mérite que l'on ait,* au lieu de dire *quelque mérite que l'on ait.* Pour la même raison, ceux du Languedoc, après avoir été plusieurs années à Paris, ne sauraient s'empêcher de dire *vous languissez* pour *vous vous ennuyez*[5].
> PARTIR , SORTIR, RESTER et DEMEURER
> De même un Bourguignon qui aura été toute sa vie à la Cour aura bien de la peine à ne pas dire *sortir* pour *partir,* comme *je sortis de Paris un tel jour* au lieu de dire *je partis de Paris, il est sorti* pour *il est parti.* Ainsi les Normands ne se peuvent défaire de leur *rester* pour *demeurer*; à cause que *rester* est un bon mot pour dire *être de reste,* mais non pas en ce sens-là.   (1647, *Remarques sur la langue française*)

Vaugelas, dans son souci de proposer à l'élite parisienne l'usage de la Cour comme modèle absolu du bien parler, critique ainsi tout au long de son ouvrage les *régionalismes* mais il ne se préoccupe guère des *dialectes.* Dans un Etat où les communications et les échanges sont encore réduits, les dialectes peuvent sans dommage cohabiter avec le français, qui restera l'apanage de l'élite parisienne et par extension des élites provinciales qui sauront être attentives aux usages des gens de Lettres, de la Cour, du Roi, en un mot de ceux qui représentent à des degrés divers le pouvoir central. Le français est vraiment, pleinement, une *affaire de classe.*

Au XIXème siècle, la situation sociale globale change radicalement dans la mesure où la classe dirigeante s'étend à une large fraction de la bourgeoisie industrielle, financière et commerçante; la Révolution et l'Empire ont unifié les institutions, les lois, ont entrepris le développement de l'éducation (qui ne sera parachevé qu'au milieu du XXème siècle) et il ne peut plus être question que les particularismes les plus forts, qu'ils soient coutumiers ou linguistiques, fassent obstacle au commerce; une langue commune, synonyme aussi bien des « idées modernes » que d'un marché économique sans entraves, devient une nécessité et

---

[5] Trois cent cinquante ans plus tard, les Languedociens continuent à « se languir » au lieu de « s'ennuyer », malgré M. de Vaugelas.

la guerre aux patois et dialectes est alors véritablement déclarée; elle se poursuivra pendant cent-cinquante ans, dans l'enseignement en particulier :

> C'est au cours du XIXè siècle que le français se répand grâce à la scolarisation, au service militaire, au développement des échanges et des voies de communication, à la Presse et aux Pouvoirs publics. Sur la fin du siècle, tout le monde parle français en dehors de quelques îlots retirés. L'administration et l'école traquent les patois; leur aire d'emploi se rétrécit et surtout ils se désagrègent, infiltrés qu'ils sont par le français.
>
> (P. Guiraud (1971), p. 28)

Enfin, après la guerre de 1914-1918, l'exode progressif des paysans et villageois vers les villes, dont nous venons seulement d'atteindre à peu près le terme, est un facteur important de perte de l'identité d'origine, tant linguistique que sociale. C. Duneton (1971), dans un récit très personnel, raconte cette chasse aux parlers locaux qu'il a lui-même vécue comme élève en Corrèze vers 1940 et la francisation, plus brutale encore, de ses propres parents vers 1910 :

> L'instituteur, M.Bordas, représentait la France, tout simplement : la culture, le pouvoir, en un mot la civilisation, et il réglait sa conduite en accord avec ses très hautes fonctions. Bien que d'origine modeste et de langue maternelle occitane, il refusait d'utiliser cette langue de plébéiens. Il menait son monde à la trique – littéralement : il y avait dans la classe un long gourdin avec lequel il frappait généreusement sur le dos des récalcitrants analphabètes (...) L'école, c'était un peu le territoire de l'ambassade, une enclave en somme, et l'on devait y parler exclusivement français. L'occitan était laissé au portail, on le reprenait à la grille en sortant, c'était la règle.
>
> (op. cité, p. 20-21)

> C'est curieux à dire, mais la France n'est francophone que depuis cinquante ans à peine! ... La haute bourgeoisie de notre pays avait, depuis des siècles, une langue à elle, une belle langue, réputée, qu'elle avait faite toute seule, en secret. Elle en avait fait présent à plusieurs cours d'Europe, quand, tout à coup, au début de ce siècle, elle en a fait cadeau aux Français.
>
> (*Ibid.*, p. 28)

- **LECTURE 3 Document 1**
  Parler croquant. C. Duneton (1971) : extraits, pp. 20-21.

Actuellement, la grande période de tension est passée, tous les dialectes du nord du pays ont été réduits à de petits nombres de locuteurs, souvent ruraux, leur aire sociale d'emploi s'est réduite et ils ne concurrencent plus le français standard qui sert dans tous les types de situations de communication, familières comme officielles. Les dialectes méridionaux sont plus vivants et les langues distinctes (basque, breton, corse ou alsacien) gardent un rôle politique, culturel et identitaire très important. On voit en même temps s'installer une relative bienveillance à l'égard des parlers comme des accents locaux dans l'articulation du français.

L'Education nationale admet que des cours de langues régionales soient dispen-
sés (parcimonieusement) à l'intérieur des établissements scolaires, du fait que le
français est solidement installé sur toute l'aire politique. Il y a désormais quelque chose qui ressemble à une « coexistence pacifique », ou à une
« cohabitation[6] » entre les variétés du français, mais sous la forme d'une inégali-
té absolue entre la langue dominante, le français standard, et les dialectes, patois
ou langues régionales qui subsistent. Le français actuel s'est abondamment
nourri de formes d'origine dialectale (ou étrangère); P. Guiraud montre, par ex.,
que le vocabulaire dénominatif des poissons est presque entièrement emprunté :
crevette, pieuvre viennent du normand, *crabe, cabillaud* des langues germaniques, *congre, sole, thon, langouste* sont des mots provençaux, *turbot* et *homard*
sont scandinaves. Cet apport important, dû aux interférences entre les dialectes,
les langues étrangères et le français et qui touche aux mots les plus usuels et les
plus français d'apparence reste ordinairement ignoré de l'immense majorité des
locuteurs [→ chap. 1.2].

- **LECTURE 4 Documents 2 et 3**
  Des dialectes au français standard : les noms de poissons. P. Guiraud (1971).
  Mots argotiques et mots populaires. P. Guiraud (1971).

3. La variation diastratique : les sociolectes

3.1. La ville comme lieu sociolinguistique spécifique

La variation diatopique représentée par les dialectes et les régionalismes comporte une dimension diastratique très importante et la ville est ainsi un lieu sociolinguistique en soi, composite en termes de populations et fractionné dans un
espace restreint. La population française[7] se concentre massivement dans les espaces urbains depuis le début du XXème siècle, Paris regroupant par ex., avec 9
millions d'habitants et sur 2.000 km^2, soit 16% de la population globale; si on y
joint les villes de plus de 200.000 habitants, on obtient près de 20 millions de
citadins, le tiers du pays. Si ce regroupement d'ensemble s'accompagne d'une
répartition, voire même d'une ségrégation par quartiers où le statut social de
chacun joue le rôle essentiel, il implique néanmoins que les groupes sociaux différents se côtoient davantage, s'entendent parler, parfois même commu-niquent
entre eux; la ville rapproche et concentre donc tous les facteurs de diversité, accentue les interactions et les confrontations entre les usages.
La sociolinguistique y trouve donc un champ d'observation riche, d'autant que
les populations peuvent avoir des usages différents de la même langue, le fran-

---

[6] « coexistence pacifique » réfère à la guerre froide Est-Ouest, « cohabitation » à l'association d'un
Président de la République de gauche et d'un Premier Ministre de droite (ou l'inverse).
[7] Le phénomène n'est en rien restreint à la France, de très nombreux pays y sont soumis, avec des degrés et des formes spécifiques à chacun.

çais, ou bien parler des langues étrangères qui, si elles relèvent d'une communauté importante, vont ainsi entrer en contact et en possible interaction avec le français: la situation peut en devenir fort complexe, comme tout enseignant peut le constater au niveau de certaines populations scolaires. Dans son ouvrage spécialement consacré à la sociolinguistique urbaine, L.-J. Calvet écrit :

> La ville est le but des migrations, le point ultime d'un parcours qui, du village à la capitale, suit les pistes, les fleuves ou les voies ferrées, parcours des hommes bien sûr, mais en même temps parcours des langues. [...] La ville parle, au travers d'une multitude de signes qu'elle nous donne à lire et que, souvent, nous ne remarquons même pas. (1994, p. 8)

- **LECTURE 5**
  La ville et la confrontation linguistique. L.-J. Calvet (1994) : *Les voix de la ville*.

3.2. Formes non-standard et formes standard

Les travaux des linguistes américains offrent un bon exemple de l'imbrication des caractères sociaux dans l'espace urbain. W. Labov (1976) a d'abord étudié les variantes de prononciation des habitants d'une petite ile de la côte nord-américaine (Martha's Vineyard) et a montré que la façon de prononcer permet d'opposer nettement ceux des habitants qui sont attachés à leur ile, veulent y rester et en préserver le mode de vie et ceux qui souhaitent la quitter pour rejoindre et s'identifier au contraire aux Américains des grandes villes de la Côte Est. W. Labov a travaillé ensuite sur le comportement des vendeurs de différents grands magasins, des plus populaires aux plus bourgeois et il a pu ainsi montrer, à travers leur façon d'articuler le phonème /R/, comment ceux-ci variaient et adaptaient leur propre prononciation en fonction de l'image sociale qu'ils se faisaient du client à partir de son aspect extérieur et de son langage. Il a aussi analysé une variété très typée de l'anglo-américain sub-standard de plusieurs groupes de jeunes noirs constitués en bandes à Harlem pour essayer de comprendre quel était le rôle social que jouait ce **VERNACULAIRE** sub-standard[8] pour ces groupes, le but de la recherche étant de déterminer les causes de l'échec scolaire extrêmement élevé de cette population.

Ces recherches ont abouti à deux conclusions majeures. La première est qu'entre l'anglais standard et le parler sub-standard des jeunes noirs[9] il n'y a pas séparation mais articulation, façon différente d'appliquer des règles communes :

> Une telle conception des relations entre le VNA et l'anglais standard (AS) du point de vue de la compétence des locuteurs noirs montre qu'il s'agit bien d'un système unique. Certes, il se peut que certaines formes de l'AS échappent à cette compétence - cela

---

[8] *non-standard* est le terme français, *sub-standard* est utilisé en Allemagne et aux Etats-Unis.
[9] VNA : « vernaculaire noir américain », et AS: « anglais standard » dans le texte de W. Labov.

semble le cas de *whether* dans les exemples précédents. Mais il ne s'ensuit en aucune façon que les règles de l'AS pour l'interrogation soient extérieures au système du VNA. En fait, bien que pourvu d'une cohésion interne, celui-ci ne constitue pas un sous-système distinct au sein de la grammaire générale de l'anglais. Il est clair que certaines parties des systèmes temporel et aspectuel, et d'autres systèmes sans doute, lui sont spécifiques, en ce sens qu'elles ne sont ni partagées ni comprises des sujets parlant d'autres dialectes*. Il n'en reste pas moins que les locuteurs de tous les dialectes ont accès à toutes les pièces de la machine grammaticale de l'anglais, qu'ils en fassent ou non usage dans leur discours quotidien.   (1978, pp. 107-108)

(*W. Labov utilise, selon la tradition anglo-saxonne, « dialecte » pour *sociolecte* [et non pour désigner un parler régional tel le gascon, le provençal ou le picard comme en linguistique française].)

Cette conclusion est à retenir, nous la vérifierons lorsque nous observerons quelques usages du français parlé quotidien plus loin [→ **chap. 4**] et les censures dont elles font l'objet par la norme sociale. Bien souvent, les différences entre sociolectes n'ont même pas d'incidence sur la compréhension mais elles sont grossies par les groupes sociaux dominants et l'analyse linguistique doit se déplacer du fait linguistique vers le fait social qu'implique le jeu entre valorisation et dévalorisation des usages linguistiques pour les analyser [→ **3. infra**].

La seconde conclusion, concernant l'échec dans l'apprentissage de la lecture, est que celui-ci est imputable à des facteurs socio-culturels, voire politiques, bien plus qu'à des facteurs proprement linguistiques, ou à des déficits intellectuels :

Le tableau général qui se dégage ne fait donc que renforcer notre opinion : le principal responsable de l'échec de l'apprentissage de la lecture est bien le conflit culturel. L'environnement et les valeurs scolaires n'ont de toute évidence aucune influence sur des garçons solidement enracinés dans la culture des rues. En revanche, ceux qui apprennent se composent pour une large part de garçons qui n'entrent pas dans cette culture, soit qu'ils la rejettent, soit qu'ils sont rejetés par elle.   (1978, p. 173)

On voit bien dans cet exemple type à quel point le substrat social est fortement impliqué dans les problèmes de la variété linguistique.

3.3. Le français populaire

La difficulté de cette appellation traditionnelle tient à la possibilité de délimiter dans l'ensemble des formes orales [→ **chap. 4**] un sociolecte suffisamment caractérisé et stable pour qu'on puisse le dénommer *français populaire* et l'affecter à une couche sociale précise, même si celle-ci reste composite; en effet, de très nombreux traits peuvent être étiquetés soit comme « familiers », et relèveraient donc d'une variante diaphasique que le locuteur choisirait de mettre en oeuvre dans son discours du moment, soit comme diastratique, et identifierait alors une habitude langagière de son groupe, le sociolecte « populaire ». On trouvera une image très évidente de cette difficulté théorique dans la façon très variable, pour ne pas dire aléatoire, dont les dictionnaires usent les uns ou les autres des indications telles : *familier, populaire* ou bien *argotique* [→ vol. II].

A chaque niveau d'observation : réalisations phonétiques, système phonologique sous-jacent, morphologie et syntaxe, lexique et interprétation des mots, l'établissement d'un sociolecte suppose que l'on relève des particularités qui, associées et récurrentes dans l'usage d'un locuteur, puis dans celui d'autres locuteurs de statut social voisin, les fera qualifier de « populaires ». Dans la qualification d'un tel sociolecte, la forme phonétique joue un rôle de premier plan pour une raison méthodologique (et non parce qu'elle serait « en soi » plus importante) : le niveau de la prononciation des sons, de l'accentuation, de l'intonation est profondément intériorisé par chaque locuteur, il est très fortement automatisé et donc moins susceptible d'une correction consciente et ponctuelle, il identifie socialement le locuteur plus surement que d'autres aspects.

- **LECTURE 6 Document 4**
  Vers une définition du français populaire. F. Gadet (1992) : pp. 24-28 *passim.*

3.4. La langue comme moyen identitaire, l'exemple du verlan

La compréhension des comportements langagiers d'un point de vue sociolinguistique repose aussi sur l'opposition que, selon J. Gumperz (1982), il convient d'établir entre le langage en fonction VÉHICULAIRE et le langage en fonction IDENTITAIRE. L'aspect véhiculaire est la fonction de base du langage, elle repose d'abord sur la fonction *référentielle,* dans les termes de R. Jakobson [→ chap. 1.3] : il s'agit de transmettre de l'information sur le monde. L'aspect identitaire se donne moins évidemment à l'observation : dans une situation sociale donnée, et tout particulièrement dans une situation d'exclusion, un groupe va se constituer une langue « pour soi », démarquée du code commun, distincte de la forme standard que les groupes dominants donnent comme valeur de référence à toute la société. J. Billiez (1992) a décrit les façons de parler des enfants de migrants algériens, espagnols et portugais de la banlieue de Grenoble et a constaté que ces groupes se créent un sociolecte spécifique en introduisant sur une base française des mots arabes, gitans, portugais, en utilisant aussi, pour partie, le verlan avec pour but objectif d'acquérir une identité propre et de se distinguer ainsi de tous les autres groupes environnements, que ce soit les adultes français en général, leurs parents ou même d'autres groupes d'adolescents auxquels ils sont pourtant, par le statut social et la classe d'âge, semblables. En reprenant les dénominations de J. Gumperz (1982), L.-J. Calvet (1994) résume ainsi le phénomène :

J.Gumperz a distingué entre ce qu'il appelle le « we-code » et le « they-code », expressions que nous pourrions traduire par « notre code » et « leur code » ou « notre langue » et « leur langue ». (...) Ces groupes se construisent leurs formes identitaires, différenciées de la forme véhiculaire (par ex. le français standard local) et des formes vernaculaires familiales. (p. 68)

Le groupe considéré se construit donc une forme linguistique d'*identification*, un code à soi par opposition au code des autres, auquel il se sent ne pas avoir accès. On peut se demander, sur cet exemple actuel concernant des groupes de jeunes, si l'on est si loin d'exemples historiques bien connus, ceux des patois locaux que presque chaque communauté rurale villageoise se constituait autrefois dans le cadre plus général d'un dialecte et d'où découlait l'extraordinaire diversité linguistique qu'ont mise au jour les atlas linguistiques. L'interprétation identitaire du phénomène parait à coup sûr mieux expliquer la réalité que l'interprétation par un déficit linguistique intrinsèque de ces populations, même si l'écart qui se creuse avec la langue standard s'accompagne nécessairement d'un handicap de nature sociale, et scolaire tout spécialement, le français standard pétri par la norme ayant à l'école plus qu'ailleurs une place essentielle.

Le VERLAN est de nos jours l'exemple concret le plus manifeste de cette situation :

Ce qui frappe le plus, c'est l'utilisation du verlan, l'argot à clé le plus productif en français contemporain, qui apparait dans certains textes de rap mais qui est très largement utilisé par les jeunes constituant le public des rappeurs. Son principe, la transformation des mots par inversion des syllabes, est (...) un procédé technique relativement simple, dont la fonction est beaucoup plus symbolique que *cryptique*[10]: parler verlan, ce n'est pas tant vouloir masquer le sens (même si on y parvient souvent) qu'imprimer sa marque à la langue. Le procédé connote un certain rapport à la langue et définit ses utilisateurs : un groupe social, une classe d'âge, etc.
Les adolescents vont parsemer leur français de quelques mots arabes, utiliser le verlan et adopter une prononciation particulière pour se démarquer de la variété haute, pour ne pas parler comme des « Gaulois »*. (Le phénomène consiste) à utiliser la langue pour se constituer une identité rêvée, à travailler la forme de la langue qu'on parle pour construire et donner à voir une certaine image de soi. (*Ibid.*, pp. 281 et 288)

(* terme employé par ces jeunes pour désigner les francophones standard.)

L.-J. Calvet montre aussi que ces comportements sont le signe d'une exclusion sociale fondamentale, à laquelle le groupe réagit en constituant son propre code. Dans le quartier de Belleville à Paris, le degré d'insertion ou d'inclusion linguistique peut être très différent selon les communautés que l'on considère. Les populations d'origine asiatique par ex. s'intègrent économiquement dans les activi-

---

[10]CRYPTIQUE: caché, secret; qui est constitué pour être incompréhensible au non-initié.

tés commerciales du quartier mais n'habitent que très rarement sur leur lieu de travail, elles se répartissent donc *grosso modo* selon le modèle général des autres parties de la population; parallèlement, elles restent plus nettement bilingues (chinois, vietnamien ou khmer d'un côté, pour les relations familiales ou des relations sociales bien définies, français de l'autre) et leur intégration linguistique est, globalement, bien meilleure et plus rapide que celle des autres ethnies; alors que les groupes maghrébins sont beaucoup plus ostracisés et sources de comportements racistes spontanés de la part de la population française comme de la propagande xénophobe des partis politiques d'extrême- droite[11].

4. La norme linguistique et son rôle social

4.1. L'insuffisance de l'analyse linguistique

Le concept de NORME est particulièrement présent en grammaire où l'on voit de nombreux ouvrages (parfois même présentés sous la forme : *Dites/Ne dites pas...*) opposer le *correct* à l'*incorrect*. Ces termes qui présupposent que l'usage condamné appartienne néanmoins à la langue (un *mauvais* usage de la langue, bien sûr !) sont parfois remplacés, surtout à l'école, par le couple: *français/pas français*. Ainsi les phrases suivantes ne seraient-elles « pas françaises » :

(1) On y va, à la piscine, ou on n'y va pas?
(2) Je sais vraiment pas quoi répondre.
(3) (a)Tu pars quand en vacances? / (b)Tu pars en vacances quand?
(4) J'ui ai écrit hier ([ʒɥiɛekriʀ])
(5) Je me rappelle très bien de l'accident.
(6) Faudra faire très attention en traversant.

Dans (1), *on* serait abusivement utilisé à la place de *nous* et il y aurait une redondance condamnable entre le groupe nominal prépositionnel (*à la piscine*) et le pronom qui le représente, *y*; dans (2), *pas* devrait être complété par *ne*; dans la question (3), sous sa version (a) ou sous sa version (b), l'ordre du pronom sujet (*tu*) et du pronom interrogatif (*quand*) devrait être inverse : *quand pars-tu en vacances* ; dans (4), le pronom complément indirect devrait avoir la forme *lui* [lɥi] et le pronom sujet, en conséquence, la forme *je* [ʒə]; dans (5), la préposition *de* serait de trop, le verbe *se rappeler* devant être construit directement; enfin, dans (6), le sujet impersonnel *il* manque devant le verbe.

Tout apprenant attentif du français, même encore peu avancé, sait que de telles formes sont parmi les plus usuelles de la langue française, qu'on les trouve chez des locuteurs très divers et non pas seulement chez tel ou tel dont la maitrise imparfaite du français se révèlerait par d'autres traits; elles ne sont pas non plus des

---

[11]On y voit clairement la trace de la colonisation du Maghreb par la France et spécialement de la guerre de libération de l'Algérie, qui reste chez beaucoup source de rancœur et de violence.

« accidents de parole » imputables à une omission ponctuelle, un bafouillage ou un *lapsus linguae*. Au contraire, tout francophone natif produit ces formes dans les situations naturelles d'échanges verbaux et il convient donc de se donner les outils conceptuels nécessaires pour apprécier leur place dans la langue comme la logique interne de leur production.

On posera qu'il y a **des** situations de communication, qu'il y a en particulier la forme parlée à ne pas confondre avec la forme écrite, que chaque locuteur est capable d'adopter des formes d'expression différentes et adaptées, et qu'il s'agit donc d'une VARIÉTÉ; comme cette sorte de variation, répétons-le, n'est pas liée à une situation géographique ou sociale particulière mais est le fait de tous, on considèrera qu'elle est de nature DIAPHASIQUE [→ chap. 1].

Cette caractérisation reste toutefois insuffisante : si en effet elle constate la diversité de comportement des locuteurs, elle ne dit pas pourquoi certaines formes sont dites bonnes et considérées comme « françaises » et d'autres sont dites « mauvaises » et exclues de la langue. A s'en tenir au plan strictement linguistique, il est impossible de développer à ce propos un raisonnement satisfaisant dans la mesure où ces variantes assurent très bien la communication, aucune ne prêtant à confusion sémantique, dans la mesure aussi où elles sont utilisées sans être aucunement remarquées; leur fonctionnalité n'est pas en cause, elle semblerait plutôt maximale. En effet, le fondement de la norme est social : dans une communauté qui a constitué une langue véhiculaire, il revient au groupe social qui détient le pouvoir économique et politique, et par conséquent le pouvoir culturel, de définir *la* variété linguistique qui servira de référence et de modèle à la communauté tout entière. Le français parlé de la conversation courante, ou, pour reprendre l'expression utilisé par F. Gadet (1989), le « français ordinaire », *n'est pas* la forme de référence du français, il n'est même pas considéré comme une variante diaphasique liée à la situation de communication et qui pourrait être donc traitée comme une norme *sui generis*, la *norme du français parlé*; nous sommes en réalité confrontés à la réfraction dans le langage des choix sociaux sous-jacents et toutes les grammaires tendent à masquer ce problème social en le présentant comme une question de mauvaise qualité linguistique en soi des formes employées et en imputant cette mauvaise qualité à la paresse des locuteurs, à leur volonté de dégrader la langue ou encore à leur inculture. Certains ouvrages exposent pourtant de façon explicite les choix sociaux qui les guident et qui les ont amenés à ne pas mentionner l'existence des formes non-standard, tel M. Grammont (1914) :

> Cet ouvrage est destiné essentiellement aux étrangers et aux provinciaux qui veulent se perfectionner dans la bonne prononciation française ou se renseigner sur elle. Toutes les personnes compétentes reconnaissent aujourd'hui que cette prononciation française est celle de la bonne société parisienne, constituée essentiellement par les repré-

sentants des vieilles familles de la bourgeoisie. C'est celle-là qu'on s'est efforcé de
décrire dans ce traité.   (*La prononciation française, traité pratique*)

Dans la préface au *Bon Usage*, grammaire qui donne une bonne image très fouil-
lée de la forme normée du français contemporain, la référence se déplace des
« vieilles familles bourgeoises parisiennes » vers une élite sociale plus ouverte et
surtout vers les écrivains, comme le montre par ailleurs l'immense recueil de
citations littéraires qui accompagne la plupart sinon tous les énoncés de règles :

> (...) les étudiants et les gens cultivés forment tout autant que les professeurs le vaste
> public auquel s'adresse M.Grevisse (...). Le principal mérite de M.Grevisse est de se
> tenir, greffier vigilant et diligemment informé, aux écoutes des meilleurs écrivains
> contemporains, de ceux-là qui, par leur consentement sur tel point de lexicologie ou
> sur telle difficulté de syntaxe, figent provisoirement le français dans un miraculeux
> état d'équilibre, instable, menacé, mais qui doit être défendu. (...) le bon usage du
> français apparaît tout aussitôt comme cette subtile connivence, faite de mille et un
> mots de passe, qui permet aux écrivains authentiques de se reconnaître et de se distin-
> guer.   (F.Desonay, Préface de la 6ème édition 1955)

Ces textes récents du XXème siècle nous rappellent les propos que tenait Vaugelas en 1680 :

> I. Définition de l'usage
> C'est la façon de parler de la plus saine partie de la Cour, conformément à la façon
> d'écrire de la plus saine partie des auteurs de ce temps.
> VII. Mon dessein dans cette oeuvre est de condamner tout ce qui n'est pas du bon et
> bel usage.
> X. Il sera toujours vrai qu'il y aura un bon et un mauvais usage, que le mauvais usage
> sera composé de la pluralité des voix, et le bon usage de la plus saine partie de la Cour
> et des auteurs.   (Préface aux *Remarques sur la langue française*, 1647)

« La plus saine partie de la Cour » (et non la Cour dans son ensemble) et « la
plus saine partie des auteurs » (il y a donc des écrivains qui écrivent mal) d'un
côté, « les gens cultivés » et « les meilleurs auteurs » de l'autre.
On retrouve aussi l'idée, explicite chez Vaugelas et implicite chez F. Desonay,
que « la pluralité des voix » ne produira jamais que du *mauvais français*; en
clair : la totalité des Français, hors une infime élite, ne parle ni n'écrit correctement sa langue. La norme conçue comme usage le plus répandu dans une
communauté linguistique globale est totalement absente dans cette représentation socio-culturelle purement élitiste de la langue. [➔ chap. 4.3].

4.2. Interaction du linguistique et du social
Nous pouvons aller un peu plus loin dans la réflexion en posant que le français
standard des grammaires citées est de fait une idéalisation et non pas l'usage *ré-*

el de la bourgeoisie parisienne cultivée. En effet, comme le montre très bien le texte cité de F. Desonay, la forme linguistique du français qui fait référence est une forme *écrite*, qui plus est, une forme *académique* de l'écrit littéraire. Elle est donc, par là même, impossible à réaliser dans les autres situations de communication comme dans les autres types de textes; elle peut prendre une forme orale dans la lecture à haute voix, lors du jeu théâtral, dans un discours à une assemblée ou au tribunal, mais cette forme n'est plus alors l'oral mais *l'oralisation*, *i.e.* la transposition d'un texte écrit sur le *medium* oral; ses conditions de production restent donc celles, complexes et multiformes, du texte écrit [→ chap. 4]. Cette norme posée comme l'idéal de la langue ne peut être en effet réalisée que dans les textes écrits, elle est contradictoire et incompatible avec toute autre situation de communication. En conséquence, elle ne peut en aucune façon fournir une base de description pour l'étude et la compréhension du fonctionnement objectif de la langue. G. Krassin (1994) remarque très justement à propos de la morphologie du français contemporain et de son évolution :

> Un coup d'œil rapide sur le concept de norme montre que celui-ci est très peu utile dans l'effort pour comprendre les tendances actuelles de la morphologie et de la syntaxe du français. Tandis que le concept de norme conçu par E.Coseriu comme limite au système permet parfaitement de se demander si des changements déjà bien établis dans la syntaxe doivent être vus comme des possibilités alternatives ou non employées situées dans le domaine de la norme ou bien être considérés comme appartenant au système, la norme stricte, rigoureusement prescriptive est à considérer, à la différence d'autres normes descriptives variées du français, comme relevant de la haute langue écrite. Cette norme fortement orientée vers l'usage le plus traditionnel de la langue se caractérise d'abord par le refus des changements et s'éloigne donc trop du domaine de recherche que nous visons pour pouvoir être d'une quelconque utilité. (p. 4 -5)

La norme au sens traditionnel consiste donc en une image projetée de la forme écrite littéraire dans la conscience des locuteurs, forme fictive construite par la communauté sociale, représentation symbolique de la langue. Ce qui ne revient pas à dire pourtant que la norme « n'existerait pas »; dès lors en effet qu'un groupe social a installé cette représentation idéologique de la langue et la diffuse, la communauté sociale dans son ensemble s'y réfère, lui donne une valeur et tente avec plus ou moins de bonne volonté et de succès de s'y conformer; la norme acquiert ainsi une véritable force, un pouvoir symbolique actif, réel, sur l'ensemble des locuteurs, elle entre dans les interactions mutuelles des usages linguistiques.

Cette conscience de la norme intériorisée par les locuteurs génère chez beaucoup un sentiment d'insécurité linguistique qui se traduit par le silence, par le refus très fréquent d'écrire soi-même (l'orthographe, norme par excellence, jouant dans cette situation un rôle inhibiteur majeur) ou par la modalisation des énoncés oraux : « si je puis dire », « si vous me passez l'expression », « comme on dit vulgairement », « comme disent les journalistes », « comme on dit à Marseille ». L'**hypercorrection** est un autre effet de l'insécurité linguistique; la liaison, par ex., étant ressentie comme signe d'un parler soigné et prestigieux, le locuteur en rajoutera là où la forme écrite ne permet pas d'en réaliser et une journaliste connue et réputée, lisant sa chronique à la radio, en vient à produire la phrase :

> (...) Ainsi son programme pourra-**t**-être évalué plus clairement.

La compétence du locuteur n'est absolument pas en cause ici, comme les tenants du beau français le croient inébranlablement, mais bien la pression sociale sur l'émission linguistique, pression qui s'impose à tout locuteur, dans toute prise de parole publique et plus encore sur les médias, devant un micro.

4.3. La norme comme valeur économique : l'analyse de P. Bourdieu

Le sociologue P. Bourdieu (1982) en vient à poser que la forme normée de la langue, qu'il dénomme de l'heureuse expression de « la langue légitime », c'est-à-dire reconnue par la classe dominante et par la communauté sociale comme forme autorisée et comme modèle d'usage, doit être finalement comprise comme une valeur économique, une forme de marchandise :

> Le discours n'est pas seulement un message destiné à être déchiffré; c'est aussi un produit que nous livrons à l'appréciation des autres et dont la valeur se définira dans sa relation à d'autres produits plus rares ou plus communs. (...)
> La constitution d'un marché linguistique crée les conditions d'une concurrence objective dans et par laquelle la compétence légitime peut fonctionner comme capital linguistique produisant, à l'occasion de chaque échange social, un profit de distinction.
> (p. 43 et p. 4 de couverture)

Il souligne aussi la liaison entre l'aspect sociopolitique et l'aspect linguistique et sa description s'applique parfaitement à la situation de la France et à son histoire linguistique [→ **§1, ci-dessus**] :

> La langue officielle a partie liée avec l'Etat. Et cela tant dans sa genèse que dans ses usages sociaux. C'est dans le processus de constitution de l'Etat que se crèent les conditions de la constitution d'un marché linguistique unifié et dominé par la langue officielle : obligatoire dans les occasions officielles et dans les espaces officiels (Ecole, administrations publiques, institutions publiques, etc.), cette langue d'Etat devient la norme théorique à laquelle toutes les pratiques linguistiques sont objectivement mesurées.
> Instrument de communication, la langue est aussi signe extérieur de richesse et instrument de pouvoir. (*Ibid.*, p. 27 et p. 4 couverture)

Cette idée que tel usage est un signe extérieur de richesse, que l'Etat investit un ensemble de valeurs symboliques à l'intérieur du parler de la communauté rejoint l'un des points mis au programme de la recherche sociolinguistique dès 1969 par J. Fishman :

> La sociolinguistique tâche de découvrir quelles lois ou normes sociales déterminent le comportement linguistique dans les communautés linguistiques. (...)
> La sociologie du langage essaie également de déterminer quelle valeur symbolique ont les variétés linguistiques pour leurs usagers. (...)
> La sociolinguistique est l'étude des caractéristiques des variétés linguistiques, des caractéristiques de leurs fonctions et des caractéristiques de leurs locuteurs, en considérant que ces trois facteurs agissent sans cesse l'un sur l'autre, changent et se modifient mutuellement au sein d'une communauté linguistique.
>
> (1969, pp.19-20)

Conclusion : linguistique et sociolinguistique

La linguistique, au sens de recherche sur la langue conçue comme système idéal commun et la sociolinguistique, qui porte le regard sur le phénomène de la diversité sous toutes ses formes, ont partie liée. Le rôle très important que joue la norme et l'articulation très étroite entre système standard et systèmes non-standard montrent que la notion de langue peut être à la fois « introuvable » dans les faits observables, puisqu'il n'y a jamais à recueillir **que** les productions verbales des locuteurs concrets parlant leur sociolecte, plus ou moins proche du standard, et en même temps bien réelle en tant que représentation idéologique créatrice d'un système de valeurs symboliques; ces valeurs symboliques sont véhiculées, diffusées, amplifiées dans la conscience collective par des corps sociaux définis, parfois spécialisés dans cette fonction : Académie, littérateurs, personnages officiels de l'Etat, enseignants.

Sauf peut-être dans des pays profondément fédéraux où la co-existence entre langues différentes est ancienne, solidement institutionnalisée et intériorisée par tous, les variétés (y compris la variété diaphasique du parler courant) sont contraintes de se placer sous le regard de la norme idéale. La France nous donne, pour des raisons historiques précises, l'image d'un pays où il y a interférence forte, tension permanente, conflit entre les variétés. Cette forme de lutte sournoise entre les sociolectes qui ne peut pas cesser se déroule sous la domination du concept normatif-prescriptif, lentement et solidement construit depuis le XVIIème siècle, et donc tout puissant, de **LANGUE FRANCAISE**.

73

BIBLIOGRAPHIE DU CHAPITRE 3

Billiez, J. (1992) : « Le parler véhiculaire interethnique de groupes d'adolescents en milieu urbain ». Dans : *Des langues et des villes*, pp. 117-126. Paris, Didier-Erudition

Bonnot, J.-F. (éd.) (1995) : *Paroles régionales. Normes, variétés linguistiques et contexte social* Presses Universitaires de Strasbourg.

Bourdieu, P. (1982) : *Ce que parler veut dire*. Fayard.

Braselmann, P. (1999) : *Sprachpolitik und Sprachbewußtsein in Frankreich*. Tübingen, Niemeyer.

Calvet, L.-J. (1993) : *La sociolinguistique*. Que sais-je ?, PUF.

Calvet, L.-J. (1994) : *Les voix de la ville*. Paris, Payot.

Coseriu, E. (1988) : *Einführung in die Allgemeine Sprachwissenschaft*. UTB, Berne, Francke.

Duneton, C. (1971) : *Parler croquant*. Paris, Fayard.

Fishman, J. (1971) : *Sociolinguistics*. Paris-Bruxelles, Nathan-Labor.

Gadet, F. (1989) : *Le français ordinaire*. Paris, Armand Colin.

Gadet, F. (1992) : *Le français populaire*. Ed. revue 1997 ; Que sais-je ?, PUF.

Goudailler, J.-P. (1997, 3ᵉ éd. 2001) : *Comment tu tchatches. Dictionnaire du français contemporain des cités*. Paris, Maison neuve et Larose.

Guiraud, P. (1971) : *Les dialectes français*. Que sais-je ?, PUF.

Guiraud, P. (1971) : *L'argot*. Que sais-je ?, PUF.

Holtus, G. ; Metzeltin, M. ; Schmidt, Ch. (éds.) (1990) : *Lexikon der Romanistischen Linguistik*. Bd. V, I, Tübingen, Niemeyer.

Klinkenberg, J.-M. (2001) : *La langue et le citoyen*. Paris, PUF.

Labov, W. (1976) : *Sociolinguistique*. Paris, Ed. de Minuit (titre orig. : *Sociolinguistic Patterns*. Univ. of Pennsylvania *Press*, 1973)

Labov, W. (1978) : *Le parler ordinaire. La langue dans les ghettos noirs des Etats-U*nis. 2 vol., Paris Ed. de Minuit. (1972 titre orig. : *Language in the Inner City*.).

Lepoutre, D. (1997) : *Cœur de banlieue*. Paris, Odile Jacob.

Merle, P. (1997) : *Argot, verlan et tchatches*. Toulouse, Ed. Milan.

Merle, P. (1998) : *Le dico du français qui se cause*. Toulouse, Ed. Milan.

Sarter, H. (1991) : *Sprache, Spracherwerb, Kultur. Das Beispiel der Migrantenkinder in Frankreich*. Tübingen, Gunter Narr.

Settekorn, W. (1988) : *Sprachnorm und Sprachnormierung in Frankreich*. Tübingen, Niemeyer.

Walter, H. (1998) : *Le français dans tous les sens*. Paris, Robert Laffont.

DOCUMENTS DU CHAPITRE 3

DOCUMENT 1 Parler croquant, C. Duneton (1971)
DOCUMENT 2 Les dialectes, P. Guiraud (1971).
DOCUMENT 3 Les mots argotiques, P. Guiraud (1971).
DOCUMENT 4 Le français populaire, F. Gadet (1992)

Document 1

Cl. DUNETON. La chasse aux dialectes et aux patois.

Je suis allé à l'école pour la première fois un matin de printemps, à la rentrée de Pâques. Nous étions plusieurs à monter au village avec nos mères. Il faisait beau temps, il y avait des pâquerettes au bord de la route, nous avions nos tabliers neufs qui se boutonnaient par-derrière, nos cartables neufs... C'était l'aventure.

Ça serre le ventre l'aventure ; alors, soudain, Fernand a eu besoin de faire un petit caca. Il a fallu s'arrêter à mi-côte pour l'attendre pendant qu'il faisait son besoin dans le pré, avec sa mère qui criait parce qu'on allait tous être en retard à cause de lui, et qu'elle n'avait rien pour l'essuyer. Je regardais les petites fesses blanches de Fernand — ça commençait mal pour lui.., Sa mère l'a torché avec une touffe d'herbes et on est reparti.

Dans la cour de la petite école, ce fut le remue-ménage habituel avec la gêne, les présentations timides : nos mères nous confiaient. Nous n'étions d'ailleurs que quatre ou cinq nouveaux ; les autres étaient des grands et des grandes, j'en connaissais plusieurs... Nous avions tous des sabots, des jambes nues, des têtes rondes, aux crânes plus ou moins rasés, des visages plus ou moins ahuris... Mes copains. Au moment de se mettre en rang sous la cloche, un des nouveaux s'est fait remarquer. Il était tout petit, vif, rieur, pas intimidé du tout par sa première visite ; l'institutrice l'a tout de suite appelé « Trois-Pommes ». Nous étions tous rassemblés devant la classe, qu'il faisait encore le clown en dehors de la file. Il trouvait cela cocasse de voir tout le monde aggluttiné, il n'avait pas saisi le sens du cérémonial. La demoiselle lui expliquait gentiment qu'il devait se mettre sur le rang comme les autres, mais il se rebiffait : « *Qué mé vol ?* » répétait-il (« Qu'est-ce qu'elle me veut ? »). C'était le fou rire général sur le rang, parce que voilà : Trois-Pommes ne connaissait pas un seul mot de français. Sa grande sœur

tâchait de faire l'interprète. Elle est allée le
chercher, lui tirant le bras. Elle était rouge
de honte dans son tablier à carreaux, qu'il
fasse cet esclandre. Elle l'avait pourtant pré-
venu qu'il faudrait être sage, et tout !

Je regardais Trois-Pommes avec étonnement. Pour lui non plus ça ne commençait
pas tellement bien. Nous avions six ans tous
les deux. Il venait d'un autre hameau, dans
les bois, et j'avais sûrement dû le voir à la
messe, plusieurs fois, mais on ne nous avait
jamais présentés.

Ce fut là mon premier étonnement sur le
langage — j'en ai eu plusieurs depuis.

Cependant, tous les enfants
passaient automatiquement au français dès
qu'ils étaient dans la cour de l'école — Trois-
Pommes me paraissait bizarre de ne pas
même comprendre « la langue comme il
faut ». Ce que je ne savais pas, c'est que la
chose était naturelle à l'époque, qu'il était
fréquent qu'un enfant arrive à l'école sans
connaître autre chose que le patois — de
plus en plus fréquent du reste à mesure
qu'on remontait dans le temps : trente ans
avant nous, c'était tous les enfants qui arri-
vaient ainsi pour leur premier matin de
classe. Puis, de génération en génération, ils
apprenaient un peu le langage entre cinq
et six ans, surtout après la guerre de 14-18.
En fait, Trois-Pommes et moi, nous représen-
tions symboliquement, et sans nous en douter,
le tournant du siècle : en ce matin d'avril
1941 j'étais là, devant la classe, le premier
enfant de la commune à se présenter dont le
français était la langue maternelle ; il était,
lui, le dernier qui arrivait à l'école sans en
connaître un seul mot. Trois-Pommes, c'était
un peu, en quelque sorte, le dernier des
Mohicans...

Mais alors, qui parlait français dans les
communes ? Eh bien ! les notables. La
commune n'étant pas grande, les notables
n'étaient pas nombreux : c'était exclusivement le curé et l'instituteur, encore que tous
deux fussent bilingues. Le curé Goudriot était
bien obligé de confesser les vieilles en occitan, mais en règle générale il répondait en
français même si l'on s'adressait à lui dans
l'autre langue. Quant à l'instituteur Bordas,
le « Monsieur », c'était autre chose. Il représentait la France, tout simplement : la culture,
le pouvoir, en un mot la civilisation, et il
réglait sa conduite en accord avec ses très
hautes fonctions. Bien que d'origine modeste
et forcément de langue maternelle occitane lui
aussi, il refusait avec hauteur et un certain
mépris d'utiliser cette langue de plébéiens.
C'est lui qui tenait à la considérer comme
un patois et qui a imposé le mot. Il menait
son monde à la trique — littéralement. Il y
avait dans la classe un long gourdin avec
lequel il frappait généreusement sur le dos
des récalcitrants analphabètes. Je dois dire
qu'il s'agit là de l'instituteur de mes parents ;
par la suite je n'ai personnellement été battu
qu'à mains nues, à une époque plus douce.
Mais ces premières générations étaient,

paraît-il, assez dures, et leur francisation a dû être menée tambour battant. Naturellement, l'occitan était rigoureusement banni de l'école, puisque le premier devoir du maître militant était de le chasser ; il était en poste dans ce but, d'abord et avant tout. La cour de l'école, c'était un peu le territoire de l'ambassade, une enclave en somme, et l'on devait y parler exclusivement français. L'occitan était laissé au portail, on le reprenait à la grille en sortant, c'était la règle. Naturellement, ils trichaient, nos parents, ils parlaient un peu en jouant — il est difficile de faire une partie de barres uniquement en langue étrangère. Avec l'excitation du moment, des mots, des phrases partaient ! Mais c'était interdit : si M. Bordas entendait l'ennemi, il mettait le nez à sa fenêtre et envoyait le coupable en classe, avec les mains sur la tête. Le plus souvent, il l'obligeait à tenir une brique à bout de bras pendant une heure et davantage. C'est arrivé à ma propre mère plusieurs fois, entre 1908 et 1912, et c'est pourquoi, quoique s'exprimant bien en langue française, elle a parfois aujourd'hui une curieuse appréciation des beautés littéraires d'un langage qu'elle a si chèrement appris. Je parlerai des goûts artistiques de ma maman beaucoup plus loin.

Les notables du chef-lieu de canton étaient, eux, bilingues. Les plus importants étaient sans aucun doute le juge et le notaire. Un acte notarié se discutait d'abord en occitan dans l'étude du notaire, puis se transcrivait en français une fois l'entente établie - entre les parties, suivant en cela une tradition séculaire pour tous les actes officiels de la vie — depuis François Iᵉʳ pour être précis. Il en va de même encore aujourd'hui pour les délibérations du conseil municipal, qui se font d'abord en oc, puis que le secrétaire de mairie transcrit en français sur le registre. Disons qu'à l'époque un avocat de Brive utilisait exclusivement le français dans sa vie professionnelle, mondaine et familiale, mais connaissant l'occitan, il lui était possible de s'adresser dans cette langue à ses fermiers et métayers des communes voisines, ou

conseiller un client de la campagne. Il pouvait se faire aussi qu'il soit même un occitaniste lettré, et qu'il écrive des poèmes occitans pour une revue félibre — mais c'était alors une exception. Pour donner une idée assez juste de l'évolution des deux langues dans mon village, je dirai qu'avant et pendant la guerre de 14 le vieux médecin Serroux donnait toutes ses consultations, à domicile, en occitan, mais que le Dr Faige, qui lui a succédé après 1918, auscultait les malades qui lui décrivaient leurs maux en oc, mais auxquels il répondait, lui, en français. Enfin, depuis les années 50, la plupart des médecins locaux ne connaissent même pas l'occitan — les pharmaciens toutefois l'emploient encore à l'occasion.

(pp. 20-21)

Document 2

P.GUIRAUD. L'apport dialectal : les noms de poisson

On pourra étudier de même l'origine des noms de poissons de mer. Certains appartiennent au fonds primitif roman : *sardine, raie, barbue, limande, mulet...* D'autres sont germaniques ou nordiques et nous sont venus du néerlandais *via* les Flandres : *crabe, bar, cabillaud, flet, éperlan, stockfish, aiglefin, colin, hareng, merlan, maquereau.* Un certain nombre sont normands : *turbot, homard* qui sont d'origine scandinave. *Crevette* est une forme normande de *chevrette* (latin *capritta*) dans lequel conformément à la phonétique du dialecte, le son *c + a* ne s'est pas palatalisé et où, d'autre part, le *r* s'est déplacé. *Pieuvre* de même est une forme normande de *poulpe.*

Mais la majeure partie des noms de poissons, crustacés et coquillages sont d'origine provençale. En voici la liste : *dauphin* (XIIe), *congre* (XIIIe), *sole* (XIIIe), *boutargue* (1334), *thon* (1393), *langouste* (XIVe), *merlus* (XIVe), *torpille* (1538), *bonite* « thon » (1529), *dorade* (1539), *muge* (1546), *poulpe* (1546), *anchois* (1546), *daurade* (1556), *bernard l'ermite* (1560), *chabot* (1564), *baudroie* (XVIe), *bogue* (XVIe), *cagnot* (XVIe), *boufron* (XVIIe), *rascasse* (1769), *clovisse* (1867), *saupe* (1808) (Médit.), *praire* (1873), *poutine* (XIXe), *cernier, puntarelle* « corail » (XIXe).

Cet inventaire est instructif ; certes on ne s'étonnera pas que les noms des animaux et choses de la mer nous viennent de régions maritimes, mais on relèvera toutefois l'absence complète de tout mot celte : les Gaulois ont été des terriens ; quant aux Bretons on constatera encore une fois leur isolement linguistique et culturel. Toutefois ce qui encore frappe le plus ici, c'est l'absence de tout mot atlantique : de Nantes, La Rochelle, Bordeaux, Bayonne ne nous est venu aucun terme marin ; c'est entre la Seine et le Rhin d'une part, entre le Rhône et le golfe de Gênes, d'autre part, que s'est formé notre vocabulaire maritime.

Ainsi par la diversité de leur sol, de leur climat, de leurs productions naturelles, de leur économie, de leurs mœurs et de leur culture, etc., les provinces ont été à l'origine d'une segmentation dialectale de l'idiome ; et la langue commune, en retour, est venue s'alimenter à ces dialectes, leur demandant des mots, en même temps que des objets et des techniques.

Un fait toutefois est remarquable : si les dialectes continuent à alimenter la langue populaire et les argots, leur influence sur les techniques — si féconde autrefois — est à peu près nulle depuis le milieu du XIXe siècle. A partir de cette date, la grande majorité des emprunts dialectaux sont d'origine populaire ou folklorique. La centralisation administrative d'une part, la concentration et la standardisation industrielles de l'autre, laminent et écrasent toutes les particularités de la vie régionale ; et si elles survivent encore, c'est en vase clos, sans force d'expansion, sans aucun dynamisme culturel ni linguistique. Cet étiolement de nos dialectes est une conséquence typique de ce qu'on a appelé, par ailleurs, « le grand désert français ». La seule contribution culturelle — ou, en tout cas linguistique — de nos provinces reste la cuisine avec ses *cassoulets, quiches, quenelles, bouillabaisses,* etc., seul domaine où les produits de l'industrie humaine continuent à être individualisés, pensés et modelé par le terroir, alors que l'habitat, les divertissements, l'artisanat, etc., ont depuis plus d'un siècle cessé de l'être.

A ce sujet, il est intéressant de relever la très faible expansion linguistique d'une technique qui est restée pendant longtemps étroitement diversifiée et a constitué le signe le plus original de la spécificité dialectale ; il s'agit du vêtement. Alors que chaque province, souvent chaque village, affiche ses coiffes, ses gorgerins, ses chausses, etc., la langue commune résiste à la pénétration des mots (et sans doute des choses). Dans ce domaine, de très bonne heure, la capitale a imposé ses modes et dévalorisé ses oripeaux bisontins ou castelroussins. Les désignatifs de vêtements, en revanche, sont très volontiers importés de l'étranger : Italie, Espagne, Angleterre (cf. *Les mots étrangers*, no 1166).

(pp. 100-101)

Document 3

P.GUIRAUD. L'apport aux mots populaires et à l'argot

II. — Les mots argotiques et populaires

Depuis le XVIIIe siècle les dialectes ont cessé d'alimenter la langue commune — au moins directement. C'est en effet à travers leur économie, leur industrie, leur commerce et des modes de vie spécifiques que les provinces ont agi sur l'idiome ; la centralisation économique et culturelle a tari cette source. Certes la littérature continue à puiser au fonds dialectal ; mais la plupart des mots qu'elle accueille ainsi ne dépasse pas l'œuvre qui leur demande une simple couleur. Cependant, le vocabulaire dialectal continue à avoir une grande force d'expansion dans le domaine du langage populaire et des argots ; argot de métiers et plus particulièrement argot des malfaiteurs. Voici, en nous en tenant aux dictionnaires d'usage, base de nos dépouillements, une liste des principaux mots d'origine dialectale qui ont été relayés par les argots et le langage populaire :

abasourdir, 1634 (Prov.)
arpette, 1880 (Suisse)
arpion, 1821 (Prov.)
bâcler, XIXe (Fr. Prov.)
baderne, 1782 (Prov.)
bagarre, 1628 (Basq.)
bagnole, 1840 (Nord)
bagou, XVIe (Ouest)
balès, XXe (Prov.)
baliverne, 1470 (Ouest)
baragouin, 1532 (Ouest)
baratin, 1928 (Prov.)
barder, XIXe (Ouest)
bernique, 1798 (N. Pic.)
billevesée, XVe (Ouest)
birbe, 1837 (Prov.)
bisquer, 1749 (Prov.)
bistouille, XIXe (Nord)
blague, XVIIIe (Nord)

bougna, 1889
bruiner, 1853 (Ouest)
caboche, 1160 (Pic.)
caboulot, 1852 (F. Comté)
cadène, XIVe (Prov.)
cafouiller, 1892 (N. Pic.)
cagade, XVIe (Prov.)
cagibi, 1914 (Ouest)
cagna, 1915 (Prov.)
cagne, XVe (Prov.)
cambrioler, 1828 (Prov.)
se carapater
carogne, XIVe (N. Pic.)
chahuter, 1828
chambarder, 1859 (Bourg.)
chambouler, 1807 (Est)
charabia, 1802 (Prov.)
chignole, 1753 (Norm.)
cousette, XIXe (Norm.)

décaniller, 1821 (Lyon)
dèche, 1835 (Prov.)
dégobiller, 1611 (Lyon)
dégoter, XVII° (Norm.)
dégringoler, 1660 (Nord)
dinguer, 1833
dupe, 1426 (Ouest)
ébouriffé, 1680 (Prov.)
égrillard, 1640 (Norm.)
esbrouffe, 1815 (Prov.)
s'esbiguer, 1827 (Prov.)
escamoter, 1560 (Prov.)
escarpe, 1800 (Prov.)
s'esclaffer, 1540 (Prov.)
escofier, 1797 (Prov.)
escogriffe, 1611 (Cent.)
esgourde, 1896 (Prov.)
esquicher, 1798 (Prov.)
esquinter, 1800 (Prov.)
estaminet, XVII° (Wall.)
estourbir, 1835 (Als.)
fada, 1940 (Prov.)
fader, 1821 (Prov.)
fafiot, 1835 ?
faraud, 1742 (Prov.)
faribole, 1532 ?
fayots, 1721 (Prov.)

gamin, 1765 (Est)
gaupe, 1401 (Suis.)
girie, 1790 (N. Pic.)
guaf, 1808 (Lyon)
gnôle, 1882 (Lyon)
goinfre, 1578 (Mérid.)
gône ? (Lyon)
gouailler, 1749 (Ouest)
gonaler, 1837 (Ouest)
gribouiller, 1548 (Pic.)
grigou, 1658 (Lang.)
grole, XIX° (Lyon)
guenille, 1605 (Ouest)
guenuche, XX° (Champ.)
guibole, 1842 (Norm.)
guimbarde, 1723 (Lyon)
jacasser, 1808 (Lyon)
ligoter, 1815 (Mérid.)
luron, XV°
mafflu, 1668 (Nord)
mandrin, 1676 (Prov.)
manigance, 1541 (Prov.)
maous, 1895 (Anj.)
maraud, XV° (Centre)
margoulin, 1840 (Ouest)
marlou, 1821 (Nord)
maronner, 1743 ?

fignoler, 1743 (Mérid.)
filon, 1564 (Ouest)
flâner, 1808 (Norm.)
flapi, XIXᵉ (Lyon)
flacougnard, XXᵉ (Prov.)
fourguer, 1821 (Prov.)
frairie, XIIᵉ (Ouest)
frangin, 1837 (Lyon)
fredaine, 1420 (Prov.)
frelampier, 1633 (Pic.)
frichti, 1864 (Als.)
frisquet, 1827 (Wall.)
fromegi, 1878 (Lorr.)
gadoue, XVIᵉ (Ouest)
galapiat, 1793 (Prov.)
galimofée, XIVᵉ (Pic.)
galipette, 1865 (Ouest)
gambiller, 1611 (Pic.)

mazette, 1622 (Norm.)
mégot, 1872 (Tour.)
mijaurée, 1640 (Ouest)
mijoter, 1769 (Ouest)
miston, 1795 (Prov.)
moche, 1880 (Norm.)
mouise, 1829 (Als.)
moutard, 1827 (Lyon)
narguer, 1450 (Prov.)
nervi, 1804 (Prov.)
pacant, XVIᵉ (N. Est)
pagaïe, 1838 (Prov.)
se pagnoter, 1859 (Prov. ?)
panard, 1750 (Prov.)
pastis, XXᵉ (Prov.)
patraque, 1743 (Prov.)
pecque, 1611 (Prov.)
pedzouille, 1876 (Prov.)

pègre, 1797 (Prov.)
pèze, 1827 (Mérid.)
picaillon, 1750 (Prov.)
pieu, 1837 (Pic.)
piger, XIXᵉ ?
pignouf, 1860 (Ouest)
pitre, 1828 (F. Comté)
pleurnicher, 1739 (Norm.)
pognon, 1844 (Lyon)
potin, 1842 (Norm.)
potron-minet, 1821 (Norm.)
prétentaine, 1645 (Norm.)
pute, XIXᵉ (Prov.)
quenotte, 1642 (Norm.)
rabiot, 1815 (Gasc. ?)
rabibocher, 1842 (Nord)
rafiot, 1842 (Mérid.)
rafut, 1889 ?
raquer, XIXᵉ (Pic.)
reluquer, 1750 (Wall.)
renâcler, XVIIᵉ (Pic.)
requinquer, 1578 (Pic.)
resquiller, 1930 (Prov.)

rogne, 1501 (Lyon)
ronchonner, 1867 (Lyon)
roquet, 1544 (Nord)
roustir, 1789 (Prov.)
saligaud, 1659 (P. Wall.)
schlaguer, 1820 (Est)
tambouille, 1867 (Anjou)
tarabuster, XIVᵉ (Mérid.)
taudis, XVᵉ (N. Est)
taule, 1800 (N. Est)
toquard, XIXᵉ (Norm.)
toqué, 1836 (Nord)
torgnole, 1838 (C. O.)
toto, 1914 (Champ.)
tourlourou, 1834 (Prov.)
tourtouse, 1537 (Prov.)
trique, 1835 (N. Est)
trognon, 1393 (Tours)
truc, 1803 (Prov.)
turne, 1800 (Als.)
vadrouiller, 1881 (Lyon)
venette, 1798 (Norm.)
zigouiller, XIXᵉ (Poit.)

Cette liste est limitée, le *Dictionnaire étymologique* de Bloch et Wartburg ne mentionne en effet qu'un petit nombre d'argotismes (quelques centaines), alors qu'un dictionnaire de l'argot en comprend quinze à vingt mille.

(pp. 103_105)

Document 4

F.GADET. Définir le français populaire

V. — Vers une définition

On peut envisager deux modes de définition du français populaire : par une caractérisation de ses locuteurs (définition sociologique), ou par une liste de ses traits linguistiques (définition linguistique). Linguistique ou sociologique, aucune définition ne se montrera satisfaisante.

1. **Plan sociologique.** — Qui sont les locuteurs de la langue populaire ? Suffit-il de dire comme le fait le *Petit Robert* qu'il s'agit d'un langage « qui est créé, employé par le peuple et n'est guère en usage dans la bourgeoisie et parmi les gens cultivés » ?

Les réponses à cette question, apportées aussi bien par les locuteurs que par les grammairiens, se caractérisent par leur imprécision : les gens sans éducation, sans culture, les gens du peuple, le bas-peuple, le menu peuple, la populace, le populo, la plèbe, le vulgaire... ou, en des caractérisations spatiales, les gens des bas-fonds, des faubourgs, de la rue, du ruisseau, et, plus récemment, des banlieues.

Il nous semble intéressant de nous arrêter à cet aspect de perception et de catégorisation sociale. Les locuteurs d'une communauté manifestent une capacité spontanée à classer. De même qu'ils évaluent le physique, les vêtements, la tenue, la voix, les goûts de leurs congénères, ils hiérarchisent les productions linguistiques, par exemple en attribuant à un locuteur le jugement de populaire. Ils produisent aussi des rationalisations sur cette perception (paresse articulatoire, simplicité syntaxique, pauvreté lexicale, monotonie, maladresse...); on a vu ce qu'elles recèlent d'imaginaire.

C'est à un sociologue qu'il pouvait revenir de s'interroger sur la notion de populaire[17], prise pour argent comptant par les grammairiens. Bourdieu (par exemple, 1983) a souligné son caractère « relationnel » quand elle est utilisée dans les expressions comme culture, art, littérature, musique ou médecine populaire. Et langue populaire.

Bien que « populaire » y oscille entre « établi *par* le peuple » et « *pour* le peuple », et même éventuellement « *à propos* du peuple », elles sont toutes relationnelles, définies par rapport à ce qui ne saurait relever de cette épithète, dont d'ailleurs il en parlé sans spécification : la culture (la vraie), la littérature (la grande), la médecine (la scientifique), la langue (la normée)... C'est par opposition que la catégorie qualifiée de populaire se teinte de naïveté ou de simplicité. Relationnelles : telles sont les dichotomies sociales, politiques, culturelles et économiques, que l'on trouve dans des gloses de « populaire »: privilégié/défavorisé, bourgeois/populaire, supérieur/inférieur, aisé/laborieux, légitime/illégitime, dominant/dominé...

17. Bien que « populaire » dérive de « peuple », on doit les distinguer. Peuple a deux significations : la totalité (nation), ou une partie de cette totalité (ouvriers, paysans). Mais « populaire » ne manifeste la plupart du temps que la seconde signification. Il est donc préférable de conserver « peuple » pour le vocabulaire politique.

(pp. 24-27)

Une définition sociologique se fait par un faisceau de traits variables : profession, niveau d'études, habitat, revenus... Les locuteurs du français populaire seront définis comme les individus caractérisables comme : profession ouvrière ou assimilée, niveau d'études réduit, habitat urbain, salaire peu élevé, niveau de responsabilités dominé...

2. **Plan linguistique.** — Au-delà de la reconnaissance d'un « stéréotype » du français populaire qu'il partage avec tous les locuteurs de sa communauté, le linguiste court le risque, en épinglant des traits comme populaires, de fabriquer un artefact par concentration. En n'exposant pas l'ensemble des phénomènes que le français populaire partage avec la langue standard, en ou donnant comme typiques de celui-ci des traits qu'il a en commun avec la langue familière et même courante, on folklorise les écarts en des trouvailles lexicales ou des joyaux syntaxiques, et on perd toute dimension statistique. C'est le risque que courent les grammairiens qui n'évoquent le français populaire qu'au détour d'une description ayant pour objet le français standard.

Le linguiste doit donc naviguer entre ce que le stéréotype, appuyé sur du réel, révèle d'une configuration linguistique, et ce qu'il en outre, pour des raisons plus idéologiques que scientifiques.

En fait, les traits dits populaires obéissent à deux types de fonctionnement, ce qui permet de comprendre qu'il y ait intercompréhension entre tous les locuteurs de la communauté :

— les formes communes à la variation stylistique et à la variation sociale, comme le *ne* de négation : il n'y a pas des locuteurs qui l'utilisent toujours et d'autres jamais, mais un continuum de plus ou moins selon les locuteurs, les situations et les types de discours;

— les formes spécifiques à un usage social, comme le *livre à ma sœur* ou *quand que c'est qu'il le fera*. Elles sont peu nombreuses, et on ne saurait affirmer sur le locuteur qui les utilise n'emploie jamais qu'elles.

L'effet populaire du français populaire provient certes de quelques traits spécifiques, mais surtout de l'accumulation de traits stigmatisants, du franchissement d'un seuil en deçà duquel ceux-ci ne sont pas perçus : devant une variation continue, l'auditeur réagit de façon discrète.

Mais en quoi ces traits constituent-ils un ensemble qui mérite d'être dit « français populaire », puisque la plupart d'entre eux sont susceptibles d'être utilisés, dans des conditions familières ou relâchées, par des locuteurs qui ne sauraient être qualifiés de populaires? Ainsi en est-il de la variation qui affecte toute langue : une même variable peut être investie dans différentes échelles de variation (sociale, stylistique, inhérente), avec des significations différentes, mais une même polarisation et une même orientation.

Concluons donc que le français populaire est pour l'essentiel un usage non standard stigmatisé, que le regard social affuble de l'étiquette de populaire : tout ce qui est familier est susceptible d'être taxé de populaire si le locuteur s'y prête, et seuls certains traits populaires sont étrangers à l'usage familier non populaire.

CHAPITRE 4
FORMES COMMUNICATIVES ORALES DU FRANÇAIS

1. Oral et écrit : deux situations de communication, deux objets langagiers

Une langue peut prendre plusieurs formes fondamentales de réalisation : une forme *pensée*, par activation d'une imagerie mentale sans actualisation extérieure et sans communication à autrui; une forme *orale*, par réalisation d'articulations vocales au moyen des organes phonateurs et adressée à autrui; c'est de loin la forme la plus courante et l'emploi le plus étendu dans la vie sociale, en interaction directe, *in praesentia*, à autrui ou par le truchement de *médias* audios ou audio-visuels; enfin, une forme *écrite*, d'usage plus particulier et plus rare mais d'une grande importance sociale.

Du point de vue du processus de production de l'énoncé, plusieurs chaines procédurales doivent être distinguées selon que l'émission est *directe* ou *indirecte* et selon le *medium* choisi :

PRODUCTION DIRECTE	
ORAL énoncé mental → énoncé oral primaire PARLER	**ECRIT** énoncé mental → énoncé écrit secondaire ECRIRE
PRODUCTION INDIRECTE	
ORAL mental → énoncé écrit → transposition orale ORALISER	**ECRIT** mental → énoncé oral → transposition graph. GRAPHIER

Les deux situations-types fondamentales ne mettent pas en jeu les mêmes stratégies cognitives de représentation et d'action langagière : PARLER, qui est la forme de base spontanée de l'expression (d'où le qualificatif de « *primaire* ») et ÉCRIRE, qui est une autre stratégie fondamentale, acquise sur la base de la première (d'où le qualificatif de « *secondaire* ») mais qui ne met en jeu ni une oralité effective ni sans doute une forme pensée (virtuelle) de l'oral[1]. Sur ces deux situations fondamentales se greffent deux situations dérivées qui imbriquent les deux processus de base, ORALISER, c'est-à-dire donner forme orale à une forme *déjà écrite* qui sert de support total ou partiel à la parole, et GRAPHIER, qui consiste à projeter graphiquement (procédure-base) ou bien à transposer, avec toutes les modifications, multiples et complexes, nécessaires (procédure élaborée), le message oral initial. Les jeunes enfants n'ont pas spontanément conscience de cette autonomie de l'écriture et ils tendent à GRAPHIER par projection directe l'énoncé qu'ils auraient spontanément PARLÉ.

Dans le cas d'une langue étrangère apprise scolairement, la maitrise déjà acquise de l'écrit de la langue maternelle au seuil de l'apprentissage de la langue nouvelle modifie assurément la représentation de celle-ci; la forme écrite est alors ressentie comme un moyen privilégié de l'identification et de la mémorisation des formes, ce qui en fait un support précieux dès les premières étapes de l'acquisition[2].

En demeurant dans le cadre de situations-types pour penser au mieux les différences les plus significatives entre la réalisation orale et la réalisation écrite[3], divers paramètres doivent maintenant être distingués.

1.1. L'interaction verbale, immédiate ou différée

La communication orale présuppose d'abord la co-présence des locuteurs dans le temps de l'échange, un couple, à tout instant réversible (locuteur ← →auditeur).

Ce contact immédiat (l'usage d'un *medium*, téléphone ou visiophone, ne fait que moduler ce paramètre) donne à l'échange oral l'une de ses caractéristiques importantes, le *fractionnement* de l'énoncé, sans cesse partagé entre locuteur et interlocuteur. C'est la situation elle-même qui génère l'interruption, les phrases incomplètes voulues par le locuteur (qui suppose que l'interlocuteur a déjà compris) ou par l'interlocuteur qui veut ajouter une information, un encouragement, ou qui interrompt pour signifier au contraire son désaccord, etc. De ce point de vue, les énoncés oraux, bien que constitués la plupart du temps d'unités plus courtes que les énoncés écrits, sont d'une très grande difficulté à analyser si on s'en tient à la « grammaire » classique de la phrase.

---

[1] C'est l'hypothèse que nous faisons ici, bien qu'il soit encore impossible de savoir aujourd'hui si notre cerveau construit dans ce cas des images mentales des formes graphiques, des formes phoniques, ou bien un mixage des deux. La neurolinguistique nous éclairera sans doute bientôt à ce sujet.

[2] On ne confondra pas ce point de vue avec les méthodes anciennes où tout était basé sur la *lecture* de textes (à haute voix dans la classe) d'une part et sur la *traduction* du même texte d'autre part.

[3] De nombreuses situations intermédiaires plus subtiles peuvent être distinguées mais notre propos est ici de TYPER les caractères afin d'en faire saisir la logique générale de fonctionnement (voir Koch/Österreicher BIBLIO).

A l'inverse, l'énoncé écrit est fondamentalement un énoncé DIFFÉRÉ; il est fait pour être communiqué à distance à un lecteur, parfois connu, parfois non, et qui prendra connaissance d'un texte fixé en une forme continue immuable, solitairement, et dans un laps de temps parfois évaluable (dans le cas de la lettre, du journal, du bulletin météo, etc.) et parfois totalement indéterminé (pour le texte scientifique, littéraire, etc.), et très long.

1.2. Les moyens para-verbaux dans l'échange
Dans la situation orale-type, la co-présence des locuteurs implique que tous les signes non directement verbaux sont disponibles dans l'échange :

• Les signes qui sont de nature **verbale**, portés par la parole elle-même, mais non représentables, ou à peine, dans l'énoncé écrit telles que les **modulations intonatives** des affirmations ou des questions (demande neutre d'information dans : *pouvez-vous m'indiquer la mairie?*, forte mise en doute dans : *et vous n'avez rien vu...?*, etc.), les **accentuations** particulières, la **voix** personnelle aussi ainsi que l'**accent** régional ou étranger du locuteur.
• Les signes de nature non verbales : **gestes** accompagnateurs des mains ou de la tête, **mimiques** du visage (l'expression sérieuse de l'attention, le demi-sourire amical, dubitatif ou moqueur, les yeux au ciel, les sourcils froncés, etc.) et **attitudes corporelles** globales participent très intimement à l'information transmise par les mots[4].

L'énoncé écrit ne dispose que du moyen tout à fait rudimentaire de la ponctuation, réduite à quelques signes seulement, pour esquisser une image complètement neutralisée et conventionnelle de cet aspect de l'échange. C'est bien pourquoi l'écriture d'un récit, par ex., comporte de multiples formes descriptives, et détournées, qui portent indication sur ces aspects de l'échange verbal; les didascalies du texte théâtral relèvent de la même impossibilité de l'énoncé écrit à représenter la richesse extraordinaire de l'énoncé oral. Nous insistons sur ce point dans la mesure où bien des gens se représentent abusivement l'écrit comme une forme idéale et l'oral comme une forme dégradée de la communication.
Bien qu'elle permette des échanges très rapides, la correspondance électronique consiste à rédiger des messages écrits complets chacun de son côté et à les faire se succéder, chaque message étant alors un texte écrit autonome auquel répond un autre texte de même nature, et ainsi de suite. Le *courriel* reste donc

---

[4] On ne saurait trop insister, dans l'acquisition d'une langue étrangère, sur ces éléments paraverbaux divers qui sont des facteurs importants pour une interaction communicative naturelle.

un courrier. La *toile*[5] relève encore généralement de la communication écrite, mais l'intervention du *multimedia*, avec image en direct à distance des locuteurs est en passe de permettre l'échange oral complet, à distance; le temps de transmission de la parole empêche cependant encore un dialogue totalement naturel[6].

1.3. Le référent, donné ou construit

Relève également de la situation d'interaction immédiate propre à l'oral le fait que l'échange a lieu dans un contexte extralinguistique qui fournit de nombreuses informations: la DEIXIS (ou **ancrage référentiel** à la situation extralinguistique), est construite par la situation d'énonciation (*regardez vite, à gauche, ce drôle d'avion blanc...*) alors que l'énoncé écrit, élaboré solitairement par le scripteur, doit construire verbalement le système de référence. Sur ce plan de la deixis, le partage n'est pas absolument tranché entre oral et écrit et la lecture d'un article de journal, par ex., montre très vite que le scripteur présuppose chez son lecteur de nombreuses connaissances intellectuelles, sociales et culturelles partagées qui constituent un plan implicite de l'énoncé, de telle sorte que bien des éléments référentiels n'ont pas à être construits dans le texte. Les titres journalistiques en sont un exemple typique car ils doivent être compris instantanément avant que le lecteur ait lu l'article qui les suit. La construction des référents met en jeu un ensemble complexe de procédures diverses qui ont certes des spécificités dans l'une ou l'autre situation, mais qui ne se réduisent pas à une opposition binaire simple.

1.4. Le temps et l'émission verbale

Ce point a été très insuffisamment souligné jusqu'ici dans les observations sur l'oral et l'écrit : la production d'un énoncé oral est sous l'empire strict du temps. PARLER, c'est élaborer mentalement un énoncé et lui faire *coïncider* une forme vocale. Dans ce processus instantané, la contrainte du temps est maximale, la pensée n'ayant qu'une très faible avance sur l'émission vocale et l'énoncé oral étant ainsi une improvisation perpétuelle; la parole a en effet pour fonction première de permettre de s'adapter et de réagir instantanément à l'environnement ou à la parole d'autrui.

De plus, et cette caractéristique est essentielle pour une juste compréhension de l'oralité, la nature vocale de la parole fait qu'*aucun effacement n'est possible,* ce qu'exprime très bien la formule en apparence tautologique : « ce qui est dit est dit », qui signifie que la parole prononcée a engagé son émetteur. L'énoncé produit, qu'il satisfasse ou non le locuteur qui l'a émis, et même si ce-

---

[5] *courriel*, pour *courrier électronique*, inventé à Québec, est la meilleure traduction de *e-mail*. Le mot *toile* s'est bien installé dans l'usage pour traduire le mot anglais *web*, mais ce dernier reste très utilisé (juin 2000) ; *mèl* relève de la monstruosité phono-graphique.

[6] Le lecteur modulera ces affirmations et les adaptera au moment où il lira ces lignes.

lui-ci se rend compte d'une erreur ou d'une « gaffe » dans l'instant même où il parle, est définitivement produit. Si l'*effacement* est impossible, la *correction* reste une procédure disponible, mais *corriger* son énoncé à l'oral signifie *continuer à parler, ajouter de la parole à de la parole* et donc toujours proposer un énoncé supplémentaire dont on demande à son interlocuteur de bien vouloir considérer qu'il remplace l'énoncé précédent, l'instruction étant à peu près celle-ci : « effacez de votre mémoire mon énoncé précédent, voire tous les énoncés que j'ai pu émettre auparavant, et mettez en mémoire à la place celui que je viens de vous proposer à l'instant ». D'où la situation très pénible du gaffeur qui ne parviendra jamais à effacer totalement son impair et qui continuera à en éprouver gêne ou honte même s'il a pu plus ou moins réparer le mauvais effet de sa gaffe. Dans le cas d'un énoncé explicatif, d'un raisonnement ou d'une argumentation, le locuteur est objectivement contraint de construire son discours par strates successives, souvent marquées par la répétition, la reformulation des mêmes idées et l'adjonction d'éléments annexes qui viennent au fur et à mesure à son esprit, de sorte que le discours de conviction à l'oral n'emprunte ni les mêmes chemins ni les mêmes moyens rhétoriques que le discours écrit de même type. Obligée aux fins d'une analyse scientifique rigoureuse de reproduire sur le papier des énoncés oraux enregistrés, C. Blanche-Benveniste (1991) remarque :

> Etudier le français parlé, c'est étudier des discours en général non préparés à l'avance. Or, lorsque nous produisons des discours non préparés, nous les composons au fur et à mesure de leur production, en laissant des traces de cette production. Ces traces de production, une fois transcrites par écrit, rendent souvent insupportable la lecture des productions orales; c'est que nous n'avons pas l'habitude de voir écrites ces choses-là, qui sont aussi pénibles à lire que le sont les pages des brouillons raturées de nos écrits ordinaires. (p. 17)

On se convaincra ainsi que les critères d'évaluation de l'énoncé oral ne peuvent donc pas être les mêmes que ceux traditionnellement admis pour l'énoncé écrit.

En opposition à l'oral, l'écrit est **libéré du temps**, il est par nature le lieu d'une élaboration menée de façon autonome, sans pression immédiate et donc à loisir, par le scripteur; il permet les reformulations multiples, sans traces intermédiaires et donne ainsi l'image, au terme du processus d'écriture, d'une production verbale unique et pleinement achevée. En effet, la rédaction d'un texte écrit pour un destinataire présuppose un travail préalable multiforme : tout texte n'est en réalité que la forme dernière de plusieurs, ou même parfois d'une multitude de textes qui l'ont précédé et qui n'ont pas été conservés; les écrivains en sont l'exemple emblématique, les épreuves d'imprimerie des romans de Balzac ont fait autrefois le désespoir de ses éditeurs et font aujourd'hui les délices des universitaires et des critiques.

Le brouillon, la réécriture multiple est la règle de presque tous les textes écrits; peut-être pourrait-on seulement en excepter la lettre familière, qu'il est toutefois fréquent de relire et à cette occasion de corriger çà et là; et même dans ce type d'écrit, il n'est pas rare qu'une insatisfaction du scripteur l'amène à mettre la feuille à la corbeille et à réécrire une nouvelle missive. ÉCRIRE, c'est donc avant tout et toujours RÉ-ÉCRIRE[7].

1.5. L'oralisation et l'oral

Tout ce qui vient d'être exposé montre clairement que parler n'est pas ORALISER. On peut en effet produire un énoncé vocalement sans que celui-ci relève de la forme orale de communication que nous essayons de caractériser; lorsque la verbalisation s'appuie sur un texte écrit, support de la parole, il y a alors *oralisation*, situation de type intermédiaire, avec des degrés, entre l'écrit et l'oral. Le texte écrit est maximalement dominant si on lit à haute voix un texte que l'on suit des yeux, par exemple son discours de réception à l'Académie, sa déclaration de politique générale à l'Assemblée nationale, sa communication scientifique au congrès ou un conte à ses élèves; il est maximal aussi dans le cas du texte récité. Mais le texte écrit peut aussi être distancé et secondarisé si l'on présente un exposé à partir de notes, exposé dans lequel des fragments déjà écrits se voient oralisés mais où l'oral naturel commande le mode de liaison et la continuité d'ensemble de l'exposé. Ces choix de dominance relative entre programme oral et programme écrit dans l'oralisation obéissent à des contraintes sociolinguistiques typiques : chaque type d'auditoire a une attente qui relève de la notion de genre textuel : on attend un « beau discours » fait de culture et de rhétorique à l'Académie et à l'Assemblée, on préfère un énoncé ouvert, avec des traits dialogiques et spontanés, dans une réunion de travail entre collègues. Un énoncé oralisé aux facteurs mal pondérés mène à l'échec du projet communicatif.

1.6. Les paramètres socioculturels

D'une autre nature est la question des normes régissant l'une et l'autre réalisations de la langue. Il y a une échelle de normes orales et il y a une échelle de normes écrites et cet aspect relève de la sociolinguistique avant de relever de l'opposition entre oral et écrit en soi [→ infra 2.]. Une propriété générale est cependant à souligner: le parler est certes toujours soumis à l'évaluation de l'interlocuteur, mais les normes qui régissent cette situation peuvent être multiples, selon justement le statut social perçu dans la relation d'échange et la personnalité des individus en présence; il est ainsi des milieux sociaux, des situations hiérarchiques ou encore des rapports d'âge où le vouvoiement est la norme

---

[7] Les pratiques d'enseignement ne semblent pas avoir encore intégré suffisamment cette donnée fondamentale de l'écriture.

intransgressable, mais il est aussi des milieux sociaux ou des milieux de travail (souvent en rapport avec une population plus jeune) où le vouvoiement apparait comme tout à fait incongru. Des usages (syntaxe et vocabulaire) très surveillés ou au contraire beaucoup plus spontanés et familiers accompagnent l'un et l'autre de ces choix interlocutifs de base, de sorte qu'on ne peut donc pas parler d'*une* norme orale mais seulement de normes relatives aux situations d'interaction verbale socialement construites. L'écrit est beaucoup plus étroitement soumis à une norme uniforme d'expression, incluant choix syntaxiques et choix lexicaux : norme orthographique d'abord qui fait qu'à de rares exemples près, tout mot n'a qu'une seule graphie acceptée (alors que les variantes de prononciation sont nombreuses, acceptées ou passent même le plus souvent inaperçues), norme syntaxique aussi qui fait qu'on n'écrit pas une question telle que : *Il est exact que ...?*; *Paul, il sait que...? Il lui a demandé qu'est-ce qu'il comptait faire*; norme lexicale enfin qui exclut de tout texte : *Ce cas est* pareil que *l'autre; c'est un* bouquin *passionnant; notre ami Georges cherche un* boulot, etc.[8].On peut parler alors d'**oralismes**, éléments intrus dans le texte en tant que « non-écrits ». Le texte écrit est en effet par nature un objet langagier à diffuser et s'il prend la forme imprimée, il passe par la censure de divers relecteurs; il s'inscrit *a priori* dans un rapport dominant de distance tant matérielle que sociale entre scripteur et lecteur et exige donc, en tant que principe fondateur, le respect des règles propres à ce type social de communication.

Toutes ces observations amènent à poser que l'enseignement d'une langue (étrangère en particulier) qui vise à faire acquérir la **compétence de communication**[9] se doit de mettre au jour ces diverses contraintes et ne peut en aucun cas se satisfaire de l'image simpliste de l'écrit normé qui sert de référence unique à trop de grammaires pédagogiques traditionnelles.

2. Caractérisation de l'énoncé parlé ordinaire

La forme écrite et la forme orale désormais bien mises en contraste, il devient possible de dégager les caractères fondamentaux propres à l'échange oral spontané familier et de compléter ainsi l'approche sociolinguistique du langage [→ **chap. 3**]. Le concept de français parlé ici visé peut ainsi être défini par trois propriétés :
- en premier lieu le fait que nous nous exprimons à l'aide de sons que nous enchainons linéairement les uns aux autres [→ **chap. 1.4**]; le support matériel de la communication, ou MEDIUM est de nature phonique ;

---

[8] Dans ce cas aussi, on pourrait excepter la correspondance familière du poids de la norme socioculturelle, eu égard à la relation de **proximité affective** qui lie scripteur et lecteur. Le texte littéraire est lui aussi spécifique, mais au titre de la problématique *poétique* [→ chap. 1.3].
[9] L'expression est reprise de Dell Hymes (1984) : *Vers la compétence de communication*. Hatier.

- ensuite les conditions d'émission de la parole, improvisée et contrainte par le temps, que nous venons d'analyser ;
- enfin la fonctionnalité propre à la parole que Koch & Österreicher dénomment KONZEPTION, désignant par là le fait que la parole est la communication directe avec quelqu'un et qu'elle représente l'archétype d'une situation DIALOGIQUE[10] dans laquelle la proximité symbolique est maximale :

> Une fois qu'on a parlé en un sens tout à fait concret de proximité/distance physique, on peut étendre métaphoriquement cette désignation à la « proximité/distance sociale » et obtenir une clarification du problème en usant pour caractériser les situations de communication dans leur ensemble de l'opposition : proximité communicative / distance communicative.
> On formulera donc ainsi le problème : les deux pôles opposés du continuum oral/écrit expriment des formes communicatives dont tous les paramètres représentent dans un cas la proximité maximale (le parler) et dans l'autre cas la distance maximale (l'écrit). A l'intérieur du vaste espace ainsi délimité par les deux formes communicatives extrêmes peuvent être situées toutes les possibilités de conception entre « oralité » et « scripturalité», comme le montre le schéma suivant :

IMMEDIAT	DISTANCE
communication privée	communication publique
interlocuteur intime	interlocuteur inconnu
émotionalité forte	émotionalité faible
ancrage actionnel et situationnel	détachement actionnel et situationnel
ancrage référentiel dans la situation	détachement référentiel de la situation
coprésence spatio-temporelle	séparation spatio-temporelle
coopération communicative intense	coopération communicative minime
Dialogue	monologue
communication spontanée	communication préparée
liberté thématique	fixation thématique

(1990, pp.10-12, tableau 2001, p. 586)

A partir de cette grille typologique, le français parlé quotidien a donc les caractéristiques suivantes :

medium : phonique
conception : proximité
conditions de communication :
a) échange dialogique privé, relation d'égalité et de familiarité, pas de hiérarchie perçue entre les locuteurs (ex.-type : chez soi, à table avec sa famille)
b) échange dialogique public similaire (ex-type : discussion entre collègues d'un même service, au bureau)

---

[10]L'allemand dispose ici du substantif: Dialogizität (« dialogicité » ou « dialogalité »).

stratégies de verbalisation :
spontané, éléments situationnels concrets et abstraits disponibles, gestes et mimiques avec le *medium* oral, pas de planification mentale longue ni de support écrit source d'un possible oralisation.

Cet ensemble de traits qui définit le PARLER ORDINAIRE[11] n'exclut pas des situations de parole publique si la parole y garde le trait de spontanéité et si aucune pression normative particulière n'y intervient.

3. Organisation structurale du parler ordinaire

3.1. La « phrase » parlée et la dislocation

L'unité dénommée PHRASE qui est présentée dans les grammaires comporte des éléments nominaux et verbaux positionnés selon des schémas canoniques, avec sujet, verbe, compléments du verbe, compléments adjoints ou adverbes, etc. Ce sont des schémas abstraits, de principe, qui permettent de construire une représentation théorique générale de la syntaxe d'une langue mais qui ne peuvent être directement appliqués aux énoncés réels que produisent les locuteurs, en particulier aux énoncés oraux :

Maçon – 1

L1	1	non mais moi j'ai vu que vous étiez vraiment du métier
L2	2	j'ai calculé au j'ai calculé j'ai calculé au plus juste hé / bon moi
	3	je veux pas bouffer des ronds non plus hé c'est pas mon c'est pas
	4	le but si si vous trouvez des gars qui qui veulent le faire moins
	5	cher
L1	6	ah non non non mais moi je parle pas de :
L2	7	à la à la petite semaine vous comprenez des des bricoleurs XXX
L1	8	ah non mais des bricoleurs j'en veux pas moi je j'en ai gonflé des
	9	bricoleurs mais là pour / y, O / un tour remarquez je savais que
	10	c'était cher parce que ceux derrière qui l'ont fait faire il m'a dit
	11	ça nous a coûté aussi cher d'arranger notre devant que notre
	12	maison nous avait coûté
L2	13	oui -/- moi j'ai tiré au plus juste hé je vous le dis hé
L1	14	mm
L2	15	bon euh : comme je vous dis moi ce qui est hors de prix c'est la
	16	pierre / donc mais / on peut pas vous pouvez pas y échapper

(C.Blanche-Benveniste (1990), p. 231)

Notations du corpus[12]
corpus **Maçon 1** : discussion sur un devis de réparation entre un maçon et le propriétaire de la maison; L1, L2 : locuteur 1, 2.; /y , O/ : incertitude sur ce que le locuteur a effectivement

---

[11]ou encore parler *quotidien.* cf. *Alltagssprache,* en allemand, *casual talk* en anglais.
[12]Pour les problèmes de la constitution et de la représentation de corpus oraux cf. Koch & Österreicher (1990) : chap. 3, pp.18-35 et Blanche-Benveniste et Jeanjean (1987) : pp. 93-181.

prononcé; « : » : allongement phonétique; « _____ » parties d'énoncés de L1 et de L2 qui se chevauchent; XXX : suite de syllabes incompréhensibles.

On voit d'abord dans ce corpus que de nombreuses séquences sont inachevées, qu'elles restent définitivement en suspens et qu'elles se reformulent par reprise à partir d'un nouveau point de départ : L2 prononce, avant que L1 ait terminé son premier énoncé, un mot que L1 reprend pour reformuler (lignes 7 et 8) :

L1 6   ah non non non mais moi je parle pas de :
L2 7   à la à la petite semaine vous comprenez des des **bricoleurs** <u>XXX</u>
L1 8   <u>ah non mais les</u> **bricoleurs** j'en veux pas moi je j'en ai gonflé des

Ce trait est une constante de l'organisation des énoncés oraux dans une situation dialogique.

La thématisation des divers éléments de l'énoncé, avec ou sans enchaine-ment direct d'une prise de parole à l'autre, confère aux productions orales une allure hachée, disloquée, mais celle-ci n'est pas spécialement remarquée par les interlocuteurs; en effet, la thématisation n'obéit pas au schéma canonique appli-cable de façon générale aux textes écrits mais à une dissociation entre thèmes (au pluriel) et rhème très marquée, associée à l'intonation du message et qui doit être considérée comme une caractéristique intrinsèque du message oral. Dans ce système disloqué, qui ne s'accompagne que rarement de pauses vocales, les thèmes de l'énoncé sont présentés d'abord à l'interlocuteur, qui saura ainsi d'emblée « de quoi il est question » (le thème joue donc le rôle d'une « introduction », au sens rhétorique, du discours) puis ils sont repris dans le pré-dicat verbal sous forme de pronoms le plus souvent, mais pas toujours (*Le café, moi j'aime!*). Ce mode spécifique d'organisation des éléments de la phrase s'explique au niveau psychologique et mental par le désir du locuteur de se dé-gager rapidement de la partie simple du message (le thème) pour mieux se concentrer sur le poids informatif et s'applique aussi bien au nom sujet, à des compléments du verbe ou à des adverbiaux et permet le cumul de plusieurs constituants, comme le montrent les ex. suivants :

Antoine i viendra que demain
Ce disque j'l'ai trouvé hier aux Puces
Lui la marche à pied, ça lui dit rien
Le tennis Marie elle aime pas du tout
Hier à la télé il avait l'air vraiment fatigué Chirac
Tu sais Antoine son chien il le promène tous les matins
Ah non moi vos gadgets pour Américains vous pouvez vous les garder

On comprend ainsi mieux pourquoi les présentatifs *c'est ... qui/que* et *il y a ... qui/que* sont d'un si grand usage, ils permettent à la fois de détacher un élémentthème de la phrase et de rester dans le cadre d'une syntaxe plus proche du schéma canonique.

Il ne faudrait pas en déduire que le type d'énoncé oral que nous décrivons est incapable de générer des phrases canoniques longues et complexes, ainsi :

> 11 ça nous a coûté aussi cher d'arranger notre devant que notre maison nous avait coûté

mais il faut seulement constater que le mode de construction de l'énoncé obéit à des lois spécifiques, encore mal décrites et que les grammaires traditionnelles du français ont totalement, et volontairement, ignorées.

3.2. La répétition

Le corpus montre aussi de nombreuses séquences répétées : *j'ai calculé* est répété trois fois, *si* deux fois, *non* trois fois, *à la* deux fois, etc. Les répétitions servent à se donner du temps pour élaborer la suite de l'énoncé, elles servent à prendre la parole ou à marquer plus fortement la prise de parole; elles peuvent aussi servir à garder la parole en ne laissant aucun espace sonore dans lequel l'interlocuteur pourrait se glisser pour parler à son tour; enfin, elles font par elles-mêmes argument pour imposer à l'interlocuteur un élément d'information et lui en faire peser l'importance particulière. L'expression *j'ai calculé* est répétée trois fois, le maçon va au-devant de la discussion avec le propriétaire en lui signifiant qu'il a déjà évalué au plus juste le coût des travaux, le mot *cher* est repris comme un leitmotiv par L1 comme par L2, *tiré au plus juste* est encore répété par L2 et souligné par la référence au dire lui-même : *hé je vous le dis hé* afin de le rendre incontestable.

On voit donc clairement que la répétition ne peut pas systématiquement s'interpréter comme un bafouillage, une difficulté à s'exprimer mais doit plutôt être analysée d'une part comme un élément phatique visant au maintien de la parole et d'autre part comme un élément rhétorique : force de conviction et domination du locuteur dans le jeu argumentatif.

3.3. La projection du paradigme sur le syntagme

La répétition peut être stricte (les mêmes mots sont répétés), mais elle peut introduire des variantes, montrant la trace de la recherche, par étapes, de l'expression la plus adéquate :

> moi je à la limite même je j'avais mené j'ai mené notre ingénieur là (Maçon 4, p. 232)

je est répété une fois, devient *j'* devant *avais*, puis est repris devant *ai*, verbe au présent qui remplace la forme à l'imparfait *avais* et on obtient ainsi la forme définitive : *j'avais mené*.

Dans un autre cas, le locuteur s'arrête en quelque sorte à un endroit de la suite syntagmatique et il accumule à cet endroit plusieurs formulations qui additionnent les informations, dans un mouvement d'expansion qui consiste en une extension logique, une spécification ou une simple énumération de nouveaux éléments. Pour représenter visuellement à l'écrit cette propriété spécifique de l'oralité, C. Blanche-Benveniste & *et al.* (1990) proposent de transcrire l'énoncé « en grille », afin de « casser la linéarité de l'écrit » :

> elle doit rigoler en haut
>   au paradis là
> c'est moi qui écrivais les lettres pour le receveur des PTT
>   pour euh une réclamation
>   pour tout   (op. cité, pp. 238 et 259)

Cette superposition des mots ou des syntagmes constitue ce que les auteurs appellent des « allées et venues sur l'axe syntagmatique », qui se manifestent par le fait que les mots qui doivent se suivre dans l'énoncé se télescopent en un même point :

> Le locuteur tient en réserve, lorsqu'il parle, les syntagmes qu'il vient de dire aussi bien que ceux qu'il projette de dire; le locuteur est alors amené à faire des allées et venues sur l'axe syntagmatique pour remettre en place l'ordre du déroulement prévu.
>
> (*Ibid.*, p.25)

Ainsi apparait-il que chaque mot prononcé dans la parole spontanée se situe dans un espace temporel plus large, étendu en amont et en aval :

→ [espace-mémoire   → **MOT** produit   →   espace-mémoire] →
    rétrospective   anticipative

Cette représentation est confirmée par l'observation des lapsus qui anticipent souvent une forme phonique, une syllabe, un mot en le plaçant trop tôt dans l'énoncé.

3.4. La recherche de la dénomination

La parole dite spontanée comporte à l'évidence une part importante d'attention et de contrôle métalinguistique de la part de son émetteur :

> il faudrait bon ici on met un caniveau pas un caniveau un tuy- une buse en bas il faudrait faire un puisard   (*Ibid.*, p. 234)

Le locuteur produit d'abord le mot *caniveau*, qui ne convient pas ou bien qui anticipe trop (c'est l'endroit où la canalisation ira finalement déverser l'eau), il corrige donc par *tuyau* mais s'arrête sans avoir achevé l'articulation du mot : il en effet trouvé entre temps le terme *buse* ('gros tuyau en ciment pour évacuer les eaux pluviales ou usées'), plus technique, spécifique et donc plus adéquat que *tuyau*. Cette recherche de la meilleure dénomination, qu'il s'agisse d'un mot du vocabulaire général ou d'un terme d'un vocabulaire technique ou scientifique, échoue assez souvent dans la parole improvisée qui aboutit soit au silence par suspens soit à un mot passe-partout : *truc, machin, chose, bidule, truc-bidule, faire, machiner*; parfois même à une expression signifiant explicitement l'impuissance à trouver : *je sais pas moi, je me rappelle plus*.

Tous ces exemples montrent que le locuteur est conscient de son expression verbale, qu'il sait explorer l'espace verbal virtuel de la langue, même s'il échoue parfois dans sa recherche; pour dépasser l'échec, il faudrait disposer de temps (ce que ne permet pas l'échange oral normal) ou d'outils tels les dictionnaires, bref se mettre dans la situation du scripteur et abandonner celle du locuteur.

4. Quelques exemples concrets typiques du français parlé

4.1. La réalisation phonétique : e central, liaisons et groupes consonantiques

• e central ([ə])

La voyelle *e central*[13], dite plus usuellement « e muet » en référence à la situation d'oralisation d'un texte, où l'on constate que la présence d'un *e* graphique est loin de correspondre toujours à une réalisation vocale effective, est une unité susceptible de nombreuses variantes qui peuvent concerner tous les types de mots, grammaticaux (A) ou lexicaux (B) :

(A)	[ʒədwapaRtiR]	[tymlɑ̃veRa]	[sas:ɔRɛ]	[setɛlbõtɑ̃]
	je dois partir	tu me l'enverras	ça se saurait	c'était le bon temps

(B)	[œnaleRtuR]	[lebulvaR]	[ilfolamne]	[œ̃makRo]
	un aller-retour	les boulevards	il faut l'amener	un maquereau

La structuration syllabique, liée aux types de consonnes que l'absence du e central met en contact, joue un rôle fondamental dans les alternances entre présence et absence du e central. Si le groupe nominal *le patron* est en tête d'énoncé (A), il est très peu probable que le e central soit absent; si au contraire il est inséré dans une séquence (B), la probabilité s'inverse :

---

[13]La dénomination *e central* est la seule qui soit phonétique (position relative de [ə] dans le trapèze vocalique), *e instable* ou *e caduc* sont de type fonctionnel (présence/absence), *e sourd* relève d'une approximation subjective peu claire.

(A) [ləpatʀõepaʀti]

(B) [ilelalpatʀõ] , [selɥilpatʀõ] , [ilefulpatʀõ].

En effet la position initiale génère une syllabe [lpa-], que la structuration sylla-bique du français exclut, alors que la position interne disjoint le groupe [lp] et répartit les consonnes entre deux syllabes différentes.

Dans le cas des noms propres, le locuteur maintient systématiquement le e central, qui peut devenir même un eu fermé ([ø]) :

| [gilətelje] | [ãʀiləkõt] | [ʀɛmõkøno] |
| Guy Letellier | Henri Leconte | Raymond Queneau |

Cette différence de traitement entre noms propres et noms communs est très in-téressante car elle montre que les locuteurs prennent en compte dans leur straté-gie de la variation la fonctionnalité des unités de la langue : un nom propre est purement référentiel, ni l'environnement syntagmatique, ni le sens de l'énoncé, ni le contexte extra-linguistique ne participent à son identification, mais seule-ment sa forme propre intégrale; corollairement, les locuteurs y maintiennent les e centraux. A l'inverse un nom commun (ou tout autre unité de la langue) dispo-sant de multiples paramètres d'identification, les variantes d'articulation ou l'ajustement au contexte phonique deviennent possibles. L'exemple est d'autant plus révélateur d'un comportement linguistiquement réglé du locuteur que la langue ne construit aucune sorte de relation entre l'entité *e central* d'une part et les catégories *nom propre* et *nom commun* d'autre part. L'orthoépie du nom propre se calque sur son orthographie[14].

Enfin, il convient de signaler que la réalisation des e centraux en plus grand nombre est un trait qui distingue nettement les locuteurs méridionaux des locuteurs du nord du pays et qu'elle relève donc aussi de la variation diatopique à un large degré.

• **réalisation des liaisons**

On se rappellera d'abord que LIAISON est un terme de la linguistique qui signifie précisément que la consonne latente (donc soumise à présence ou absence) qui termine un mot est articulée devant le mot à initiale vocalique qui suit : *ils ont raison, ils vont au cinéma* comportent les formes [ilz-] (obligatoire dans ce contexte) et [võt-] (facultatif dans ce contexte) alors qu'ailleurs on peut ren-contrer ces mêmes mots sous la forme [il], [ilkʀi], et [võ], [ilvõʀiʀ]; on ne

---

[14]On doit absolument respecter le « lettre à lettre » d'un nom propre. Même dans le cas des prénoms à simple variante graphique (Michelle/Michèle, Danièle/Danielle), la personne ainsi dénommée n'admet jamais qu'on emploie une graphie pour l'autre.

confondra pas la liaison avec un simple contact consonne + voyelle comme dans: *pour entendre*; le [R] de la préposition *pour* est articulé dans toute situation et il n'existe donc aucune forme [pu] qui serait une forme « sans liaison » de [puR]. Les lettres qui déterminent des liaisons sont *s* ([z]), *t* ou *d* ([t]) et *n* ([n]). Et, plus rare quant aux mots concernés et jamais obligatoire : *p* (*trop*, *beaucoup*).

Au contact entre le déterminant (Det) et le nom (N), entre le pronom (Pron) sujet et le verbe (V), tous les locuteurs réalisent la consonne finale du premier élément pour faire syllabe avec la voyelle suivante :

mon étonnement, les amis, vos objections, ils ont raison, vous y arriverez, on a tort

Dans les séquences adjectif (Adj) suivi de nom, adverbe (Adv) suivi de Adj ou préposition (Prep) suivi de N, les mots concernés ont une liaison systématique :

de gros avantages, très important , en avion, dans un coin, sans âge

Dans tous les autres cas, les liaisons sont facultatives et ne sont faites que très occasionnellement dans le parler ordinaire :

il est arrivé, il n'est pas arrivé, il vit à la campagne

La formation d'une locution est un facteur de réalisation de la liaison (*de bons et loyaux services*) mais il ne semble pas y avoir de règle générale en la matière (ou bien elle n'a pas encore été mise au jour!).

A l'usage du français langue étrangère, nous proposerons le tableau de référence suivant, dans lequel le système a été distingué de la variante de nature diaphasique; la colonne du milieu où l'alternance est de règle présuppose une probabilité égale de produire ou non la liaison. Un espace, dans la partie basse du milieu du tableau, situe à gauche les liaisons à forte probabilité, à droite celles à faible probabilité.

LIAISONS		
SYSTEME	**DIAPHASIQUE**	
100%	**50%**	**RARE**
Dét + N un, les, des, mon, mes, nos, ton, tes, vos, son, ses, leurs, ces, quelques, plusieurs, tout, deux, trois, six, dix, vingt, cent **N pers/Pron + V** nous, vous, ils, elles, on	**Pron + V** tout **V + Dét N / Adj** est, c'est, seront, serez, soyez faut vont, iront,	**V + Dét N / Prep** prend
Adv + Adj très **Prép + N/Part prés/ Vinf** en, dans,	**Adv+Adj** pas, trop, assez, (ne) plus, moins, **Prep + N / Part prés / Vinf** (selon la prép) chez, sans, sous quand_____ sans sous soyez, prenez quand ([t]-)	**Adv + Adj** souvent, fort, beaucoup adv. -ment.

Il existe enfin des cas très spécifiques où la liaison participe des oppositions significatives de la langue française; la liaison sert alors à séparer les constructions : *tout* en position de prédéterminant **[→ vol. II]**, selon le schéma [tout+Dét +N][15], induit une liaison obligatoire, ce que laissait déjà prévoir le tableau général précédent, mais on peut aussi trouver une séquence de nature syntaxique différente dans laquelle *tout* est au contact d'un autre mot à initiale vocalique sans faire groupe avec lui; la liaison redevient alors libre **[→ chap. 7]**.

De la même façon dans un autre type de structure, la séquence [tout+en + participe présent] constitue un « bloc lexical » et la liaison y est obligatoire, comme dans : *tout_en écoutant la radio*, mais elle ne l'est plus dans : *il fait tout en riant*. Elle est même impossible dans : *elle a des soucis mais elle oublie tout en arrivant*.

---

[15] L'ensemble [tout + Dét] sert à actualiser le nom et forme donc un sous-constituant du GN.

	TOUT	
non autonome : **LIAISON** **OBLIGATOIRE**	**LIAISON** **POSSIBLE**	**autonome :** **LIAISON** **IMPOSSIBLE**
[tout + Det N / en Ppr]	[tout + Adj / V / Prep]	[Pron/N tout]
ça fait toute une histoire c'est tout un cirque tout en avançant, il observe	tout est perdu il est tout affolé j'ai tout organisé il y a tout à faire il prend tout en riant je finirai tout aujourd'hui	on voit tout en avion elle oublie tout en arri-vant

Ces exemples ont une portée linguistique générale car ils montrent que le traite-ment par le locuteur de la liaison, qui parait relever d'un simple ajustement pho-nétique (syllabation en particulier) ou stylistique, relève aussi, parfois, d'une analyse implicite du niveau syntaxique et lexical, et donc d'une stratégie impli-quant la signification. C'est un exemple montrant l'interdépendance des niveaux d'organisation de la langue et spécifiquement le rôle que joue la gestion du sens dans la réalisation des formes semi-libres.

- **TRAVAIL 1 [→ COR]**
  Dans les séquences de mots suivantes, relevez d'une part les liaisons obligatoires, et d'autre part celles qu'on observerait plutôt dans un parler très surveillé ou dans une situa-tion d'oralisation (lecture du texte, conférence) :

  ce sont de jeunes enfants; nous n'avons pas encore répondu; il est ému; il est vraiment ému; à corps et à cris; en arrivant au port; ils ont eu de la chance; c'est trop important; il vaut mieux en rire; il prend un avion chaque matin; tout un ensemble; les jours heureux.

  Comment pourrait-on expliquer qu'on entende parfois la liaison : Il va -t- arriver.

- **réduction des groupes consonantiques**
  Les groupes consonantiques à occlusive suivie d'une vibrante ([l] ou [R]) sont souvent réduits dans le parler ordinaire, quel que soit le locuteur :

  tu vas mettre ton manteau   c'est pas croyable   je vais prendre mon vélo
       [mɛttõmãto]   [sepakʀwajab]   [pʀãdmõvelo]

Si cette réduction est totale, c'est-à-dire si on n'a même pas l'esquisse de l'articulation de la deuxième consonne, et si elle est systématique chez le même individu, alors le phénomène est perçu par l'interlocuteur et il est évalué, soit comme sociolecte « populaire » soit comme idiolecte, selon l'appréciation qu'on peut se faire de la personnalité de l'énonciateur[16].

4.2. La forme des noms et pronoms personnels, du relatif et du présentatif

La plupart des noms personnels et des pronoms personnels sujets, ainsi que le présentatif *il y a* ont des formes alternantes et la forme contractée est très fréquente dans le parler ([izaRiv], [ifopa], [tavylfilm] , [japafoto]), etc.

NOMS ET PRONOMS PERSONNELS		
	FORMES MAXIMALES	FORMES REDUITES
je	[ʒə]	[ʒ] / [ʃ]
tu	[ty]	[t]
il	[il]	[i]
elle	[ɛl]	[ɛ]
ils	[ilz] / [il]	[i] / [iz]
elles	[ɛlz] / [ɛl]	[ɛ] / [ɛz]
lui	[lɥi]	[ɥi] / [i]

PRESENTATIF *IL Y A*		
présentatifs	FORMES MAXIMALES	FORMES REDUITES
il y a	[ilija] / [ilja]	[ija] / [ja]
il y aura	[ilijoRa] / [iljoRa]	[ijoRa] / [joRa]

Le cas des variantes de *lui* est notable car il est à rapprocher de celui de la variante du pronom *il* : [il] / [i]; dans la séquence *je lui* (*je lui répondrai, je lui dirai*), on peut obtenir la forme maximale : [ʒəlɥi], la séquence réduite (1) [ʒlɥi] ou la séquence réduite (2) [ʒɥi]; mais on peut aller encore plus loin et produire la séquence : [ʒi] dans : [ʒidiRɛ] perçue par les francophones comme nettement populaire; plus courante est : [ʒɥipɔRtəRɛlkoli]. Tous les grammairiens et auteurs littéraires qui veulent graphier le parler populaire choisissent alors d'écrire un *y* : «*j'y dirai* », laissant supposer une confusion des locuteurs entre les pronoms *lui* et *y*; cette graphie est un contre-sens linguistique car le phénomène s'interprète bien plus logiquement comme la réduction ultime de [lɥi] (*lui*), pa-

---

[16]Georges Marchais, ex-Secrétaire du Parti Communiste Français, était constamment parodié par les imitateurs et les chansonniers pour sa réduction systématique des groupes sus-dits en finale de mot.

rallèle à celle des pronoms sujets [il] en [i] et [εl] en [ε]. Pour la forme *lui*, l'usage populaire dispose seulement d'un degré de réduction supplémentaire par rapport au parler standard, dont il reste par conséquent très voisin du point de vue de la structure de fonctionnement.

Pour les pronoms relatifs, le système est le suivant :

PRONOM RELATIFS *QUI* ET *QUE*		
	FORMES MAXIMALES	FORMES REDUITES
qui	[ki]	[k]
que	[kə] / [k]	[k]

Dans le standard, *qui* ne peut jamais être réduit, ce qui préserve intégralement la marque d'opposition fonctionnelle entre le relatif sujet ([ki]) et le relatif complément [k] ou [kə]; dans le parler ordinaire, le relatif sujet est réductible s'il précède une voyelle, ce qui efface localement le marquage de l'opposition fonctionnelle :

[setwakapʀilesizo]   [dɔnmwasɥikesyʀlatabl]
c'est toi qu'a pris les ciseaux?   donne-moi c'ui qu'est sur la table

Ces deux phrases sont tout à fait courantes en français, la réduction systématique de l'opposition *qui/que* étant perçue comme familière.

4.3. La concurrence entre *nous* et *on*

D'une nature différente est l'opposition d'emploi entre *nous* et *on*. Le nom personnel *on* possède une large polysémie, la valeur d'indéfini (*on croit souvent que*) ou celle de défini expansé dans : *on a déjà montré dans cet ouvrage que* ('moi/nous', 'l'auteur') appartiennent à tous les usages, écrits comme oraux. En revanche, *on* peut être employé dans la situation de l'échange proximal pour remplacer *nous* et une différence de type diaphasique s'est ainsi constituée en français contemporain :

(1) Vous connaissez l'Egypte?
     (A) - Oui, nous y sommes allés au printemps dernier.
     (B) - Oui, on y est allé au printemps dernier.
(2) Vite, dépêche-toi/dépêchez-vous, nous allons /on va rater le train.
(3) On est / nous sommes vraiment bien ici.

Dans l'ensemble de ces exemples, *nous* et *on* ont valeur d'un ensemble inclusif défini : 'ma femme et moi' ou 'notre famille' dans (1), 'toutes les personnes qui ont un train à prendre' dans (2), 'tous les gens qui sont en ce lieu' dans (3), mais *nous* apparait comme le signe d'un usage plus surveillé; dans l'échange (1), seul (B) suppose la familiarité entre les interlocuteurs. Pour expliquer le phénomène, nous avancerons l'hypothèse que *nous* reste perçu dans son opposition à *vous* ('nous autres' *vs* 'vous, bien distincts de « nous »') alors que *on* apparait comme un forme d'inclusion indifférenciée de l'ensemble des participants et tend par conséquent à réduire cette distinction des personnes disjointes; d'où son utilisation dans l'échange proximal.

4.4. La répartition d'usage entre *ça, cela, ce* et *il*

La différenciation entre *ça* et *cela* est plus simple : *cela* relève du domaine de l'écrit et du parler très formel alors que *ça* est constamment utilisé dans toute l'aire orale, dans de nombreux contextes verbaux, source de collocations ou même de locutions.

ÇA	
	ça alors! ça par exemple! non pas ça! tout mais pas ça!
VERBE INTRODUCTEUR	
aller	ça va/ira ça va bien/mieux/mal comment ça va?
faire	ça fait mal/du bien/froid/chaud au cœur/grand/vrai/ du bruit/du foin/des vagues/des histoires/un bail que
avoir	ça a de l'importance/rien à voir/ de la gueule
valoir	ça vaut rien/cher/le coup/des nèfles/son pesant d'or/ la peau
coûter	du dos (du cul)/une fortune/le détour/le jus
venir	ça vient / ça vient à point/de loin/
ficher/foutre	ça fiche/fout la trouille.

* **TRAVAIL 2 [→ COR]**
  Vous chercherez à l'aide d'un dictionnaire les collocations ou locutions comportant *ça* et les verbes suivants : *barder, casser, chauffer, passer, péter, tourner.* Vous expliquerez leur sens.

Là où l'écrit oblige à produire *il* dans les constructions impersonnelles avec complément de reprise, telles : *il est normal d'avoir peur*, le parler emploie souvent *ce* et *ça* :

c'est bizarre de collectionner les boites de camembert
c'est bien d'avoir répondu
ça fait du bien de se reposer un peu
ça fait longtemps qu'on l'attendait, cette victoire

ça me plait bien de partir avec vous
ça nous changera d'aller toujours à la montagne

Notons à cette occasion que les constructions impersonnelles en français, qu'elles comportent un sujet *il*, *ça* ou *ce*, placent le complément phrastique ou infinitif après le verbe; la construction inverse du type : *que tu viennes m'étonne*, *marcher est agréable*, ou bien : *d'avoir répondu est bien*, sont très rares, voire absentes du français parlé.[17]

4.5. Les formes de la négation par adverbe
La réduction de la négation verbale au seul second adverbe *pas*, *plus*, *jamais* ou au pronom indéfini *personne*, *rien*, est bien connue. F. Gadet (1989) souligne qu'aucun locuteur n'emploie exclusivement la forme double ou la forme simple :

> La chute des *ne* est l'un des stéréotypes les plus fréquemment soulignés comme signe d'un discours négligé, bien qu'il n'y ait, de fait, aucun locuteur pour les réaliser toujours ou les omettre toujours. (p. 127)

Cependant, la disparition du *ne* est très fréquente en français parlé, comme le montre toute écoute d'un dialogue, même s'il s'agit d'une situation assez formelle comme l'interview à la radio ou le débat télévisé. Dans le dialogue familier, la disparition est quasi complète [→ § 5 **infra** pour l'analyse conversationnelle de ce texte] :

si vous croyez qu'il sait pas comment elle faisait
elle mettait rien dedans non plus
elle mettait pas de : de de
non elle mettait je me rappelle plus du nom
oui mais c'est pas mieux ce qu'on mettait
enfin moi je sais que ma mère mettait rien
non moi ma mère mettait rien
je vois pas ce que c'est en dix-neuf cent-vingt vu que j'étais pas née
elle y ajoutait jamais de bisture*
tu en sais rien tu t'en rappelles plus
ma mère je l'ai jamais vue mettre de la bisture
ah non le Kub existait pas
ah non ça existait pas ça

(C. Blanche-Benveniste (1990), p. 237-240, *passim*)

Il n'y a pas moins de quinze occurrences de négations dans ce court fragment, quatre formes négatives différentes, *pas*, *rien*, *plus* et *jamais* et cependant l'adverbe *ne* n'est réalisé ni par l'un ni par l'autre locuteur. Les séquences sans

---

[17]C'est ce que montre l'étude quantifiée de grande extension de T. Greidanus (1990) sur le parler.

ne se figent dans l'usage parlé, comme nous l'avons mentionné pour la forme *ça* ci-dessus, ce qui donne les séquences *c'est pas, y a pas* ou (*i*) *faut pas* suivies de nombreuses expressions adjectivales ou nominales qui se placent telles quelles dans un échange :

SEQUENCES FIGEES SANS *ne*	
c'est pas	c'est pas vrai / croyable / étonnant / faux / juste / évident / du gâteau / de la tarte
(i) faut pas	(i) faut pas / faut pas s'en faire / exagérer / pousser / se gêner
y a pas	y a pas / y a pas de mal / à dire / le feu / de quoi / de quoi en faire un fromage (un drame) / à tortiller

4.6. L'interrogation
La tendance absolument générale est de maintenir l'ordre des constituants qui caractérise la phrase affirmative; on y parvient en français par deux voies :

- l'intonation **suspensive**, qui est un moyen très efficace de signifier à l'interlocuteur qu'on attend un énoncé-réponse à son propre énoncé considéré comme inachevé, et qui s'applique à toutes les sous-classes d'interrogations :

  Tu as déjà lu l'article?
  Tu pars où en vacances?
  Vous viendrez nous voir quand?
  Tu fais comment pour découper la tôle? etc.

- la question figée, parfois dite « locution interrogative » ***est-ce que*** pour les questions totales (Qu T), dites aussi « questions *oui-non* » :

  Est-ce que tu as rangé l'aspirateur?
  Est-ce que vous avez reçu une réponse? etc.

Si la question est partielle (Qu P) et comporte donc des pronoms ou adverbes interrogatifs (*qui, où, comment,* etc.), plusieurs choix sont possibles; le place-ment de cet élément grammatical interrogatif en tête de la phrase est très fré-quent, le locuteur annonçant d'emblée le thème sémantique de la question; le présentatif *c'est* construit selon le schéma syntaxique : ***c'est + Pron/Adv + qui/que*** est aussi très fréquent en ce qu'il met encore mieux en relief le thème sémantique. On obtient au terme des multiples combinatoires ainsi ouvertes un grand nombre de phrases possibles (cf. tableau page suivante).

Parmi ce grand nombre de variantes, les deux dernières séries des Qu P composées, (D) et (E) sont à considérer comme pourvus d'une valeur sociolectale et donc clairement stigmatisées; de toutes ces formes, seules les questions dans lesquelles le sujet est inversé (Qu P composées (C)) sont recommandées et enseignées pour l'écrit, parallèlement aux Qu T à inversion du pronom sujet typiques de l'écrit, comme : *irons-nous à la réunion?*, *acceptera-t-il cette offre?*, *doit-on le croire?*, etc. Les autres formes appartiennent au français parlé objet de notre description. Le choix précis d'une forme de préférence à une autre relève de critères dialogiques et de critères rhétoriques; les questions renforcées sont particulièrement utiles pour la prise de parole, elles permettent de se positionner comme questionneur avant de donner le contenu de sa question, par ex. dans une séquence telle :

 est-ce que? ... est-ce que?...je voulais vous demander si vous seriez là ce soir.

L'antéposition du pronom ou de l'adverbe (interrogatifs ?) permet d'annoncer d'abord le thème interrogatif; une gradation continue semble exister entre les questions les plus proches de la phrase affirmative, liées aux situations d'interaction les plus proximales, et celles où plusieurs déplacements d'éléments grammaticaux ont été opérés et que préconise l'usage formel ou écrit; la comparaison entre les phrases orales attestées et les phrases autorisées par la norme montre une considérable déperdition de formes à l'écrit.

 Pour ce qui concerne les questions à sujet nominal, elles suivent les schémas ci-dessus, la forme à pronom de reprise postposé relevant à l'oral d'une situation très formelle; on préfère donc de beaucoup : *Est-ce que Pierre sera là* à : *Pierre sera-t-il là?* ou bien : *Est-ce que Jacques vous accompagnera?* à : *Jacques vous accompagnera-t-il?*

	QUESTIONS A SUJET PRONOMINAL	
TYPES	PHRASES	SYNTAXE
Qu T (A)	tu l'as vu, Jacques? il est déjà rentré du Brésil? on y va, oui ou non, à cette réunion? tu as rapporté le formulaire à remplir?	aucune particularité de construction, intonation suspensive
Qu T (B) est-ce que	est-ce que tu viens? est-ce qu'on répond ou pas? est-ce qu'il a pensé à mon livre? est-ce que vous l'avez prévenu à temps?	est-ce que à l'initiale et accentué, intonation peu ou pas marquée
Qu P élémentaires (A)	qui est là? tu fais quoi dans la vie? vous venez d'où? il pense à quoi, ce gamin? vous êtes rentré chez vous comment hier?	le pronom/adverbe reste à sa place de base dans la phrase
Qu P élémentaires (B)	qui tu vas rencontrer? à quoi tu penses? comment je vais faire? d'où il tient cette information? pourquoi vous criez si fort?	le pronom/adverbe (avec sa préposition éventuelle) est déplacé à l'initiale de phrase, sans autre changement d'ordre.
Qu P composées *est-ce que* (C)	qui est-ce qui vient? qu'est-ce que je vais faire? à quoi est-ce qu'il pense? d'où est-ce que vous sortez? pourquoi est-ce qu'il ne répond pas?	le pronom/adv est extrait et antéposé au présentatif c'est X qui/que.
Qu P composées c'est qu- (D)	c'est qui qui parle le premier? c'est quoi qu'il a dit? c'est comment qu'il faut faire? c'est par où qu'il s'est échappé?	le présentatif c'est X qui /que garde son ordre interne de base, à l'initiale de phrase.
Qu P composées c'est qu- (E)	qui c'est qui a fait du bruit? quoi c'est que tu dis? comment c'est que vous faites? où c'est que j'irai? pourquoi c'est qu'on part si tôt?	le pronom/adverbe interrogatif est antéposé au présentatif; par rapport à (D), le thème se trouve ainsi extrait à l'initiale de phrase

- **TRAVAIL 3 [→ COR]**
  Quelles formes orales spontanées pourraient prendre les phrases suivantes en tenant compte de l'ordre des mots, de la répétition possible du nom par un pronom et du présentatif de renforcement de la question c'est X que/est-ce que? Lesquelles de ces phrases sont les plus typiques du *parler ordinaire* en français?

  (1) *Elle aime les huitres?*
  (2) *Qui a épluché ces pommes de terre?*
  (3) *Où est-il parti travailler?*

5. L'analyse conversationnelle

Des deux situations communicatives élémentaires, celle de la **communication écrite (à distance)** d'où naissent des textes plus ou moins élaborés destinés à être lus, et celle de la **communication orale (à proximité)** où les locuteurs produisent plus ou moins spontanément des « textes » dialogués traitent respectivement la linguistique textuelle et l'analyse conversationnelle, son homologue.

L'analyse conversationnelle se propose de dévoiler et de décrire les mécanismes qui règnent à l'intérieur de la situation sociale qui s'établit dès que les hommes entrent en contact linguistique pour se parler et s'entendre, voire s'adresser l'un à l'autre et réciproquement des messages et réclamer des réactions. En même temps et puisque c'est une matière d'expression linguistique, sans l'être exclusivement (gestes et physionomie, attitudes corporelles et comportement général y ont leur part), elle s'intéresse aux conséquences et effets qu'aura cet échange dans le discours, dans la parole au sens saussurien. Deux optiques fondamentales sont possibles et ont été poursuivies :
L'intérêt porte essentiellement

- ou sur les stratégies et leurs formes réellement mises en œuvre de la répartition des rôles sociaux et communicatifs qu'exécutent ou que s'arrogent les locuteurs au cours de leur rencontre,
- ou bien sur les actes de langage proprement dits du dialogue avec leurs intentions, leurs rapports et leurs effets.

Tandis que la dernière est plus proche de la visée des linguistes centrés sur les faits de langage et poursuit les thèses de la théorie de l'acte de langage (**l'école de Genève** par ex., cf. E. Roulet 1991), la première renoue avec la tradition de la socio- et de la psycholinguistique, puisque les faits de langage sont considérés ici comme étant étroitement liés aux états psychiques des sujets communicants et aux dimensions sociales qui déterminent le contact linguistique et le déroulement de l'interaction verbale. Vu sous cet angle-ci, on est obligé de reconnaitre l'influence de la culture générale et du savoir communicatif des sujets, résultant de leur attachement à un groupe social, un milieu spécifique, une ethnie. A. Coulon (1987) écrit :

> On retrouve dans l'analyse de conversation la préoccupation permanente de l'ethnométhodologie : celle de décrire les procédés que nous employons pour construire l'ordre social. (Op. cité, p. 70)

On retiendra des deux optiques quelques-unes des thèses principales :
L'interaction verbale s'organise tout comme le texte écrit, mais d'une autre manière. Le hasard, qui a sa part, bien entendu, est une quantité négligeable. Autre résultat d'observation globale : syntaxe et sémantique de la langue utilisée se distinguent plus qu'on ne pouvait s'en douter de l'écrit, pour plusieurs raisons. Le fait que ce type d'interaction soit spontanée et dynamique en est une, les moyens tout autres du code oral mis en usage en sont une deuxième, les autres sont à chercher dans diverses circonstances se manifestant dans les différents types de conversation qu'il peut y avoir et qui sont loin d'être éclaircis complètement [→ **chap. 3 et chap. 4 supra**]. Enfin, on se retrouve face à une relation immédiate des interlocuteurs qui englobe aussitôt un intérêt ou objectif commun, des références communes (si non, ils ou elles sont à élaborer par un acte bilatéral, linguistique, lui aussi) et est, parfois, accompagnée d'actions pratiques.

De tradition américaine (le « père » en est H. Garfinkel 1967, Biblio) les « études ethnométhodologiques » cherchent à dévoiler comment les interactants (rôles du locuteur et de l'interlocuteur) organisent et structurent leurs actions discursives et les modulent constamment selon la situation et leurs objectifs. Cette organisation est séquentielle : Le dialogue se bâtit en séquences où il y a alternance des deux rôles (les tours de rôle) ou pas, selon la situation communicative et le résultat des « négociations de procédés ». Celles-ci se « déroulent » soit de façon explicite (par ex. : *Je vous explique maintenant mes raisons et vous prie de ne pas m'interrompre, entendu?*), soit implicitement ou bien inconsciemment, sur la base des conventions (cultures, traditions, idéologies, rapports sociaux etc.) de la communauté linguistique. Les séquences contiennent outre les messages à transmettre une variété d'actes et d'unités métadiscursifs ou métalangagiers, par exemple les « réparations » des erreurs, malentendus, omissions, maladresses dans la formulation ou le choix des mots appropriés, la signalisation permanente de l'attention, de la volonté d'écouter ou de l'approbation (le feed-back), mais aussi de la revendication de la parole ou bien du désintérêt grandissant ou absolu. En plus, les interlocuteurs essaient de présenter ou d'élaborer leur propre « image » ou d'influencer celle des interactants. Evidemment, il existe des liens, des enchainements entre les séquences, car, isolée, une séquence ne constitue pas encore le sens parfait et ce n'est que dans la séquence suivante que s'accomplit l'attribution du sens du segment de l'interaction verbale (d'où l'accouplement si typique de question-réponse, salut - contre-salut, affirmation - confirmation ou opposition).

Le dialogue-texte se compose donc d'énoncés organisés séquentiellement (en répliques), répartis sur les interactants selon les procédés « négociés » ou reproduisant leurs rapports sociaux. Les actes de langage (*turns*, répliques) sont initiatifs ou réactifs. Les actes initiatifs constatent ou affirment, installent un devoir, une obligation et créent ainsi ces paires. Les actes réactifs (qui sont souvent elliptiques) peuvent être approbateurs, contestataires, dubitatifs, évasifs, évaluateurs etc. À moins que tous les deux ne soient phatiques (prise, maintien ou cessation du contact), ludiques (jeux du langage) ou bien purement métacommunicatifs.

Lorsqu'on se propose d'analyser un quelconque dialogue, l'approche peut être globale au début : L'objectif sera, dans ce cas, de découvrir comment les données situationnelles, les rapports sociaux préexistants inclus, se reflètent dans le texte et ses unités minimales en se modifiant au cours du dialogue, et comment il est possible aux interactants d'arriver à s'entendre sur un objectif commun, voire à achever l'interaction verbale à leur satisfaction plus ou moins totale (ou encore partielle). Mais on peut également partir des détails linguistiques (moyens mis en œuvre) pour remonter à l'organisation des séquences et finalement du texte intégral. Pour illustrer ce qui pourra intéresser le linguiste parce qu'il accède à de nouveaux aspects du fonctionnement de la langue « en action » (ce qui reste son but principal à côté de tous les autres faits entraînés par la « découverte de l'oral » en linguistique), nous présentons, pour chacune des deux approches un exemple.

- **DOCUMENT 1**
  Viandox corpus dans : C. Blanche-Benveniste (1990) : *Le français parlé*. Paris, p. 236-240.

Analyse du document

1° Approche globale :
Il s'agit d'une « discussion entre familiers sur le thème du pot-au-feu. Un des locuteurs recherche le nom d'un produit utilisé pour le pot-au-feu dans les années 1920 ». (B.-B., 236) Les trois locuteurs (L1, L2, L3) sont à caractériser dans la présentation du corpus (sexe, âge, études et profession, origine géographique). Ce qui les unit, à part le sujet, c'est leurs rapports très familiers et le fait d'être ouvrier retraité et femme au foyer (L2), donc habitués à vivre de très près le foyer et la cuisine.

Dans un premier temps (Viandox **V 1**), la discussion est déterminée par la recherche des ingrédients qu'on y mettait autrefois, à l'exemple de la mère de L3. Le sujet est annoncé dans 1 et l'acte initiatif (la question) se trouve dans 4, repris et précisé dans 6 (*ah non non ... son pot-au-feu*), celui-ci étant avant tout réactif, car L1 refuse la réponse de L3 dans 5. A partir de 10, L3 essaie de se rappeler, mais ses souvenirs sont vagues (13, syllabes incompréhensibles dans 14, hésitation dans 16, qui porte sur un produit particulier).

La partie centrale (**V 2-5**) tourne autour de la recherche du nom du produit en question. Dans **V 2**, L1 et L2 viennent aider L3, (3-11) qui. lui, prétend que sa mère n'en mettait pas du tout (2, 12, 16). Dans 2, l'acte est quelque peu évasif, car L3 ne nie pas l'emploi du produit, mais se cache derrière L1 (qui vient du Nord). Dans 12, en revanche, il devient nettement contestataire et ajoute un acte évaluatif (en employant un mot connoté négativement), en 16 il confirme encore sa position. Les énoncés se chevauchent dans l'émotion, car, dans 14-15, les deux autres locuteurs/interlocuteurs ne sont pas du même avis entre eux (affirmation et opposition). Dans 10, L2 propose prudemment le nom, mais il est rejeté de manière catégorique par L1 (11).

Dans **V 3**, le débat s'avive, car les locuteurs restent sur leurs positions, tout en continuant à cerner le produit (surtout L1, qui est le plus âgé, voir 7-8, 11-14). Le ton tourne vers l'ironie (2-3, 9-10, 15).

Dans la partie suivante (**V 4**), L3, qui se voit en mauvaise position, étant donné que son argument assez fort (qu'il n'était pas encore né en 1921, où l'on mettait peut-être ce produit, **V 3**, 9) pourrait se tourner contre lui (ce qui se passe en effet dans 6, 10 et 14), se porte en témoin oculaire (2-5) pour enfin se rappeler un ingrédient concret : les clous de girofle (9), petite concession qui sera, dans un acte réactif, commentée par la reprise en sa défaveur de son propre argument par L2 (10, deux fois) et par une rectification de L1 (11). Le ludique entre en jeu avec 13, L3 s'obstine et, en **V 5**, 4, se met même en colère, acte réactif à la remarque de L1. Après un long rappel des années de naissance (7-12), L1 introduit un nom concret, mais qui ne lui parait pas être le mot juste (15, 16). Suivent (dans **V 6** et **V 7**) un débat sur le composant essentiel du produit et toujours la recherche de son nom. Les 3 locuteurs coopèrent dans cette recherche : Etant donné que L1 fournit des éléments descriptifs (**V 6** 4-6, 13, 15-16, **V 7**, 3-4), L2 et L3 l'interrompent pour confirmer en reprenant ces éléments (10, 12 en réaction de 4-6, 14 en réaction de 13, **V 7**, 6 et 10), jusqu'à ce que L2 soutienne définitivement l'existence du produit (**V 7**, 6) et que L3 batte en retraite aussi, tout en parlant des autres, en mettant d'abord *(peut-être bien que)* et en réutilisant son argument du début (*la bisture*), acte réactif encore légèrement dubitatif (**V 7**, 7-9, 13). L'accord est unanime sur la qualité de la viande d'autrefois (**V 6**, 15-16, **V 7**, 1-2).

2° Approche de détail

L'organisation linguistique est caractérisée par l'exploitation (assez réduite, quand même) du champ lexical de la cuisson : *faire du pot-au-feu, mettre de-*

dans, colorer, donner un goût, ajouter, mettre une goutte, viande, légumes, bouillon, clous de girofle, oignon, sang de bœuf, petite cuillère, cuillère à soupe, cuillère à café.

Le strict nécessaire de l'argumentation apparait :
oui; ah non non; bon; eh ben; boh; si vous croyez que; qu'est-ce que vous voulez que; oui mais; non mais enfin; non?; enfin moi je sais; je te dis que; mais moi; allez va; ouais; oui d'accord avec vous; je vois pas ce que...; hein; tu en sais rien; tu t'en rappelles plus; de toute façon; mais; qu'est-ce que tu nous racontes; mais enfin moi; eh ben justement c'est ce que je te dis; peut-être; peut-être bien que; non non puisque l te dit que...; alors moi.

On pourrait alors systématiser ces moyens linguistiques argumentatifs, dont beaucoup sont propres au parlé familier, selon les actes ou démarches de l'argumentation, mais il n'y aura rien d'extraordinaire. Tout de même, la différence est nette, dans chaque type d'argumentation, entrent les moyens linguistiques :

- portant sur les faits et accentuant la propre position (jusqu'a l'indignation, la réfutation et l'antithèse), par ex. : **V 1**, 2 : *oui*, 6: *ah non non*, **V 2**, 6 : *oui mais*, **V 3**, 1 : *mais moi*, **V 4**, 16 : *mais qu'est-ce que tu nous racontes*, **V 5**, 10 : *eh ben justement c'est ce que je te dis* etc.
- ceux destinés à organiser la poursuite du débat: **V 2**, 10 : *non?*, **V 1**, 4 : *comment elle faisait son pot-au-feu ta mère?*, 6 : *ah non non explique-moi comment elle faisait ...*, 4 : *bon*, **V 3**, 4 : *tais-toi*, 13-14 : *il était meilleur à ce moment-là que maintenant hein* etc.
- et les moyens des actes métalinguistiques (hésitations, malentendus, recherches du mot convenable, corrections) : **V 1**, 6 : *eh ben*, 16 : *elle mettait elle mettait pas de: de de de:*, **V 2**, 1 : *elle mettait je me rappelle plus du nom*, **V 3**, 7 : *oh c'était je vous parle de ça hein en ...*, 11-12 : *c'était un truc qu'on mettait / ils mettaient un peu ça colorait ...*, **V 6**, 15-16 : *...pour qu'il soit parce qu'il y avait des beaux yeux le :* etc.

La syntaxe aussi laisse voir les traces du parlé : la spontanéité des réactions, le côté émotionnel du débat, les lacunes de la mémoire, l'absence d'une direction de débat, l'ambiance familière, les limites dans le vocabulaire disponible *ad hoc* font que les phrases s'achèvent tout court là où l'interlocuteur intervient (ex. : **V1**, 10-11, **V 2**, 5) ou bien sont reformulées (**V 3**, 11-13), les structures sont souvent segmentées ou inversées et rarement complètes au sens canonique, omissions, répétitions et mises en relief s'accumulent : **V 4**, 15-16 : *des clous de girofle il y en a toujours eu des clous de girofle sur les oignons*, **V 1**, 1 : *elle fai-*

*sait du pot-au-feu ta mère, 3 : toujours elle a toujours fait du pot-au-feu ma
mère,* **V 3**, 9 : *ouais : vingt-et-un j'étais pas né,* **V 4**, 2-3 : *mais ma mère j'ai vu
cuisiner ma mère hein ma mère ma mère ma mère elle a toujours fait ...* etc..
Presque tous les autres phénomènes de l'oral décrits en §§ 3. et 4. sont présents :
La particule *ne* est omise régulièrement, *ça* et *on* abondent, *truc* et *machin* rem-
placent les noms précis mais introuvables dans ce peu de temps, la prononciation des *il y a* et des *il* sont systématiquement [ja] et [i], des parties entières restent incompréhensibles (chevauchement, prononciation floue et indistincte), certainement en partie aussi un problème d'audition. Les différences régionales
dans la prononciation ou prosodie (dues à l'origine des locuteurs) devraient être
étudiées également, ce que C. Blanche-Benveniste fait dans son ouvrage.

Mentionnons encore le rôle organisateur des temps: L'imparfait est fréquent dans ce texte car il est la clef du fil rouge à suivre; le débat se concentre
sur l'époque du passé annoncée déjà tout au début et reprise par les interrogatives en **V 1**, 4 et 6, et ainsi de suite, chaque fois que le regard va en arrière. Il al-
terne par ci, par là avec le passé composé, mais ceci se retrouve dans les
affirmations définitives (du type : *elle a toujours fait du pot-au-feu, ma mère,
elle a jamais mis de bisture dedans, j'ai vu cuisiner ma mère,* et presque
exclusivement de la part de L3). Il est évident que l'imparfait convient mieux au
problème posé, car les interlocuteurs restent dans le vague, ne se souviennent
pas très bien et cherchent à trouver la solution par voie de description.

L'opposition se fait avec le présent, temps de l'argumentation par excellence, car il est d'une part de valeur atemporelle, d'autre part fait pour ancrer les
faits énoncés et les démarches argumentatives ainsi que leurs reflets dans la
conscience des interlocuteurs dans le *hic et nunc* de l'acte d'énonciation. Les
deux temps règlent donc l'alternance permanente entre le fonds du débat (les
faits à débattre) et l'organisation et le déroulement du débat. Le passé composé
pourrait y être inséré, car il marque plutôt le second que le premier.

BIBLIOGRAPHIE DU CHAPITRE 4

Blanche-Benveniste, C. & Jeanjean, C. (1987) : *Le français parlé. Transcription et édition.*
264 p., Paris, Inalf-Didier Erudition-CNRS.
Blanche-Benveniste, C. & et al. (1990) : *Le français parlé.* Et. grammaticales. 292 p., Paris,
CNRS.
Blanche-Benveniste, C. (1997) : *Approches de la langue parlée en français.* Paris, Ophrys.
Charolles, M. ; Fisher, S. ; Jayez, J. (éds.) (1990) : *Le discours. Représentations et interpré-
tations.* Nancy. [en particulier : **Gülich, E.** : « *Pour une ethnométhodologique linguistique.
Descriptions de séquences conversationnelles explicatives.* » p. 71-109].
Coulon, A. (1987) : *L'Ethnométhodologie.* PUF.
Fritz, G. ; Hundsnurscher, F. (Hrsg.) (1994) : *Handbuch der Dialoganalyse.* Tübingen,
Niemeyer.

113

Gadet, F. (1989) : *Le français ordinaire.* 291 p., Paris, Armand-Colin.
Garfinkel, H. (1967) : *Studies in Ethnomethodology.* New York.
Greidanus, T. (1990) : *Les constructions verbales en français parlé. Etude quantitative et descriptive de la syntaxe des 250 verbes les plus fréquents.* 264 p., Tübingen, Niemeyer.
Koch, P. ; Österreicher, W. (1990) : *Gesprochene Sprache in der Romania : Französisch, Italienisch, Spanisch.* Romanistische Arbeitshefte 31, 266 p., Tübingen, Niemeyer.
Koch, P. ; Österreicher, W. (2001) : *Langage oral et langage écrit.* Dans : Holtus, G./ Metzeltin, M. /Schmitt, Ch. : Lexikon der Romanistischen Linguistik, t. I.2, pp.584-627. Tübingen, Niemeyer.
Krassin, G. (1994) « *Neuere Entwicklungen in der französischen Grammatik und Grammatikforschung.* » in : *Romanistische Arbeitshefte 38.* 146 p., Tübingen, Niemeyer
Moreau, M.-L. (1971) : « *L'homme que je crois qui est venu.* » in : *Langue française. 11.* pp. 77-90, Paris, Larousse.
Roulet, E. ; Auchlin, A. ; Moeschler, J. ; Rubattel, Ch. ; Schelling, M. (1991[3]) : *L'articulation du discours en français contemporain.* Berne, Berlin, Francfort-s.Main, New York, Paris, Vienne, Peter Lang.
Sauvageot, A. (1972) : *Analyse du français parlé.* 184 p., Paris, Hachette.
Söll, L. ; Hausmann, F.-J. (1985) : *Gesprochenes und geschriebenes Französisch.* 245 p., Berlin, Erich Schmidt Verlag.
Traverso, V. (1999) : *L'analyse des conversations.* Coll. 128.Paris, Nathan.

DOCUMENTS DU CHAPITRE 4

Document 1
Corpus Viandox : C. Blanche-Benveniste et al. (1990), pp. 236-240.

Document 1

- *Texte 2*

Nom du corpus : *Viandox*
Nom du transcripteur : Marina Lombard
Durée de l'extrait : 3 mn
    du corpus d'origine : 30 mn
Type de production : Discussion entre familiers sur le thème du pot-au-feu. Un des locuteurs recherche le nom d'un produit utilisé pour le pot-au-feu dans les années 1920 :
c'était en genre de bouteille — et on mettait une petite cuillère — dedans pour teinter

	Sexe	âge	profession	études	origine géographique
L1	M	76	ouvrier retraité		Nord
L2	F	53	femme au foyer		Paris
L3	M	63	ouvrier retraité		Marseille

Remarques :
— Débit moyen : 220 mots/mn
— Difficultés d'écoute : conversation animée à 3 personnes, les énoncés se chevauchent souvent
— Les *il y a* et les *il* sont prononcés systématiquement /ja/ et /i/.
— Intérêt grammatical : beaucoup de structures à postfixes : *des clous de girofle il y en a toujours eu des clous de girofle sur les oignons*, valences temporelles.

Viandox — 1

L1	1	elle faisait du pot-au-feu ta mère
L2	2	oui
L3	3	toujours elle a toujours fait du pot-au-feu ma mère
L1	4	bon ⟋ et: comment elle faisait son pot-au-feu ta mère
L3	5	comme ma femme elle le fait
L1	6	ah non non explique-moi comment elle faisait son pot-au-feu
L3	6	eh ben
L2	8	boh[1] il sait pas si vous croyez qu'il sait pas comment elle
	9	faisait
L3	10	elle /mettait, faisait/ elle mettait la viande elle mettait tous
	11	les légumes et puis
L1	12	bon tu étais tout jeune elle mettait rien dedans non plus
L3	13	qu'est-ce que vous voulez qu'elle mette /dedans, à l'intérieur,
	14	XXX/
L1	15	tais-toi:
L3	16	elle mettait elle mettait pas de: de de de:

Viandox — 2

L1	1	non elle mettait je me rappelle plus du nom
L3	2	vous dans le nord peut-être
L1	3	non /plus, puis/ chez toi pareil c'était en genre de bouteille ⊀ et
	4	on mettait une petite cuillère ⊀ dedans pour teinter ⊀ ça
	5	teintait c'était ça représentait exactement
L2	6	oui mais c'est pas /vieux, mieux/ ce qu'on mettait ça
L1	7	non mais enfin ça représentait le bouillon Kub
L2	8	oui
L1	9	de maintenant
L2	10	c'était du Viandox non
L1	11	non ⊀ non le Viandox c'était bien après
L3	12	ma mère elle a toujours fait le pot-au-feu naturel elle a jamais
	13	mis de bisture [1] dedans
L2	14	enfin moi je sais que ma mère mettait rien
L1	15	je te dis qu'elle /mettait, avait mis, a mis/ quelque chose dedans
L3	16	jamais

(1) Forme attestée dans le T.L.F., mais comprise dans le sud comme « mixture liquide »

Viandox — 3

L2		mais moi ma mère mettait rien
L3		et si elle entend ma mère elle doit rigoler en haut au paradis là
		XXX
L1	4	allez va tais-toi tu t'en rappelles là
L2	5	non moi ma mère mettait rien
L3	6	elle a jamais rien mis dans le pot-au-feu
L1	7	il y avait oh c'était je vous parle de ça hein en dix-neuf cent
	8	vingt vingt-et-un
L3	9	ouais: vingt-et-un j'étais pas né
L2	10	alors non j'étais pas née
L1	11	c'était un truc qu'on mettait ⊬ il(s) mettai(en)t un peu ça
	12	colorait ça ça colorait pas ça donnait un petit goût qui
	13	améliorait le pot-au-feu ⊬ et d'ailleurs il était meilleur à ce
	14	moment-là que maintenant hein
L3	15	oui d'accord avec vous
L2	16	je vois pas ce que c'est en dix-neuf cent vingt vu que j'étais pas

Viandox — 4

		née
L3	2	mais ma mère j'ai vu cuisiner ma mère hein ma mère ma mère ma
	3	mère elle a toujours fait le pot-au-feu comme /mère, XXX/
	4	comme /on le fait, ma femme elle le fait/ elle elle y ajoutait
	5	jamais de bisture ⊬
L1	6	tu en sais rien tu t'en rappelles plus
L3	7	XXX
L2	8	de toute façon c'est en mille neuf cent vingt
L3	9	des clous de girofle
L2	10	en mille neuf cent vingt tu étais pas né
L1	11	des clous de girofle ça va dans l'oignon
L2	12	en mille neuf cent vingt tu étais pas né
L3	13	mais même ma mère elle était née à cette époque-là
L2	14	mais tu savais pas le pot-au-feu qu'elle faisait ⊬
L1	15	des clous de girofle il y en a toujours /eu, vu/ des clous de
	16	girofle sur les oignons qu'est-ce que tu nous racontes toi tu

Viandox — 5

		mettais quatre cinq clous
L3	2	ma mère je l'ai jamais vue mettre de la bisture - - - bon
L1	3	tu étais pas toujours derrière son dos
L3	4	oh faut pas déconner M.
L2	5	moi je sais que moi ma mère mettait rien
L1	6	X vous vous rappelez pas non plus
L2	7	mais enfin moi je suis déjà née qu'en trente-trois
L1	8	moi c'était: des pe- des ça oh tout le monde sait ça dans le nord
L3	9	en vingt en vingt en vingt: à savoir ce qu'ils faisaient en vingt
L2	10	eh ben justement c'est ce que je te dis
L3	11	moi je suis né en vingt-quatre en vingt XXX
L2	12	oui et moi que je suis que de trente-trois alors peut-être que là
	13	on mettait plus rien hein
L3	14	ma mère
L1	15	pas le Viandox le Viandox c'était bien après le Viandox c'est
	16	peut-être en trente

Viandox — 6

L2	1	pas le Kub
L1	2	ah non le Kub existait pas
L3	3	ah non ça existait pas ça
L1	4	non non c'était ⊀ c'était des petites c'était des bouteilles: on
	5	mettait oh même pas la moitié d'une cuillère à soupe: d'une
	6	cuillère à café
L2	7	qu'est-ce que c'était ce machin
L1	8	c'était ce truc là ⊀ je me rappelle pas du nom - - du nom je me
	9	rappelle plus
L2	10	qu'est-ce qui existait avant tant vieux dans ce genre de bouteille
L3	11	eh je me rappelle pas
L2	12	ce machin marron là
L1	13	si ma femme a: euh c'était ben oui c'était un peu marron là
L2	14	oui
L1	15	ça colorait légèrement le bouillon pour qu'il soit parce qu'il y
	16	avait des beaux yeux le: ⊀ quand tu le faisais la viande était

Viandox — 7

	1	meilleure que maintenant hein
L3	2	d'accord avec vous
L1	3	bon et on mettait ça ça à la place qu'il fasse euh ça colorait un
	4	petit peu et ça donnait un bon goût
L3	5	ça devait être
L2	6	pourtant il existait enfin moi je me rappelle
L3	7	peut-être bien que ils avaient fait des bistures de sang de de de
	8	bœuf là ils en mettaient une goutte dedans là et c'était du sang
	9	de bœuf qu'ils avaient dedans là
L2	10	non non non puisque le père M. te dit que c'était en bouteille alors
	11	moi
L1	12	ouais en bouteille
L3	13	eh ben c'était du sang de boeuf qu'ils avaient dedans là
	14	
	15	

CHAPITRE 5
HISTOIRE DU FRANÇAIS

1. Histoire interne et histoire externe

Comme l'histoire d'une langue est aussi l'histoire des usagers de cette langue, il faut la considérer sous ses deux aspects : l'histoire externe de la langue renferme les faits politiques, culturels et sociaux qui ont influencé l'évolution de la langue, et elle traite de la communication et des communautés qui la pratiquent, ou, comme le disent J. Picoche & C. Marchello-Nizia (1994) dans leur avant-propos :

> A travers les siècles, qui a parlé et parle encore français et sur quels territoires, quel est le nombre de ces locuteurs, quel français parlent-ils, en quelles situations ?

C'est alors cette évolution même et les modifications, qui en sont le résultat, qui représentent le deuxième aspect appelé histoire interne de la langue.

Le chapitre 2 a proposé un début de réponse à une partie de la question posée par les deux historiennes de la langue. Nous pouvons donc maintenant nous concentrer sur les faits les plus importants de l'histoire, une sorte de rappel des connaissances préalables de l'histoire et de la préhistoire de la France, avant de retracer l'histoire interne. L'histoire d'une langue doit envisager à la fois toutes les faces du sujet « langue » dans sa dimension historique. D'un côté, il n'est pas facile de réduire à l'essentiel et de classifier toute la variété et la multiplicité des rapports qu'entretient la « langue », surtout lorsqu'on se propose d'utiliser le concept fondamental de Saussure qui vise à distinguer langue et parole [→ chap. 1]. Ainsi, dans l'histoire de la langue française, la communication orale et la communication écrite ont subi une évolution bien différente et dépendaient – au moins d'une part – des faits externes bien différents. L'histoire de l'écriture comprend aussi l'histoire de la mise en écrit du parlé.

Les résultats de ces processus sont observables et dans la prononciation et dans la graphie, dans la morphologie et dans la syntaxe aussi bien que dans le lexique, mais aussi dans les marques stylistiques générales et dans le style individuel. De plus, il sera nécessaire de renvoyer particulièrement aux faits sociaux et culturels si importants pour l'évolution du français. La mobilité des locuteurs, leurs conditions de vie, leurs savoirs et la manière et la mesure de leur participation à la communication sociale sont à prendre en compte autant que la situation dans les domaines de l'éducation, de la science et de la technique, de la religion, de la littérature, des médias.

D'un autre côté, les recherches en histoire de la langue mentionnent souvent l'insuffisance des sources disponibles. Certaines, particulièrement celles de la préhistoire et des périodes plus anciennes de l'histoire de la langue française, ne sont qu'insuffisamment connues. Un aperçu sommaire de la simultanéité des aspects internes et externes dans l'histoire de la langue française se retrouve chez G. Eckert (1990), l'histoire complète est développée dans J. Picoche & C. Marchello-Nizia (1994), M. Perret (1998) et J. Klare (1998).

- **LECTURE**
  L'histoire externe du français en France.
  J. Picoche/C. Marchello-Nizia (1994) : *Histoire de la langue française.* pp. 11-40, 181-372.

Pour plus de clarté, nous séparerons la description du procès continu des transformations historiques au cours des siècles de celle des transformations linguistiques proprement dites. Nous commencerons toujours par assurer la compréhension des changements globaux jusqu'au français moderne. Nous introduirons la terminologie nécessaire, afin de donner un aperçu de l'histoire de la langue française, mais davantage sous l'aspect externe. Ce n'est qu'après que nous examinerons plus en détail les transformations linguistiques aux niveaux les plus importants. A l'aide des exemples caractéristiques on verra ainsi comment le système phonétique, la morphologie, la syntaxe et le lexique, en commençant par le latin vulgaire, ont changé, comment une langue autonome, le français, a évolué et comment cette langue a pu s'adapter aux exigences communicatives, elles aussi en évolution, jusqu'à nos jours.

2. Les sources latines, celtiques et germaniques

Le français est une des langues romanes, certains disent aussi néo-latines [→ **chap. 2**]. Son histoire commence donc par le latin, bien avant la naissance du royaume des Francs. Mais comme ceci est le cas de toutes les langues néo-latines[1], on considère l'évolution des langues spécifiques sous l'aspect territorial, de sorte que l'histoire du français n'est finalement rien d'autre que l'histoire du latin sur le territoire où le français moderne a pris son essor et suivi son cours.

Les Romains ont appelé une grande partie de ce territoire « la Gaule » et ses habitants « les Gaulois ». Le nom d'origine des groupes ethniques qui habitaient ce territoire ainsi que les îles britanniques est « Celtes », leur langage est une forme du « celtique ». Déjà avant la conquête et la colonisation de la

---

[1] Espagnol, italien, portugais, roumain, (les) rhéto-romain(s), catalan, occitan entre autres.

Gaule par les soldats, artisans, marchands, journaliers et fonctionnaires romains, existaient des contacts entre les Romains et les Celtes.

Mais c'est particulièrement cette colonisation et le peuplement romain de la Gaule, en conséquence des expéditions militaires de l'Empire Romain (entre 123 av. J.-C. et 50 av. J.-C.) ainsi que la coexistence généralement pacifique entre Romains et Gaulois qui ont mené à un contact linguistique très étroit qui, finalement, a fait que les Gaulois ont appris le langage des Romains dans les écoles romaines, au service militaire ou dans leurs rapports quotidiens et, à travers plusieurs générations, l'ont maitrisé si bien qu'ils ont abandonné bientôt entièrement leurs propres idiomes.[2]. De cette manière, ils assuraient en même temps leur existence économique et étaient résorbés dans une population commune de la Gaule. On appelle cette première phase de l'évolution linguistique la phase gallo-romaine, la langue qui se forme est le GALLO-ROMAIN. Les derniers locuteurs du celtique en Gaule de l'époque disparaissent à la fin du VIème siècle.

Le latin parlé des soldats romains, des fonctionnaires et des colons n'est pas identique au latin classique qu'on écrivait, tel qu'il nous a été légué dans les écrits des poètes, orateurs, hommes politiques et historiographes romains. Il s'agit plutôt des variétés orales qui se distinguaient beaucoup du latin formel, entre autres dans la façon de le prononcer et dans le vocabulaire. La raison en était non seulement le bas niveau d'éducation des locuteurs, mais bien sûr aussi le manque de normes homogènes pour le latin parlé (orthographe, grammaire, prononciation), la provenance diverse des colons (ils ne venaient pas tous du centre de l'empire romain) et les conditions de communication fondamentalement différentes entre langage parlé et écrit (par ex. la spontanéité, le caractère dialogique de la communication directe, la brièveté, le caractère imagé, la simplicité et souvent l'incorrection du parlé selon la norme [→ chap. 3.4]). On désigne le latin parlé aussi du nom de LATIN VULGAIRE qui veut dire « latin populaire », donc le latin utilisé tous les jours par la population de l'empire romain.

Exemple :
Le système vocalique du latin fut simplifié. Les voyelles latines étaient ou longues ou brèves, le vocalisme du latin vulgaire ne connait plus ces distinctions de quantité, mais en crée d'autres, de qualité, tout en simplifiant le système :

---

[2] Nous préférons ce terme à celui de langue, car il fait mieux appel à la diversité dont se sont exprimés les multiples tribus et individus celtiques.

Deux des trois diphtongues encore en usage en latin classique deviennent simple voyelle en latin vulgaire : *ae* > e, *oe* > e.

Les locuteurs ne se servirent pas de toutes les possibilités morphologiques, quelques-unes furent simplement paraphrasées, telles le futur ou le plus-que-parfait des verbes :

habeo cantare   > cantare habeo   > AF[3] chantaraio > chanterai ; au lieu de cantabo
cantatu habebam > AF avea chantet > avais chanté ; au lieu de cantaveram

L'abondance des formes du substantif latin par ex., due aux différents types de déclinaison en nombre et genre, se perd au profit de tournures prépositionnelles se substituant peu à peu aux cas devenus, à la suite de modifications phoniques, ambigus ou désuets.

Dans le vocabulaire, prévalait la tendance à l'utilisation des mots concrets et clairs, affectifs et métaphoriques, souvent aussi diminutifs :

au lieu de :		**on a**	
caput	(vivant en FM : *couvre-chef*)	testa	('coquille dure', FM *tête*)
scire	(vivant en : *science*)	sapere	('gouter', FM *savoir*)
domus	(vivant en : *dôme, demeure*)	casa	('cabane')
agnus		agnellus	('petit agneau')
auris		auricula	('petite oreille')
edere		manducare	('mâcher', FM *manger*)
pulcher		formosus	('bien formé')
		ou bellus	('mignon')

Plus que le latin classique de Cicéron, ou de Tite-Live ou de Tacite, c'est le latin vulgaire amené en Gaule et parlé là-bas qui forme la base du français moderne.

Au IIIème siècle, l'extension du christianisme commence. La diffusion orale de la doctrine chrétienne ainsi que les textes liturgiques se servaient du latin et contribuaient ainsi à son maintien et à sa consolidation.

Les Celtes ont néanmoins laissé des traces de leur langue dans le latin parlé.[4] Ils continuaient à utiliser leur termes, là où le latin n'avait pas de noms du

---

[3] AF = ancien français, FM = français moderne
[4] Selon certains historiens de la langue environ 60 mots dans le français moderne.

tout ou bien de peu satisfaisants. C'était surtout le cas là où les capacités des Celtes en comparaison avec celles des Romains étaient particulièrement remarquables : Les mots *tonneau, bonde, charpente, berceau, charrue, brasser* en témoignent, ainsi que l'ancien français *cervoise.* Leurs conditions de vie régionales se reflètent dans des mots comme *bourbe, lande, grève* et *bouc* et dans des noms de plantes et d'animaux qui sont également encore en usage aujourd'hui : *alouette, bec, blaireau, saumon, bouleau, bruyère, chêne, verne.*

Avant tout, beaucoup de TOPONYMES (noms de lieux) d'aujourd'hui sont d'origine celtique ou bien contiennent au moins des composants celtiques : *Beaune, Condé, Lyon, Laon, Melun, Meudon, Verdun.* Souvent, on y trouve aussi des noms de tribus celtiques : *Parisii > Paris, Bellovaci > Beauvais, Pictavi > Poitiers, Cadurci > Cahors, Catalauni > Châlons, Treveri > Trèves, Carnutes > Chartres, Tricasses > Troyes* et beaucoup d'autres.[5]

Pour le fait qu'une langue qui cède sur son territoire sous le poids de la langue des colonisateurs laisse toutefois des traces dans la langue adoptée, le linguiste italien G. I. Ascoli a créé le terme de SUBSTRAT. Donc, une « sous-stratification » celtique – si petite qu'elle soit – marque cette première étape d'évolution du gallo-romain. Elle ne s'étend cependant qu'à peine à des données phonétiques et grammaticales même s'il faut partir du fait que des particularités de la prononciation des dialectes celtiques avaient été transmises au latin (p.ex. déjà [y] au lieu de [u] dans *murus* (mur) et [ct] > [it] : [factum] > [fait]).

La datation exacte de la pénétration de tels mots dans le latin pose un problème. Il faut supposer qu'une partie des mots celtiques étaient déjà entrés dans le latin avant l'occupation de la Gaule, précisément à cause des contacts qui existaient déjà, sous forme d'EMPRUNTS.

Des exemples assurés en sont : lat. *carrus* ('chariot, charrette à quatre roues'), *camisia* ('chemise'), *bracae* ('pantalon', aujourd'hui encore dans 'braguette'). Ces mots sont panromains – se retrouvent donc dans toutes les langues romanes – et, par conséquent, ne peuvent pas être issus de la phase gallo-romane.

Le francique – les superstrats
De l'invasion, par les tribus germaniques à la suite de la chute de l'Empire romain d'Occident, de la Gaule romanisée s'ensuit de nouveau une rencontre de langues différentes. Tandis que d'autres tribus germaniques n'ont laissé quasiment pas de traces en Gaule, les Francs réussissent bientôt à étendre leur pouvoir politique et leur système féodal sur beaucoup de régions du pays. Bien sûr, les autochtones ne comprennent pas le francique et – à l'exception de quelques mots – ne l'adoptent pas. W. v. Wartburg, un des grands chercheurs

---

[5] Exemples que cite H.J. Wolf (1991) : p. 37.

romanistes allemands et grand diachronicien, suppose que la Gaule du nord sous le règne des Francs a été bilingue pendant 300 ans. Les souverains franciques et leurs subordonnés prenaient de plus en plus conscience de la nécessité de parler et d'agir dans le langage de la population. C'est ainsi qu'ils ont perdu en quelques générations le francique au profit du gallo-romain qui s'est développé et perfectionné. En particulier dans la partie centrale du nord du pays, leur vrai territoire de domination, une variante est cultivée qu'on appellera bientôt le « francien » et qu'on considère – documenté par les premiers grands témoignages littéraires – comme l'ancien français au sens strict. Dans cette langue, à vrai dire une parmi d'autres sur le territoire de la future France, on peut déceler de nombreux éléments franciques, dont quelques-uns ont subsisté jusqu'à nos jours. W. v. Wartburg a appelé de telles empreintes d'une nouvelle langue – qui cependant est abandonnée en tant que telle – suivant l'exemple de G. I. Ascoli : SUPERSTRAT[6]. Il y a donc dans le GALLO-ROMAIN, c'est-à-dire le bas-latin parlé en Gaule (qui n'était pas uniforme en Gaule non plus), mis à part les influences linguistiques moins importantes, un substrat celtique et un superstrat francique.

Pour trouver ces influences franciques, il faut ausculter d'abord le vocabulaire, par ex. les toponymes : *France* pour la Gaule franque, plus tard comme nom du pays ; des noms de villes dont la première partie est un nom de personne germanique, la deuxième par ex. *–ville* (allem. *–weil*), *–villiers* (allem. *–weiler*), *–court*, *–mont* etc. entre autres : Betto : *Bethonvilliers, Béthencourt*, Gabilo : *Guebwiller*, Girald : *Giraumont*, Radbald : *Ribeauvillé*, Aro : *Arronville*, Wido : *Gudmont* (noms actuels) ; en outre des mots des domaines cour, armée, fief, plantes et animaux, comme *jardin, salle, guise*, des verbes comme *héberger, garder, guérir* et quelques adjectifs de couleurs.

Dans le domaine phonétique aussi, des traces sont décelables. Le *h* aspiré remonte au *h* francique. Le [w] francique est encore longtemps perceptible dans la prononciation des mots avec *g*, et même là où la palatalisation s'était déjà faite bien avant. Le *v* latin est remplacé également par *w > g* : *vespa > guêpe*. Parmi les affixes qui servent à construire des mots, trois sont d'origine germanique : *–aud* (*rougeaud*), *–ard* (*vieillard*), *mé(s)* de *mis–* : *méconnaitre*.

En syntaxe, les quelques rares phénomènes se sont perdus, mais il demeure encore la réduction de la deixis latine en trois degrés (*hic – iste – ille*) à une deixis en deux degrés (ancien français : *cist – cil*, français moderne : *celui-ci – celui-là*).

---

[6] Ces deux termes, concepts importants des phénomènes de contacts linguistiques, sont largement reconnus et repris dans tous les ouvrages récents d'histoire du français. (voir G. Matoré 1985). La première apparition de substrat se retrouve dans une publication de G. I. Ascoli en 1864, celle de superstrat vraisemblablement déjà en 1932, mais surtout dans W. v. Wartburg, Die *Ausgliederung der romanischen Sprachräume*, publié en 1936 et revu dans un livre du même titre, Bern 1950.

Cependant, malgré ces divers phénomènes de substrat et de superstrat, la plus grande part du vocabulaire de la période gallo-romaine et francique ainsi que la structure linguistique dans son ensemble sont un héritage latin et, par conséquent, en portent les traces. Encore aujourd'hui, les mots les plus fréquents, les plus courts et les plus vieux appartiennent au fonds lexical héréditaire latin.

- **TRAVAIL 1 Document 1**
  Le latin vulgaire.
  G. Matoré (1985) : pp. 22-24.
  Vous lirez le document et vous définirez la nature de ce phénomène en l'illustrant par des exemples concrets.

3. L'ancien français

L'évolution ultérieure de la langue s'accomplit, comme auparavant, dans les conditions historiques spécifiques qui soumettent locuteurs, lecteurs et auteurs de textes en permanence à de nouvelles exigences.

Les facteurs qui déclenchent ou provoquent la modification progressive de la langue sont à chercher non seulement dans :

- le changement des conditions historiques : le partage, après le règne de Charlemagne, du royaume des Francs, lié à une conscience croissante de l'autonomie de la *Francia Occidentalis* envers le royaume des Francs de l'est et envers l'Italie, renforcement du pouvoir de la maison francique et sa centralisation en l'Ile de France ou Paris,
- les exigences communicatives : la compréhension du latin rétabli dans sa forme classique n'était plus garantie dans le peuple, de là entre autres une résolution du Concile de Tours en 813 qui recommande au clergé de traduire les sermons « *in rusticam linguam aut Theotiscam* », c'est-à-dire dans la langue populaire romaine ou germanique,
- mais également dans la langue elle-même.

Nous avons montré dans l'exemple de la conception de Saussure [→ chap. 1] que chaque coupe synchronique nous permet de reconnaitre le fonctionnement plus ou moins satisfaisant du système linguistique, où chaque élément à sa place et son rôle et où sa valeur est ainsi déterminée par une sorte de dépendance solidaire par rapport aux autres éléments. Avec le temps, de tels éléments peuvent changer leur place, leur fonction ou bien – dans le contexte du vocabulaire – leur signification ; par ex., quand il y en a d'autres qui s'y ajoutent ou qui se perdent, étant devenus inutiles. Chaque changement a, nécessairement, des conséquences immédiates sur une plus ou moins grande partie de son environnement, et l'augmentation quantitative de ces éléments change ainsi en permanence le système dans son ensemble. Ainsi une coupe synchronique postérieure, comparée à la précédente, montre les changements plus clairement qu'ils ne se révèlent à l'usager de la langue au moment de leur émergence. Ainsi, les causes internes et les causes externes se complètent-elles.

Le début de la période de l'ancien français est habituellement identifié avec les serments de Strasbourg, prononcés en 842, parce que c'est le plus ancien document officiel dans la langue populaire, la LINGUA ROMANA. Une telle coupure brusque étant dépourvue de sens, cela signifie simplement que le langage de l'époque s'était écarté si loin du latin classique qu'il est justifié de parler, déjà à cette époque, d'une présence simultanée de deux langues . La langue populaire s'était développée d'après des régularités structurelles dans tous les domaines (phonétique, orthographique, morphologique, syntaxique, lexical) qui lui étaient devenus propres, et elle fonctionna conformément à ces régularités. Le fait qu'on produisait de plus en plus des textes dans cette langue (ce qui venait du besoin de rester compréhensible devant le peuple) eut pour conséquence que le vocabulaire nécessaire à l'administration, la cour, l'église et leur littérature qui manquait dans la langue populaire fut emprunté au latin ou à d'autres langues. Avec cela, l'ancien français s'enrichissait, son autonomie et son prestige allaient grandissant.

L'étude de l'ancien français se fait aujourd'hui à travers les sermons, les *vitae de saints* (*Séquence de sainte Eulalie*, *Vie de saint Alexis*, etc.), tous des traductions du latin, les premiers poèmes, *La chanson de Roland* (fin du XIème siècle) et d'autres chansons de geste avec le « roman » grandiose de Chrétien de Troyes sur le roi Arthur. Or, tandis que dans les monastères, les *vitae* (vie de saints) furent traduites et rendues accessibles aux fidèles et pratiquants, les chansons de geste, étant chantées, servirent au divertissement du peuple et de la cour. Le soin de l'éducation resta pourtant presque toujours dans les mains de l'église, et le latin resta la langue des personnes cultivées. Certes, le centre de l'éducation élitaire deviennent, dans les siècles suivants, les universités (Paris en 1220) et les cours, et, comme nous le savons, non sans conflits avec l'église, mais les savants, les juristes et le clergé se servirent encore longtemps du latin. Nous remarquons encore aujourd'hui les effets de cette situation dans la pérennité des éléments latins et grecs dans lesquels nous puisons en permanence pour compléter et affiner nos terminologies scientifiques, techniques ou encore administrative ou juridique.

Au chapitre 4, nous avons retenu comme fondamentale la différenciation entre l'oralité et la textualité, les deux modes de communication et d'existence du langage. Or, il s'avère nécessaire de rappeler cette dichotomie pour expliquer le prestige et la propagation du francique. Cette propagation s'effectuait en premier lieu par l'écrit qui n'était pas seulement différent de l'oral (les dialectes parlés des diverses régions ou agglomérations), mais encore d'un poids et d'une force exemplaire bien plus grande et qui réunissait en outre des éléments de dialectes bien diversifiés. Les *scriptae* (témoignages graphiques) du langage d'alors pouvaient avoir ce rôle prestigieux grâce à leur diffusion, et grâce au fait que leur intelligibilité était mieux garantie.

L'ANCIEN FRANÇAIS (au sens large) était divisé en divers idiomes. On est arrivé à une classification approximative avec la constatation, faite déjà par Dante, que le mot de réponse affirmative « oui » représentait une des différences principales de toutes ces langues à l'état naissant : au sud on disait : « oc » (LANGUE D'OC), au nord on disait : « oïl » (LANGUE D'OÏL). Tandis qu'au sud de la future France, le provençal en tant qu'exemple pour l'art poétique et la vie courtoise rayonnait jusqu'en Italie, le pouvoir francique concentrait sa vie politique et culturelle sur l'Ile de France, c'est-à-dire la région parisienne. C'est de là que le langage de la cour en qualité de langue administrative et judiciaire dans la vie officielle, de langue du commerce, de l'éducation et de littérature, se répandit de plus en plus dans beaucoup de régions du pays et devint ainsi la langue littéraire de la cour, des personnes cultivées, des bourgeois, aussi dans les provinces (royaume, église, bourgeoisie deviennent les facteurs sociaux les plus importants de la standardisation proche). Mais, à part le latin, les dialectes de la langue populaire survivent aussi, car dans les villages et les villes, la communication quotidienne restait attachée aux habitudes et usages régionaux (et locaux) du langage.

A côté du francique rayonnèrent également le normand, le picard, le bourguignon et le lorrain. Le normand a joué un rôle assez important, semblable à celui du francique. Après la conquête des iles britanniques par Guillaume le Conquérant, duc de Normandie, ce dialecte réussit à s'y imposer, bien que dans une forme qui révèle la participation d'autres dialectes, c'est pourquoi on l'appelle plutôt anglo-normand. (Wolf 1991, p. 76). Une partie importante de la littérature ancienne française nait en Bretagne (Britannia).

L'évolution des idiomes vers de vraies langues ou encore leur "descente" vers un dialecte sous le toit d'une langue d'emploi de plus en plus globale et standardisée a suscité l'intérêt de beaucoup de chercheurs. Le concept le plus élaboré à ce sujet, nous le devons à H. Kloss qui a introduit les termes de « Ausbausprache » (langue par élaboration) et « Abstandsprache » (langue par distanciation). Z. Muljačić l'a appliqué au cas de l'italien et des langues voisines, et aux langues romanes en général et l'a complété par le terme de « lingua-tetto » (Dachsprache, langue-toit, voir BIBLIO). Selon ce concept, le francien était en voie d'élaboration au détriment d'autres idiomes pour enfin devenir, à la base de sa distance structurelle par rapport à d'autres langues de parenté également en élaboration (telle l'italien, l'occitan et le franco-provençal en territoire français) une langue de distanciation ; et une langue-toit pour les idiomes qui ne pouvaient pas remplir les critères de l'élaboration décrits par Kloss (ceux-ci externes, par exemple: forme d'existence écrite, dotée d'une norme grammaticale, en usage dans tous les domaines de la vie politique, culturelle, sociale y compris administration, sciences, médias).

La fin de la période de l'ancien français est marquée historiquement par la destruction de la culture provençale et des principautés du sud (croisades des Albigeois), par suite de quoi la langue provençale en tant que moyen de communication interrégional et concurrent du français est condamnée à l'insignifiance, et par le renforcement du pouvoir royal centralisé. Il est plus difficile de déterminer linguistiquement la frontière entre l'ancien français et le moyen français. Des recherches plus récentes affirment que la période du moyen français n'était pas seulement une période transitoire, dans laquelle les caractères distinctifs les plus importants entre l'ancien français et le français moderne disparaissent (par ex. le système des deux cas, le grand nombre des différents verbes « irréguliers », la prononciation des consonnes finales, les traits dialectaux), mais qu'elle représente aussi une coupure décisive dans la continuité de l'évolution linguistique. (Eckert 1990)

Pour illustrer le français d'antan, il faudrait d'un côté lire les textes de l'époque, de l'autre présenter les modifications intervenues depuis le latin vulgaire parlé en Gaule à tous les niveaux, du phonétisme à l'orthographe, du répertoire morphologique à la syntaxe, du style aux effets communicatifs, des types de textes existants au vocabulaire en permanente évolution. Nous retenons certains phénomènes qui peuvent aider à comprendre l'état actuel du français qui parait être si loin du latin, mais en est néanmoins un des héritiers. L'évolution du vocabulaire étant traité à part [→ § 5.6], nous nous bornerons à jeter un regard sur les autres unités linguistiques mineures et sur la grammaire.

Du point de vue diachronique (l'évolution dans le temps), deux perspectives sont possibles : soit on part du latin vulgaire (LV) et on observe ce qui se passe au cours de l'évolution progressive jusqu'aux différentes variétés parlées et écrites de l'époque de l'ancien français (AF) (symbole >), soit on se fixe sur ce qui se trouve réalisé dans l'ancien français pour se demander comment il est advenu (regard en arrière : symbole <). Nous allons adopter les deux perspectives, en fonction, à chaque fois, du type de changement que nous voulons mettre en relief.

3.1. Modifications du signifiant (phonie et graphie)

L'aspect phonique (acoustique et articulatoire) de l'AF n'est plus celui du latin parlé ni du LV en période gallo-romaine, mais non plus déjà celui du français moderne (FM). Cela tient en grande partie à des changements du vocalisme, car les voyelles sont les éléments les plus éminents, porteuses de syllabes et de forte sonorité. Celles qui portent l'accent de mot (en latin, langue paroxytone pour la plupart des mots[7]), subissent davantage des altérations, celles inaccentuées tendent à s'effacer (le –e final du FM étant, dans beaucoup de cas, le reste du –a final inaccentué du LV, ex. 2). Il était d'ailleurs assez rare que la syllabe accentuée d'un mot latin ne le reste pas, et jusqu'au FM, ceci notamment lié à deux phénomènes généraux : la modification des voyelles sous l'accent (ex. 1-4) et la perte des inaccentuées immédiatement avant (si ce n'est pas l'initiale) ou en finale (ex. 1, 3, 4). La conséquence en est que le français devient oxyton, l'AF étant en ce sens transitoire (à tendance oxytone) :

1	amare	> AF amer	> FM aimer
2	amat	> AF aimet	> FM aime
3	multum, LV molto	> AF moult	> FM –
4	LV civitatem	> AF civtet/citet	> FM cité

La présentation des mots est graphique, bien entendu. Cela peut paraitre incongru, car on sait que l'alphabet latin continua à fonctionner sans pour autant être en mesure de réagir aux modifications phoniques. D'où le décalage malheureux (pour l'apprenant surtout) entre l'orthographe et la prononciation du FM, cette dernière étant, historiquement parlant, récente, la première, par contre, ancienne, conservatrice [➔ chap. 6.2]. Mais en ce qui concerne l'AF, l'orthographe était encore assez près du parlé : on prononçait par exemple toute consonne écrite, même finale, et un groupement vocalique représentait soit une vraie diphtongue ou triphtongue soit une vraie suite de voyelles de sonorité autonome. AF *amer* (aimer) sonne [a`mɛʀ] et *aimet* (aime) [`aⁱmɛt]

Vocalisme

Les voyelles accentuées changent soit sous l'influence de l'entourage phonique, soit de façon plus ou moins spontanée (souvent due à un prolongement instinctif, automatique).[8] Ainsi :

un [i] dans la syllabe qui suit transforme   [e] > [i]
                                              [o] > [y] :

---

[7] Une langue paroxytone se caractérise par l'accent de mot sur l'avant-dernière syllabe. Le français, vu sous cet angle, est oxyton (dernière syllabe accentuée).

[8] On parle de « modification conditionnée » dans le premier, de « m. spontanée » dans le second cas.

LV mesi (< L misi)   > AF mis
LV foi (< L fui)   > AF fui,

une consonne nasale qui suit change en vélaire-dorsale et prépare ainsi le terrain à la future nasalisation de la voyelle (ex. 5, 6), si celle-ci est [a] ou [e] en syllabe ouverte, elle subit encore la diphtongaison (ex. 7, 8) :

5	LV vinum	> AF vin (le [n] se prononce [ŋ])
6	LV hominem	> AF omne (d'où FM : on)
7	LV panem	> AF pain (pron. : voir 5)
8	LV plenum	> AF plein (pron. : voir 5)

[i] ou [u] ou consonnes palatales dans la syllabe qui suit [e] ou [o] transforment ceux-ci en diphtongues [ie], [uo], les consonnes palatales elles-mêmes disparaissent ou seront vocalisées (cf. infra : consonantisme) :

LV decem   > AF dieis
LV postius   > AF puois   (FM puis)
LV locu(m)   > AF luou > lueu (FM lieu)

Les consonnes palatales (surtout [k]) devant [a] le changent en diphtongue [ie] :

LV carum   > AF chier   (se prononce [tʃiɛR])

Les voyelles accentuées, mais courtes en syllabe ouverte du latin devenues plus longues en AF subissent la diphtongaison (ex. 9-10, [i] s'est déjà transformé en [e] (ex. 11) :

9	LV bonus	> AF buons	
10	LV me	> AF mei	
11	LV fede	> AF feit	(FM foi)
	(< L fidem)		

[u] long devient [y], [i] long se conserve :

LV unus   > AF uns (pour le n cf. ex.5)
LV dico   > AF di

Les voyelles inaccentuées s'effacent (ex. 12), parfois déjà en LV (ex. 13), [a] en finale ou devant syllabe accentuée s'affaiblit en [e], parfois ce [e] sert de soutien phonique (ex. 14, 15) :

12	LV quando	> AF quant
13	LV domna	> AF domna
	(< L domina)	

14   LV bella   > AF bele
15   LV portaraio   > AF porterai

Mais elles ne sont pas vraiment inaccentuées en syllabe initiale (mots tri- et tétrasyllabiques par ex.), ainsi elles sont conservées (ex. 16, 17), parfois sous phonie modifiée (ex. 18-20) :

16   LV villanum   > AF vilain
17   LV dolorem   > AF dolour
18   LV fumare   > AF fumer   ([u] > [y])
19   LV auricula   > AF oreille ([au] > [o])
20   LV caballum   > AF cheval   ([ka] > [tʃe])

Consonantisme
A l'initiale, les consonnes se sont conservées, sauf les occlusives [g] et [k] dans certaines conditions (ex. 21-23), [s+cons.] (ex. 24) ainsi que [h], [kw] (ex. 25) et les germaniques [h] et [w] (ex. 26) :

21   [g,k] devant [o,u] sont restés tels quels :
      FM goutte   < AF gote   < LV gutta
      FM couleur   < AF colour   < LV colorem

22   [g] devant [e,i] a donné [dʒ], FM [ʒ]
      [k] devant [e,i] a donné [ts], FM : [s] :
      FM geler   < AF geler   < LV gelare
      FM cent   < AF cent   < LV centum

23   [g] devant [a] a donné [dʒ], FM [ʒ]
      [k] devant [a] a donné [tʃ] , FM : [ʃ] :
      FM jambe   < AF jambe   < LV gamba
      FM chose   < AF chose   < LV causa

24   [s+cons.] rendit la prononciation difficile, lorsqu'il y avait une consonne à la fin du mot précédent, d'où la prosthèse du *i* du LV, aujourd'hui *é* :
      FM école   < AF escole   < LV iscola   < L schola
      FM époux   < AF espos   < L sponsum
      FM épouse   < AF espose, mais : la spose < L sponsam

25   [h] disparait, [kw] a donné [k] :
      FM avoir   < AF aveir   < LV habere
      FM (re)quête   est un reste d'un verbe
                     < AF querre   < LV quaerere
26   Les consonnes germaniques :
      [h] disparait moins rapidement, son aspiration reste vivante :
      FM la haie   < FRANQ *haga

[w] fut interprété comme [gw] et a donné [g] :
FM guérir   < AF guarir, garir   < FRANQ warjan

En finale, les consonnes s'amuïssent ou disparaissent complètement, les nasales déjà en LV :

L murum   > LV muru   > AF mur
L nomen   > LV nome   > AF nom,

mais moins dans les mots monosyllabiques, et moins [R] :

L rem   > AF rien (n prononcé, voir ex. 5)
VL cor   > AF cuer   >FM : cœur

par contre [k,d(t)] se perdent :

L sic   > AF si
L ad   > AF a
bien que, dans certaines formes, [t] subsiste :
L portat   > AF portet, porte   > FM porte
L portavit   > AF portat   > FM porta

Encore plus compliquée est la situation à l'intérieur du mot, vu la diversité de l'entourage phonique possible. Illustrons celle des consonnes intervocaliques et de certains groupements consonantiques.

Tandis que [m, n, l, r, v] entre voyelles se conservent (ex. 27), [p, b] se transforment en fricative sonore [v] (ex. 28), par contre [t, d] se sonorisent d'abord graduellement pour tomber à la fin (ex. 29). On est donc devant une sonorisation croissante :

27   amare   > amer
       luna   > lune
       talentum   > talent
       hora   > ore
       lavare   > laver

28   LV sapere   > sabere   > AF saveir
       LV caballum   > AF cheval

29   L amata   > LV amada   > AF amede   (pron. : [-ðə])   > amee
       LV veduto   > AF vedu   (pron. v. supra) > veu

[g,k] vélaires s'effacent également :

Hugonem   > AF Hüon

securum   > AF seur   (FM : sûr)

mais, palatales, laissent pour trace [iz] ou [its] :

     placere   > AF plaisir   > FM en tant que verbe remplacé par plaire
     crucem   > AF croiz,

enfin, médio-palatales (devant [a]) tombent ce qui peut entrainer un groupement vocalique avec semi-voyelle :

     necare/negare   > AF neiier > noiier   > FM noyer
     necat/negat   > AF nieiet   > FM nie
     jocare   > AF joier   > FM jouer (pron. encore [ʒwe])

Si l'on rencontre des consonnes occlusives intervocaliques dans les mots du FM, il s'agit généralement d'emprunts, non de mots hérités, par ex. : *fidèle, nature, sécurité, fugace, local.*

Quant aux groupements consonantiques, mentionnons les cas suivants :

     simplification :   mittere   > AF metre
     (sauf -rr)   summa   > AF somme, some
     (cas de [rks, rps, mps, rmt])   porcus   > AF porcs, pors
                                  corpus   > AF corps, cors
                                  tempus   > AF tens
                                  dormit   > AF dormt, dort

     insertion de sons de   essere   > AF esre > estre
     transition (t, d, b) :   tenerum   > AF tendrum
                                  LV simulare   > AF semler > sembler

     chute de [n, r] :
     devant [s] déjà en LV :   pensare   > LV pesare   > AF peser (FM : peser,
                                                             penser)
                                  insula   > LV isola   > AF isle

     vocalisation :   FM fait   < AF fait, pr.[fait]   < L factum
                      FM saint   < AF saint, pr.[saint]   < L sanctum
                      FM roi   < AF reis, rois   < L rex, regis
                      FM dire   < AF dicre   < L dicere
                      FM autre   < AF altre   < L alterum

3.2. Modifications morphologiques

Les modifications les plus spectaculaires concernent la flexion des noms, adjectifs et verbes. Le riche système des types de déclinaison nominale latine déjà réduit en LV de 5 à 3 se trouve encore simplifié sous l'influence des changements phoniques. En AF il n'en restait que deux cas synthétiquement formés : le rectus (nominatif) et l'obliquus (accusatif), dans lequel convergent datif, accusatif et ablatif, l'obliquus devient à partir du XV/XVIème siècle la seule forme casuelle (réservant ainsi la marque du –s au pluriel) :

1ère déclinaison (les féminins du type en –a + le type consonantique) :

	sg.	pl.	sg.	pl.
R	porte	portes	citets	citets
O	porte	portes	citet	citets

2ème déclinaison (les masculins du type en –o + le type consonantique) :

R	murs	mur	maistres	maistre
O	mur	murs	maistre	maistres

3ème déclinaison (irrégulière) :

R	ber	baron	suer	serors
O	baron	barons	seror	serors

Il n'en reste que quelques noms issus du rectus (ainsi *fils* < *filius, traitre* < *traditor, chantre* < *cantor*). Pour les adjectifs, les transformations sont a peu près les mêmes : le système à deux cas réunit les divers types de déclinaison, l'obliquus devenant plus tard cas unique :

	masc. sg.	**fém. sg.**	**masc. pl.**	**fém. pl.**
R	purus > purs	pura > pure	puri > pur	purae > pure
O	purum > pur	puram > pure	puros > purs	puras > pures

Le très grand nombre de formes dites irrégulières du FM est le résultat d'une modification « régulière » du phonétisme, parfois aussi basé sur l'analogie, telles :

siccum		> AF sec
siccam		> AF seche (pr. : [sɛtʃə], v. ex. 23)
longum		> AF lonc (pr. : [–ŋk])
longam		> AF longe (pr. : [ŋʒə], plus tard en anal. au masc. : [–g]
vet(u)lu(m)	> VL veclu	> AF vieil (pr. : [–ɫ])
vet(u)la(m)	> VL vecla	> AF vieille
vet(u)lus	> VL veclus	> AF vieus

La postposition des adjectifs ne se multiplie qu'assez tard. Au XIIème siècle, les adjectifs ne se mettaient à droite que pour être mis en relief et portaient donc un accent plus fort par rapport au substantif. Mais ce n'est qu'au XVIIème siècle que le sens aussi se distingue selon la position.

Les formes synthétiques de comparaison du latin disparaissent presque complètement (il en reste *meilleur, pire, moindre, mieux, pis, moins,* les formes du type *postérieur, extérieur* sont empruntées plus tard). Le comparatif est paraphrasé à l'aide des intensificateurs *plus* ou *magis* (AF : *mais, mes, mai*).

Le paradigme verbal du latin s'est profondément transformé. Un grand nombre de catégories se perdent en route ou sont réunies à cause de la similitude des formes. Présent, imperfectum et perfectum, gardant leur prépondérance, sont maintenus, mais subissent également des pertes ou des analogies. Les désinences comme les thèmes du radical sont encore diversifiés[9] :

	AF			AF	
	aime	< amo		amons	< amamus
Sg. :	aimes	< amas	Pl. :	amez /-ts/	< amatis
	aimet	< amat		aiment	< amant

–ebam (–ibam) de l'imperfectum changent en –eva > ea > eie > oie, pour la 3ᵉ pers. s'emploie –oit, tandis que –abam produit –ove > –oe, mais ne s'impose pas.

habebat > VL aveva > AF avea > aveie > MF avoit

Beaucoup plus compliquées sont les transformations qu'a subies le perfectum, étant donné la diversité des radicaux du latin. Les conjugaisons des radicaux en –*a* et –*i*, mais aussi le type *dedi* se sont maintenues, pourtant en perdant certaines désinences de la personne et en se raccourcissant. Ainsi :

---

[9] A remarquer le schéma encore très actuel de l'alternance entre radical accentué (les 3 formes du singulier et la 3ème personne du pluriel) et les deux personnes du pluriel ayant, pour les irréguliers, un radical différent. D'autres exemples : 3ème pers. du sg. : claimet vs. 1ère pers. du pl. : clamons

levet	lavons
prieit > prie	prieiiens > proyons
set	savons

portavi	> portai	partivi	> parti
portavisti	> portas	partivisti	> partis
portavit	> portat	partivit	> partit
portavimus	> portames	partivimus	> partimes
portavistis	> portastes	partivistis	> partistes
portaverunt	> porterent	partiverunt	> partirent

On reconnait déjà les formes du passé simple actuel. Plus longue serait l'explication des formes dites irrégulières. Les suivantes, par exemple, se forment grâce à l'extension des types en *–ui* et *–vi*, telles :

eus < oi < habui (analog. à la 2e pers. habuisti > AF eus)
tins < tin < tenui (analog. à veni > venui > AF vin)
valus < valui
mus < *movui < movi
vis < vi(s) < vidi
fis < fi(s) < feci
dis < di(s) < dixi.

Les futura, le plusquamperfectum et les formes également synthétiques du passif vont disparaissant. Pour combler ces lacunes, on a recours, déjà en LV, a des périphrases formées au moyen des auxiliaires :

Sanatus sum/ eram/ ero.
(action vue de la perspective du patient, qui, plus tard se lit aussi comme état, naissance du passif analytique)

Habeo librum emptum.
(possession, qui, avec d'autres verbes, se lira bientôt comme action au passé, mais vue dans sa totalité :
Episcopum invitatum habet., naissance du passé analytique).

Cette réinterprétation due à l'exploitation croissante des auxiliaires mènera peu à peu (plus tard) à une réorganisation du système temporel et modal du français dont nous connaissons très bien certaines des conséquences les plus saillantes : la disparition du passé simple de la communication orale (remplacé par le passé composé) et sa revalorisation pour les nuances aspectuelles dans l'écrit, la naissance de plusieurs formes composées du passé et de plusieurs modes suppositifs (nom que trouve H. Yvon, (1958))[10] pour désigner le futur et le conditionnel à cause de leur valeur de potentialité qu'ils ont en commun) :

LV	portare habeo	> AF portaraio > FM porterai,	et, analogiquement
	veniraio	> venrai > FM (avec consonne glissante) viendrai	
LV	portare habebam	> AF portareie > FM porterais	

3.3. Quelques nouveautés dans la syntaxe

Parmi les modifications ou les vraies nouveautés, citons trois phénomènes d'envergure majeure:

(1) La substitution du datif et du génitif pour le nom par les groupements prépositionnels, déjà en usage en LV :

casa de patre meo au lieu de   casa patris mei (génitif)

et généralisé en AF (à l'exception, parfois, des noms propres). Les prépositions *de* et *ad* (> *a*, écrit plus tard *à*, pour le démarquer de la forme verbale *a* de *avoir*) perdent peu à peu, dans cette fonction substitutive au moins, leur signification « concrète » tout en gardant leur idée de base.

(2) L'apparition des articles encore inexistants en latin. Ils poursuivent l'idée de la deixis des démonstratifs latins d'où ils proviennent, mais l'indication plus ou moins accentuée du renvoi se perd au fur et à mesure de leur fréquence d'emploi croissante :

illi	> li		
illo	> lo	> le	
illa	> la	> le	FM : la
illos	> los	> les	
illas	> las	> les[11]	

Les démonstratifs – futurs articles –, en perdant leur relative autonomie, sont désormais proclitiques et de la sorte « raccourcis ».[12] D'où :

---

[10]Yvon, H. (1958) : « *Suppositif, subjonctif et conditionnel.* » Dans : *Le Français Moderne 26.* pp. 161-183.

[11]A découvrir également comment les trois autres grandes langues romanes ont pu parvenir à leurs articles définis respectifs.

[12]Sont proclitiques les mots inaccentués devant un mot de forte accentuation (parfois il y a même fusion), lorsque les deux forment un groupe syntagmatique, par ex. article + nom ou pronom objet + verbe. Le cas inverse s'appelle enclise (enclitique), par ex. les pronoms dans l'italien : *muoversi, fermati, leggendolo* etc. (se mouvoir, arrête, en le lisant), en AF la fusion de *ad lo* > *al*, en FM vocalisé : *au*.

pour un datif pluriel: a los (les) als > as, au 13ème anal. au singulier : aus (FM : aux)
sens local :   en los (les)> els > es   (en reste en FM : docteur ès lettres)

Autre trace de cette évolution : la fonction démonstrative des articles dans *de la sorte, à l'instant, alors (a l'ore)*.

L'article indéfini est encore rare en AF, d'où en FM les collocations du type : *c'est dommage, c'est chose difficile, sans doute, ne dire mot, je ne connais personne, faire signe, rendre service, il est professeur, noblesse oblige* etc.

(3) Les infinitifs étendent leur usage vers la substantivation, sont alors accompagnés de l'article. Souvent, à l'aide de prépositions, ils exercent les diverses fonctions syntaxiques :

> D'ome ocire est pichies grans.
> (Tuer un homme est un grand péché. **ou** C'est un grand péché de ...)
> Malvais oevre en moi ocire feriez.
> (En me tuant, vous feriez un mauvais acte.)
> J'ai vescu en trois sortes de condition depuis estre sorti de l'enfance.

4. Le moyen français

Dans la période du XIVème au XVIème siècle se manifestent des facteurs décisifs pour l'évolution linguistique ultérieure :

- La guerre de Cent Ans : en résulte le renforcement du pouvoir central du roi, suite à cela la reconnaissance de Paris en tant que centre, l'orientation culturelle et linguistique vers Paris ; Paris devient le lieu de standardisation/ normalisation.
- La mobilité de la population s'intensifie, l'espérance de vie baisse (conséquence de la guerre). Les dialectes se mêlent, l'usage du français est très individuel jusqu'aux incompréhensions et la langue elle-même se modifie assez rapidement. On éprouve alors le besoin urgent d'une standardisation.
- La conscience nationale croît, ce qui crée aussi une conscience linguistique nationale.
- L'invention de l'imprimerie permet une diffusion plus rapide et plus étendue des écrits et demande en même temps une fixation plus élaborée des règles orthographiques, ce qui contribue beaucoup à la standardisation de la langue.
- L'édit de Villers-Cotterêts (1539) amène la langue judiciaire française au sud, la Réforme et la Contre-réforme se servent du français (Calvin édite son écrit principal en 1541 d'abord en latin, puis en français ; 1523 le Nouveau Testament et 1535 la Bible paraissent en français).

C'est dans cette période que le français acquiert les traits qui le caractérisent encore aujourd'hui et qui l'éloignent tant de l'ancien français que du latin. Il est d'abord frappant de voir la multiplication immense des MOTS SAVANTS, c'est-à-dire de ceux qui sont empruntés au latin ou au grec. En les intégrant, la langue gagne beaucoup en expressivité, avant tout pour les savants et les gens de lettres, et elle est plus apte à mettre en péril le rôle prioritaire du latin dans les chancelleries (des tribunaux et de l'administration).

Les MOTS SAVANTS (on parle aussi de « formation humaniste ») sont directement dérivés du latin (ou du grec), donc ne sont pas hérités et n'ont pas eu d'existence permanente. Ils sont adaptés à l'état de la phonétique de l'époque de la dérivation, mais ont une apparence fortement latine : *causa* > *cause* ; à l'inverse du mot hérité : *chose.* Cette notion inclut également beaucoup de latinismes (ou grécismes) qu'on utilise encore aujourd'hui : *et cetera, idem, quasi.* Dans plusieurs cas se forment ainsi des DOUBLETS, et parfois, le mot hérité se perd plus tard (*esmer* du lat. *aestimare* ; *sotil* du lat. *subtilis,* encore ital. : *sottile*) au profit du mot emprunté (*estimer, subtile*) ou bien il gagne une nuance de signification qui n'est pas celle du mot savant (*hostel* plus tard 'auberge', 'hôtel', d'où la nécessité de *hôpital,* les deux issus du lat. *hospitalem* ; *frêle* et *fragile* du lat. *fragilis*).

- **TRAVAIL 2 [→ COR]**
  Les doublets étymologiques
  Cherchez, dans les listes proposées, à insérer les mots savants (dans 1°) et les mots héréditaires et savants correspondants au bon endroit dans 2° et expliquez les différences de signification.
  1°

mots héréditaires	*mots savants*
chose	
droit	
écouter	
entier	
frêle	
froid	
hôtel	
livrer	
menu	

nager	
parole	
peser	
raide	

2°

Mots latins	*mots héréditaires*	*mots savants*
blasphemare		
circulare		
dotare		
fabricum		
legalem		
mobilem		
nativum		
potionem		
singularem		
viridem		

A côté de la rénovation globale du lexique (environ 45% des mots ancien-français meurent au XIIIème siècle, encore 41% meurent dans les deux siècles suivants, plus la dite création lexicale), il y a des changements décisifs dans la morphosyntaxe et la phonétique qui, souvent, s'influencent mutuellement. A la fin de cette période, le français s'est réorganisé et prend pour l'essentiel déjà la forme d'aujourd'hui. Ce n'est qu'à ce moment qu'il prend les traits analytiques forts qui le caractérisent actuellement et qui le distinguent sensiblement des autres langues romanes. Ainsi, par exemple :

- la flexion des deux cas a disparu, la suite des mots devient l'indicateur de la fonction constituante des noms (sujet ou objet, d'où le « fameux » canon S-V-O) ;
- les nombreuses analogies dans le paradigme de conjugaison (y compris l'harmonisation des radicaux, [→ note 9]) et le fait que les consonnes finales ne se prononcent plus rendent le pronom sujet indispensable[13] ;

---

[13]Ce qui n'est pas le cas de l'espagnol ou de l'italien.

- l'article est d'usage, les indéfinis et les articles dits *partitifs* se forment ;
- les (pronoms) démonstratifs et possessifs forment un nouveau système ;
- les marqueurs du genre, du nombre, de la personne mais aussi de la signification diminutive et de la comparaison se déplacent vers la gauche (prédétermination)[14] ;
- monophtongaison ;
- élimination du hiatus ;
- comme il y a une forte tendance à la syllabe ouverte, les voyelles nasales actuelles commencent à se former.

5. Le français moderne
Le français parlé et écrit à partir du XVIIème siècle est appelé généralement NOUVEAU FRANÇAIS ou FRANÇAIS MODERNE. Mais certains de ses traits se sont déjà formés au XVIème siècle ou même avant. Tout essai de périodisation de l'histoire du français moderne va encore davantage à l'encontre du procès continu de la modification linguistique. Mais on peut se baser sur des aspects particuliers et sélectionnés (l'orthographe, le français littéraire, les terminologies, l'influence de l'oral sur l'écrit, l'histoire des textes et de la mise en texte, par exemple) pour en déceler des étapes évolutives.

De nouveau, le fort pouvoir central, alors absolutiste, avec la Cour, et la bourgeoisie – en tant que facteurs externes – doivent être considérés comme responsables des standardisations de la langue. L'Académie Française, créée par la Cour, y joue un grand rôle. Il faut rappeler les noms de Malherbe et Vaugelas.

- **LECTURE 1 Document 2**
  Vaugelas (1648) : *Remarques sur la langue française.*

En même temps, le français acquiert un nouveau rayonnement, une influence sur l'étranger, surtout grâce au règne des Bourbons et à la colonisation de l'Amérique, mais aussi grâce aux idées du Siècle des Lumières et de Descartes ainsi qu'à la Révolution française. La langue française gagne de plus en plus de terrain sur le latin et l'italien. En 1606, le premier dictionnaire sans latin, en 1690, la première encyclopédie importante sont édités [→ vol II]. D'autre part, une nouvelle divergence nait : celle entre la langue écrite (et en particulier la langue de la littérature) et la langue parlée, aussi bien au sens diaphasique (usage formel/ informel) et diastratique (couches lettrées, responsables de l'éducation/ couches inférieures de la population [→ chap. 3 et chap. 4]), qu'en ce qui concerne les moyens linguistiques eux-mêmes (diversité des deux codes).

---

[14]Là encore, les autres langues romanes ont préservé en grande partie leur marques finales (donc « à droite »).

Au cours de la Révolution, la politique linguistique redevient, mais d'une manière nouvelle, restrictive. Se bornait-elle auparavant en principe à régler le « bon usage » et à protéger et conserver la pureté[15] du vocabulaire dans les textes écrits (« bon goût »), elle prend maintenant comme objectif l'élimination des dialectes et une idéologisation dans l'esprit de l'idéal de l'égalité. Ceci se produit par exemple à travers l'enseignement, l'armée, la nouvelle structure administrative, la propagation des idéaux révolutionnaires, la nouvelle juridiction. En même temps, les tendances déjà existantes à adopter des NEOLOGISMES[16], pris aussi dans les terminologies techniques, politique et économie incluses, et, de plus en plus, empruntés à l'anglais, se renforce.

Il n'y a plus de modifications importantes dans la grammaire et la phonétique. Au contraire, nous avons affaire à de grands efforts de standardisation, qui s'accentuent encore au cours du XIXème siècle. On parle même d'une bureaucratisation de la grammaire et de l'orthographe. L'Académie, le Conservatoire et la Comédie Française servent de modèle pour la prononciation (par ex. concernant les règles de la liaison et de l'e-muet). En 1823, l'Académie prescrit un règlement de l'orthographe, l' « orthographe de cuisinière » (à éviter, bien sûr !) devient le slogan, quant à l'importance de l'orthographe dans le système social. Par suite du développement de l'enseignement (à partir de 1830, il y a l'école primaire, en 1886 l'introduction de « l'enseignement gratuit, obligatoire et laïque » et des matières nouvelles : les sciences physiques et naturelles) le besoin d'éducation augmente, la conscience de se servir de la langue conformément à une norme croît dans la population, et la dimension quantitative du vocabulaire d'usage est en croissance chez elle également. D'un autre côté, les grands changements dans la société moderne se manifestent aussi dans les textes et, par conséquent dans la langue littéraire : la relève de la noblesse par la bourgeoisie fonctionnaire et financière, l'industrialisation rapide, le rôle déterminant de l'argent, le parlementarisme, les ouvriers devenus conscients d'eux-mêmes, mais aussi un retour au passé, à la nature, aux traditions. Le « Une langue ne se fixe pas » de Victor Hugo (préface de Cromwell, 1827) est une profession de foi en faveur d'une langue vivante qui est ouverte à tout ce qui est nouveau. Les dialectes et les patois peuvent redonner le sentiment d'être chez soi et aider à s'identifier ou à se distinguer. Dans le vocabulaire de Balzac se reflète toute la diversité du siècle. Dans les romans de Zola, nous retrouvons la langue parlée, mais nous assistons aussi à la naissance d'une « écriture artiste » qui se sert de certains symboles, qui s'oriente vers la peinture et les sons ou bien même qui dissout les structures syntaxiques traditionnelles (Rimbaud, Baudelaire, les Goncourt, Huysmans, Proust).

---

[15]D'où les tendances puristes (terme de « purisme ») qui se poursuivent jusqu'à l'heure actuelle.
[16]Mots de création ou de formation nouvelle, significations ou dénominations nouvelles [→ vol. II].

Au XXème siècle, plusieurs essais pour réformer l'orthographe (étant donné qu'elle correspondait *grosso modo* à l'état de la phonétique du Moyen Âge) sont restés modestes, en revanche sont visibles un enrichissement énorme du vocabulaire et une revalorisation de la langue parlée. La parole de tous les jours avec son ouverture vers le familier et la langue écrite, quoique toujours bien distincts, se rapprochent sous l'emprise des mass media et des autres moyens de communication modernes.

Déjà au XIXème siècle, le français a commencé à perdre sa prééminence dans le monde en faveur de l'anglais. Ce déficit de prestige, le refoulement du français du domaine de la politique et de l'économie et de plus en plus aussi des relations scientifiques internationales et, d'un autre côté, l'assouplissement des normes par l'usage du français familier aussi dans quelques médias et généralement par la pénétration des particularités du français parlé dans la langue cultivée/standard sont souvent considérés comme la « crise du français ». Mais il ne peut en être question : le français d'aujourd'hui se montre à la hauteur de toutes les exigences communicatives, et les « infractions » à la norme, autant qu'elles ne gênent pas la compréhension, n'entrainent pas la destruction de la norme mais seulement son changement ou bien son adaptation aux nouvelles données. Ce qui est plutôt en cause, c'est le concept de langue universelle : fonction que s'était vu attribuer le français le long de son histoire à cause de son héritage latin (« le latin moderne » qui fournit les mots internationaux et le fond culturel), sa réputation de « clarté » et de beauté, sa diffusion (langue des diplomates, des souverains, des éducateurs, des artistes entre autres).

6. L'étymologie et l'évolution du sens
Le fait de considérer l'histoire d'une langue comme ayant subi l'influence d'un ensemble de facteurs externes et internes qui se conjuguent [→ chap. 5.1], s'applique le plus clairement à l'évolution du lexique. Remonter à l'origine des mots, chercher l'ETYMON (le mot d'origine) implique que l'on sache distinguer entre le sens, d'un côté, et, par là, la recherche de son évolution, à savoir comment le mot en question a pu se charger du sens et des sens qu'il a actuellement, et la forme, de l'autre, c'est-à-dire l'étude de ses transformations (graphématique, phonématique, morphématique) successives. Les deux trajets de recherches et de regards en arrière peuvent néanmoins se croiser, car les modifications sémantiques sont souvent dues à (ou, du moins, accompagnées de) changements sur le plan formel.

Si l'étymon (de forme) se retrouve dans le latin (classique ou vulgaire), ou bien dans les langues celtique ou franque (substrat et superstrats), on parle de MOT HEREDITAIRE, l'ensemble du lexique de ce type représente donc le FONDS HEREDITAIRE du français : c'est le cas des mots les plus usuels, mais de beaucoup d'autres aussi. Cela vaut également pour les cas où la signification du mot en question a été fort différente du sens actuel (ex. 30). De tels mots ont connu une vie continue dès le latin (ou bien encore antérieurement : le cas des mots grecs repris du latin ou emprunté, les mots celtiques), mais ont changé « en route » toujours de phonétisme, souvent de graphie et maintes fois de signification (ex. 31).

30	tête	< L testa 'tesson, débris d'une poterie', en LV déjà 'tête'
31	vie	< L vita
	fleuve	< L fluvius
	chef	< L caput /tête/, encore vivant en « couvre-chef »
	dette	< L debita (pl.) devenu nom féminin en AF, forme de L debere 'devoir'
	louer	< L laudare > LV lodare > AF loer

Il n'est pas rare que les mots latins ne passent pas directement au français, mais prennent un détour, leur survie étant bien romane, mais par exemple en s'installant dans l'italien ou l'espagnol ou l'occitan ou même dans plusieurs langues romanes, alors qu'ils se sont perdus en français (ex. 32) ou y gardent un sens tout autre (ex. 33). Certains vont même traverser la Manche (avec le normand) et passent dans l'anglais pour revenir plus tard (ex. 34). S'ils sont empruntés à ces langues par le français à n'importe quel moment de son histoire avec le sens qu'ils ont ailleurs, on a l'impression de retrouver la vieille parentèle. Ce sont néanmoins des EMPRUNTS, tout comme les emprunts à l'occitan (ex. 35), à l'arabe (ex. 36), à l'allemand (ex. 37) et à l'anglais ou anglo-américain (ex. 38).

32	ital. molto, esp. mucho, FM — , AF moult < LV molto < L multum
	ital. volgere, esp. volver, occ. volver, FM — (mais encore *voûte, vautrer, révolter* etc.) < L volvere
33	chétif < captivus /saisi, attrapé/, ital. cattivo (mauvais)
34	revue de l'angl. review /périodique mensuel des sciences ou métiers/ sens qui s'ajoute aux significations du mot français : EMPRUNT SEMANTIQUE
35	bastille, cabane, cap, escargot, muscat, truffe, auberge ...
36	amiral, coton, arsenal, matelas, hasard, girafe, alcool, algèbre, zéro ...[17]
37	butin, hutte, trinquer, vermouth, valse, zigzag, chope, quartz, hamster, halte ...
38	club, snob, impérialisme, meeting, leader, tunnel, boxe, match, ticket, confortable, chewing-gum, sandwich, shampooing. reporter, star, best-seller, suspens

[17]Les mots arabes, comme c'est le cas aussi pour d'autres emprunts, entrent en français souvent par la voie indirecte (via l'italien ou l'espagnol par ex.)

Le latin et le grec ancien étaient et restent une source intarissable pour emprunter. Ces emprunts ne sont souvent que des formations imitatives où l'on suit le modèle latin, leurs signifiants ont l'air latin, sont « latinisés » et ne peuvent pas présenter des traces de modifications formelles puisqu'ils n'ont pas pu les subir. Malgré cela, ils sont assimilés au français tel qu'il se présente au moment de l'emprunt. Ces « mots savants » ont servi à toutes les époques à enrichir le vocabulaire scientifique, technique, juridique, religieux, économique ou administratif. S'ils ne sont pas pris en entier, ils sont formés par voie de DERIVATION. Ainsi, avec les préfixes et suffixes grecs :

auto–, amphi–, archi–, hémi–, hydro–, hyper–, para–, syl–, sym–, syn–,
–bole, –bolie, –logue, –logie, – gène, – istre, –iatrie, –lit(h)e, –plasme, –therme, –tope

certains déjà utilisés en latin, on a su former, à travers les siècles, un très grand nombre de mots nouveaux, appelés NEOLOGISMES [➔ vol. II].
La DERIVATION constitue, avec la CONVERSION et la COMPOSITION (au sens propre des dérivations également, [➔ vol. II]), un procédé de formation de nouveaux mots par excellence dont a fait large usage le français : en 1680 est formé *cafétier*, 1685 *cafétière*, 1820 apparait *caféine*, 1865 *café-concert*, 1911 *décaféiner* et *décaféination* ; en 1790 nait *guillotine* d'après le nom de famille Guillotin, 1822 *diorama* remodelé selon *panorama*, 1988 *logiciel* utilisant le suffixe déjà répandu *–ciel*.

Il est souvent arrivé que les mots hérités (MH) soient alors doublés des mots savants (MS), car le mot hérité n'avait pas gardé son sens ancien et il en fallait un autre :

hospitalem   > MH hôtel (le sens de 'maison, auberge pour soigner les malades' se perd peu à peu), donc :
         > MS hôpital (assimilé) (les DOUBLETS : voir supra).

La liste des emprunts aux langues avoisinantes (les ADSTRATS) serait bien longue et reflèterait l'histoire des contacts qu'ont entretenus les Français avec les autres peuples. On comprendrait à travers l'histoire des mots et leur mise en contexte historique communicatif (qui est en même temps socioculturel) l'apport des autres cultures (et, par conséquent, des autres langues) à l'évolution culturelle de la France. Parmi les mots empruntés, il y en a qui ont été de nécessité, car la chose désignée était inconnue aux Français et cette lacune devait être comblée à partir du moment où elle avait obtenu une importance particulière pour le domaine auquel elle appartenait (tels *banque, bilan, risque, escompte* avec l'essor du domaine financier bien avancé en Italie). De nécessité aussi sont ceux qui ouvrent la perspective vers les cultures (allem. :

bourgmestre, burgrave, sabre, fifre, loustic déjà au Moyen Âge) et expériences étrangères (angl. : *parlement, vote, jury, comité, pétition, boycotter*), symboles de la curiosité, de l'ouverture de l'esprit et du progrès des sciences avec une internationalisation croissante jusqu'à l'heure actuelle (angl. : *télévision, paquebot, tonnage, interview, fax, modem, souris, e-mail, web*), de nécessité ceux également qui permettent de « peindre » de couleur locale ce qu'on a vu en dehors de la France (russ. : *pope, vodka, kolkhoz ;* esp. : *sieste, sarabande, toréador*) et tout ce qu'on veut soumettre à une recherche approfondie, y compris toutes les terminologies qui sont internationales et se composent, hors les latinismes ou grécismes déjà évoqués, de contributions de beaucoup de langues, souvent en fonction de la hauteur de maitrise du domaine à laquelle les nations sont parvenues (citons l'exemple de la musique inspiré par l'italien : *fugue, cantate, opéra, piano, libretto, allegro* etc.). De nécessité enfin ceux qui permettent d'introduire des nuances par rapport au mot déjà existant : ainsi *peuple* est doublé par l'italien *populace, salle* et *chambre* le sont par l'italien *salon, village* par l'allemand *bourg.*

En revanche, des mots comme *toubib* ou *snack(-bar)* peuvent paraitre comme un luxe tant qu'ils ne sont pas employés pour connoter ou rendre un texte plus expressif.

L'histoire des mots est, pour une très grande partie, l'histoire de l'évolution de leurs significations (**EVOLUTION DU SENS**). Les recherches lexicologiques et étymologiques à ce sujet se proposent de plus en plus de retracer non seulement l'apparition, la perte ou la modification de significations dans une unité lexicale prise isolément, en montrant, bien évidemment, toutes les conséquences dans le domaine lexical (ex. « ouïr », cité plus loin), mais essaient de reconstituer l'histoire de vastes champs sémantiques ou lexicaux assortie de l'étude des conditions de leur emploi.

L'apparition d'une nouvelle signification provoque un **ELARGISSEMENT DU SENS**, et tant que le mot ·en question garde ses autres significations, la **POLYSEMIE** s'accentue [→ **vol. II**]. Dans beaucoup de cas, il s'agit d'un vrai **TRANSFERT DE SENS**, en nait un sens figuré, métaphorique ou métonymique :

> *grève* **TRANSFERT METONYMIQUE** : 'sable' > 'plage de sable près de la Seine' > nom propre : Place de Grève, 'endroit ou les ouvriers sans travail se rassemblaient pour protester' > 'ne plus travailler pour protester'.

> *débarquer* 'sortir ou faire sortir de la barque' et *arriver* 'parvenir à la rive' reçoivent déjà en AF par association et transfert de sens la signification plus générale qu'ils ont aujourd'hui, le premier étant quand même encore davantage lié à l'idée de la sortie d'un navire, tandis que le second la perd totalement : **RESTRICTION DU SENS.**

couche, dérivé déverbal, avec le sens de 'lit' à la fin du XIIème siècle, s'applique au domaine géologique et à la peinture au XVIIème et en 1867 devient en plus une notion démographique et sociopolitique sans pour autant perdre complètement son sens primitif. Aujourd'hui, l'acception est encore plus large. Le sens primitif peut donc se perdre totalement, tel *riche* 'puissant' ou s'affaiblir devant le nouveau sens acquis, tels *comprendre* 'saisir qch. par les mains dans toute son étendue', d'où encore aujourd'hui : 'inclure'.

La perte de mots ou de significations est un facteur non seulement presque aussi fréquent que l'apparition de nouveaux mots ou significations, elle est aussi révélatrice pour l'histoire des mots, en particulier pour les procédés internes de la langue en évolution, tout comme pour l'histoire de la communauté communicative. La fin d'un besoin d'usage seule n'explique que *grosso modo* l'oubli de certains mots. Il faut se demander quelles en sont les circonstances. Le *lansquenet* et le *fléau* (outil du paysan) sont en effet dépassés à un moment donné, mais *l'ouïe* a continué à faire partie des cinq sens humains de perception, et malgré cela, le verbe *ouïr* (lat. *audire*) ne s'emploie plus, sauf en phraséologie (*j'ai ouï dire, j'ai appris par ouï-dire que...*), et a été remplacé par *entendre* ('tendre, porter son attention vers...') et doublé par *écouter* (du lat. *auscultare*, 'écouter', qui fournit d'ailleurs, comme mot savant, *ausculter*). Sa conjugaison et sa prononciation étaient-elles trop compliquées, sa forme et sa perception trop courtes, toujours est-il que son usage devenait de plus en plus rare, d'autant plus qu'un autre mot pouvait répondre à l'attente de sens.

Enfin, on peut prêter attention au sort des mots connotés : les connotations en usage spontané, conditionnées par le contexte d'usage, peuvent devenir de règle et entrer dans la structure sémantique du mot, ou, cas opposé, les connotations déjà fixées se perdent ou, autre cas possible : elles ne font que se créer par certains emplois contextuels. Selon que ces significations du second degré[18] évoquent une représentation mentale ou émotionnelle méliorative ou péjorative ou laissent transparaitre un registre particulier, on parle d'ENNOBLISSEMENT ou de DEGRADATION DU SENS :

patriote employé au XVème siècle pour /compatriote/, gagne plus tard avec le mot de haute valeur „patrie" son sens très positif

libertin est encore au XVIIIème siècle la personne qui se distingue par la libre pensée, en dehors des courants philosophiques ou idéologiques communément admis.

---

[18]Second degré renvoie à une sorte de hiérarchie, qui veut que la signification du premier degré soit le sens dénotatif ou, en terminologie sémasiologique, la signification référentielle ou extensionnelle.

Dans tous ces phénomènes, assez globalement passés en revue ici, on découvrira un petit nombre de principes fondamentaux liés à la diachronie et propres aux langues en général que nous allons résumer comme suit :

Les modifications aussi bien dans le fonctionnement de la langue en tant que moyen communicatif que dans les sous-systèmes jusqu'aux plus petites unités, se produisant au cours de son histoire, ont pour cause les transformations sociales, culturelles, politiques et mentales dans lesquelles sont impliqués ses usagers ou qu'ils engendrent eux-mêmes ; la façon dont ces derniers en parlent ou les écrivent est donc fondamentalement créatrice. Mais, de plus, elles sont, vues sous un autre angle, la conséquence directe de l'existence, à tous les moments, d'un système linguistique plus ou moins correct de fonctionnement, système qui est apte à réagir aux besoins communicatifs et cognitifs et susceptible de s'adapter de nouveau à n'importe quel tournant, à n'importe quelle modification ou perte. Ceci n'exclut pas le fait que les hommes, quelquefois, ont pu consciemment faciliter (ou compliquer) cette adaptation.

- **LECTURE 2 Document 3**
  Histoire de la langue française.
  F. Brunot (1966-79) : extrait tome III, pp. 2-9, *passim.*

- **TRAVAIL 3 [→ COR]**
  Vous vous informerez sur l'étymologie des mots suivants en consultant des dictionnaires étymologiques (cf. biblio.). Vous chercherez à trouver l'étymon, vous distinguerez, si possible, certaines étapes de la vie de ces mots en observant les modifications phonématiques, graphématiques et surtout sémantiques (de sens). Vous rédigerez une page explicative pour chaque mot en vous servant de la terminologie du chapitre.

  étoile, voler (« dérober *»), timbre, franchise, vaisseau, soldat, foie, meurtre, cassis, talent, noyer, travailler, cadeau, sergent, panier, réussir, sou, fauteuil, raid, intrigue, autocritique, boulevard.*

BIBLIOGRAPHIE DU CHAPITRE 5

Baumgartner, E. & Ménard, P. (1996) : *Dictionnaire étymologique et historique de la langue française.* Paris, Librairie Générale Française.
Bonnard, H. & Régnier, C. (1989) : *Petite grammaire de l'ancien français.* Paris, Magnard.
Bouffartigue, J. & Delrieu, A.-M. (1996) : *Etymologies du français : Les racines latines.* Paris, Ed. Belin. (1996) des mêmes auteurs dans la même collection : *Les racines grecques.*
Bruneau, C. (1969²) : *Petite histoire de la langue française.* 2 vol., Paris, Armand Colin.
Brunot, F. (1966–1979²) : *Histoire de la langue française des origines à nos jours.* t. I–XIII, (sous la direction de A. François et Ch. Bruneau) Paris, Armand Colin.
Buridan, C. (2000) : *Grammaire nouvelle de l'ancien français.* Paris, Ed. Sedes.

149

Eckert, G. (1990) : "Französisch: Periodisierung". Dans : *Lexikon der Romanistischen Linguistik.* (éd. par G. Holtus, M. Metzeltin, Ch. Schmitt) Bd. V,1, Tübingen, Niemeyer, pp. 816–829.

Garrus, R. (1996) :, *Etymologies du français : Les curiosités étymologiques.* Ed. Belin.

Greimas, A. J. (1992²) : *Dictionnaire de l'ancien français.* Paris, Larousse.

Klare, J. (1998) : *Französische Sprachgeschichte.* Sammlung Uni-Wissen. Stuttgart, Klett.

Kloss H. (1978²): *Die Entwicklung neuer germanischer Kultursprachen seit 1800.* Düsseldorf, Schwann..

Marchello–Nizia, C. (1995) : *L'évolution du français. Ordre des mots, démonstratifs, accent tonique.* Paris, Armand Colin.

Matoré, G. (1985) : *Le vocabulaire et la société médiévale.* Paris, PUF

Ménard, P. (1994) : *Syntaxe de l'ancien français.* Bordeaux, Briere.

Muljačić Ž. (1986): "L'enseignement de Heinz Kloss (modifications, implications, perspectives)". Dans: *Langages* 21 (n° 83), pp.53-63.

Muljačić Ž. (1988): "Emergence et génèse des langues romanes". Dans : D. Kremer (Ed.) *Actes du XVIIIᵉ Congrès International de Linguistique et de Philologie Romane, Université de Trèves (Trier) 1986.* Tome V, Tübingen, Niemeyer, pp. 186-191.

Perret, M. (1998) : *Introduction à l'histoire de la langue française.* Coll. Campus, Paris, Ed. Sedes.

Picoche, J. (1984) : *Dictionnaire étymologique du français.* Paris, Les Usuels du Robert

Picoche, J. & Marchello–Nizia, C. (1994³) : *Histoire de la langue française.* Paris, Nathan.

Vaugelas, C.F. de (1984) : *Remarques sur la langue françoise, utiles à ceux qui veulent bien parler et bien escrire.* Préface, Edition commentée, Neuchâtel,

Wartburg, W. v. (1928) : *Französisches Etymologisches Wörterbuch.* Bonn, Basel, 1961. (1992 revu et complété)

Wartburg, W. v. (1971¹⁰) : *Evolution et structure de la langue française.* Berne, Francke.

Wolf, H. J. (1991²) : *Französische Sprachgeschichte.* Heidelberg, Wiesbaden, UTB, Quelle & Meyer.

DOCUMENTS DU CHAPITRE 5

Document 1
Latin classique et latin vulgaire.
G.Matoré (1985) : *Le vocabulaire de la société médiévale.* pp. 20-26, *passim.*
Document 2
Remarques sur la langue française.
C.F. de Vaugelas (1648) : pp. 40-43, *passim*
Document 3
Histoire de langue française : Malherbe.
F. Brunot (1966-79) : pp. 2-9, passim.

Document 1
Latin classique et latin vulgaire.
G.Matoré (1985) Le vocabulaire et la société médiévale, pp. 22-24.

CHAPITRE II

Le latin vulgaire[1]

I LATIN CLASSIQUE ET LATIN VULGAIRE

Langue indo-européenne appartenant au rameau italique[2], le latin, d'abord langue du Latium, a cohabité avec deux parlers indo-européens, osque et l'ombrien, et avec une langue d'origine asianique, l'étrusque, à laquelle le latin a emprunté un certain nombre de termes. Fruste à ses débuts, le latin s'est enrichi rapidement sous l'influence du grec parlé en Italie du Sud : c'est par les Grecs que le latin a reçu par exemple les termes ...ent de l'huile et de l'olive (olivu, oleum). Quant à l'écriture introduite ...en le VIIe siècle, elle est d'origine grecque mais révèle une influence ...rusque.

Les plus anciens mots grecs avaient pénétré par le plèbe; plus tard, ...IIIe siècle av. J.-C., l'apport grec se manifestera dans la langue écrite et ...rée par l'intermédiaire de la Koinè. Le latin s'est rapidement disposé d'un vocabulaire abondant (51 290 mots recensés dans les Letteralii de Gra- ...nvitz).

I CARACTÈRES DU LATIN VULGAIRE

Comme aujourd'hui en français, le latin écrit se distinguait de la langue ...rlée qui variait elle-même suivant la classe sociale, le degré de culture, ...rigine ethnique, etc, cette séparation remonte certainement à une époque

ancienne. Le développement d'une littérature servant plus ou moins de modèle à une langue parlée « académique » va creuser le fossé, d'abord peu profond, qui séparait les deux moyens d'expression.

On emploie à tort le terme de « langue » pour désigner le latin vulgaire. Il s'agit en réalité d'un parler, utilisé en général par des gens incultes ou très peu instruits. C'est ainsi que des auteurs comme Cicéron distinguaient le sermo[3] urbanus, employé dans la littérature, les plaidoiries, etc. (et, d'une manière moins puriste dans la conversation de gens instruits), du sermo plebius (on dit aussi rusticus, quotidianus, vulgaris).

Moyen d'expression oral, le latin vulgaire « pourrant laissé des traces écrites soit chez les écrivains qui, comme Cicéron, utilisaient parfois dans leurs lettres une langue familière, soit chez des auteurs qui, comme Plaute et plus tard Pétrone, mettaient en scène des personnages peu cultivés, mais on relève surtout des formes vulgaires dans les inscriptions et les graffiti (ceux par ex. de Pompéi, antérieurs à 79 av. J.-C.), et dans des textes religieux écrits par des chrétiens peu instruits qui ne considéraient la latinité que comme un moyen de propager la foi. Citons parmi ceux-ci la relation d'un pèlerinage fait par une religieuse de la fin du IVe siècle, Peregrinatio ad loca sancta. Une autre source d'information (elle date probablement du IVe siècle) nous est fournie par un recueil de mots populaires accompagnés de la forme classique; cet ancêtre des glossaires du IXe siècle porte le nom d'Appendix Probi. On peut ajouter le Lex Salica, recueil de lois des Francs Saliens.

L'essentiel de nos renseignements proviennent non de ces textes, en nombre réduit, mais de la méthode comparative qui, depuis le début du XIXe siècle, en confrontant les différentes formes offertes par les langues issues du latin parlées dans la Romanie[4], a pu prouver que celles-ci n'étaient pas issues de la langue de Cicéron ou de Tite-Live, mais d'un parler populaire. C'est ainsi que la comparaison du français fi, de l'espagnol yo, du provençal fe, pourrait l'existence, non du latin classique ego (dont le g devrait se retrouver sous une forme quelconque dans les langues romanes), mais d'un latin vulgaire *eo résultant de la prononciation relâchée de ego. De même, le français vieil > vieux, l'italien vecchio, etc... ne s'expliquent pas par le classique vetulus mais par une forme populaire veclus signalée d'ailleurs par l'Appendix Probi.

---

3. Serme peut signifier « langue » ; Cicéron parle d'un latinus serme, mais le mot a le plus souvent du temps le sens de « conversation, manière de s'exprimer ».
4. La Romanie est opposée de la IVe siècle apr. J.-C. à la Barbarie (pays non latinisés). Repris au XIXe siècle par les linguistes, le terme désigne l'ensemble des territoires d'Europe et d'Afrique du Nord latinisés par les conquêtes romaines.

---

1. Comme le remarque V.Iskhanov (Introduction) et d'autres latinistes, l'épithète de « vulgaire » paraît à équivoque : il vaudrait mieux dire « latin populaire », mais le terme de « vulgaire » consacré.
2. Peut-être associé d'abord au rameau celtique, cette théorie est très contestée.

[.]

3. Caractères du vocabulaire

Dans le domaine lexicologique, le latin populaire se distingue de la langue écrite par un certain nombre de traits.

1° Par la pauvreté sémantique. Beaucoup de mots abstraits, savants ou non, ont disparu en latin populaire. Certains ont été récupérés sous forme d'emprunts savants, notamment en moy. franç. Le nombre des pertes atteint plusieurs milliers.

2° Par l'abandon des formes anomales dont la flexion présentait des difficultés. Ainsi le verbe *fero* « je porte », dont la conjugaison était très irrégulière, a été remplacé en latin vulgaire par *porto* (inf. *portare*) « transporter ». De même le classique *os*, mot d'une déclinaison assez rare, a fait place à *bucca* > bouche, qui désignait « la joue ».

3° Par l'abandon de mots trop courts, exposés à la collision homonymique. A *os*, on pourrait ajouter beaucoup de substantifs comme *aes* « bronze », *spes* « attente », *ira*, et *dare*. Il en est de même des mots-outils souvent monosyllabiques, pourtant très employés : *ni*, *sed*, *vel*, *ita*, *ergo*, etc.

Pour la même raison le latin vulgaire va éviter l'homonymie : *bellum* « guerre », qui se rencontre avec *bellum* « beau », est remplacé par un mot germanique. *Omnis* entrant en collision avec *hom(i)nes* est éliminé.

4° Par la préférence accordée (comme en français populaire) aux termes affectifs; le mot français « genou » ne remonte pas au classique *genu*, mais au diminutif vulgaire *genuculum*; *senex* est remplacé par *vetulus* « petit vieux ». *Magnus* et *parvus* laissent la place à des termes plus concrets : *grandis* et *petitus*. A cela, il faut rattacher les créations métaphoriques expressives qui portent notamment sur les parties du corps : le mot *testa* « vase de terre, coquille » a pris en latin populaire le sens de « tête » (cf. en fr. bouille, citrouille, etc.) en éliminant *caput* (anc. franç. chef); *gamba* « paturon du cheval » s'applique à la jambe de l'homme; *pellis* « peau de bête » remplace *cutis*.

5° Par des sémantismes nouveaux aboutissant à une spécialisation ou à un rétrécissement de sens. *Collocare* « placer » prend le sens de « coucher »; *necare* « tuer » se spécialise et signifie « noyer ». La Christianisation s'étant opérée par les milieux urbains, *paganus* « campagnard » prend le sens de « non chrétien » (fr. *païen*). Élargissement ou généralisation se manifestent encore dans des mots comme *infans* « enfant » > enfant; *tripalium* « instrument de torture », qui remplace *labor*; *causa* se substitue à *res* « une chose »; *hostis* « ennemi public » désignera « une armée » (anc. franç. *ost*), etc.

6° Par des créations internes. On citera seulement les noms abstraits en -*itas*, -*itatem* : le classique *amicitia* devient **amicitas* en latin vulgaire, d'où l'anc. franç. *amitié*.

7° Par des emprunts, surtout au grec populaire (il s'agit de produits ou objets : *butyrum* « beurre », *encaustum* « encre », *kamara* > *camera* > chambre), mais aussi au celtique (*alauda* > alouette, *betulla* > bouleau), ou au germanique (*burg*, *suppa* > soupe, etc.).

[...]

Il est possible aujourd'hui, de distinguer les zones dans lesquelles ces Barbares se sont établis. C'est ainsi que von Wartburg a pu dresser une carte des noms de lieux burgondes[1] qui nous renseigne sur l'étendue de l'empire que ces Barbares avaient créé de 443 à 480 dans le territoire qui sera la Bourgogne. L'invasion des Germains a abouti à une occupation politique et économique, mais aussi, en ce qui concerne les Francs et les Alamans, à une pénétration ethnique. Les Francs ont germanisé la région rhénane et les pays qui resteront flamands, et ils se sont installés solidement dans le nord et l'est du pays et dans le domaine qui prendra leur nom (au nord de Paris) et qui sera étendu à tout le pays : la France. L'influence burgonde, a déterminé plus tard, entre les dialectes du Nord et du Midi, l'existence d'une zone franco-provençale pourvue de caractères linguistiques particuliers; les Alamans ont imposé leur langue en Alsace et en Suisse. L'occupation du Sud-Ouest par les Wisigoths a eu des effets beaucoup moins durables.

L'apport du francique, qui est considérable, se manifeste dans la phonétique, dans la morphologie, dans la syntaxe, mais surtout dans la toponymie. Il ne sera fait allusion ici qu'au vocabulaire.

Document 2

C. F. de Vaugelas, Remarques sur la langue françoise, utiles à ceux qui veulent bien parler et bien escrire. Préface, Neuchâtel 1984, pp. 40-43:

II. — 1. De l'Usage qu'on appelle le Maistre des langues. — 2. Qu'il y a un bon, et un mauvais Usage. — 3. La definition du bon. — 4. Si la Cour seule, ou les Autheurs seuls font l'Usage. — 5. Lequel des deux contribuë le plus à l'Usage. — 6. Si l'on peut apprendre à bien escrire par la seule lecture des bons Autheurs, sans hanter la Cour. — 7. Trois moyens necessaires, et qui doivent estre joints ensemble pour acquerir la perfection de bien parler et de bien escrire. — 8. Combien il est difficile d'acquerir la pureté du langage, et pourquoy.

1. Pour le mieux faire entendre, il est necessaire d'expliquer ce que c'est que cét *Usage*, dont on parle tant, et que tout le monde appelle le Roy, ou le Tyran, l'arbitre, ou le maistre des langues; Car si ce n'est autre chose, comme quelques-uns se l'imaginent, que la façon ordinaire de parler d'une nation dans le siege de son Empire[1], ceux qui y sont nez et élevez, n'auront qu'à parler le langage de leurs nourrices et de leurs domestiques, pour bien parler la langue de leur pays, et les Provinciaux et les Estrangers pour la bien sçavoir, n'auront aussi qu'à les imiter. Mais cette opinion choque tellement l'experience generale, qu'elle se refute d'elle mesme[2], et je n'ay jamais peu comprendre, comme un des plus celebres Autheurs de nostre temps a esté infecté de cette erreur[3]. 2. Il y a sans doute deux sortes d'*Usages, un bon et un mauvais*. Le mauvais se forme du plus grand nombre de personnes, qui presque en toutes choses n'est pas le meilleur[4], et le bon au contraire est composé non pas de la pluralité, mais de l'élite des voix, et c'est veritablement celuy que l'on nomme le Maistre des langues, celuy qu'il faut suivre pour bien parler, et pour bien escrire [13] en toutes sortes de stiles, si vous en exceptez le satyrique, le comique, en sa propre et ancienne signification[5], et le burlesque, qui sont d'aussi peu d'estenduë que peu de gens s'y adonnent. Voicy donc comme on definit le bon Usage. 3. *C'est la façon de parler de la plus saine partie de la Cour, conformément à la façon d'escrire de la plus saine partie des Autheurs du temps.* Quand je dis la Cour, j'y comprens les femmes comme les hommes, et plusieurs personnes de la ville où le Prince reside, qui par la communication qu'elles ont avec les gens de la Cour participent à sa politesse. Il est certain que la Cour est comme un magazin, d'où nostre langue tire quantité de beaux termes pour exprimer nos pensées, et que l'Eloquence de la chaire, ny du barreau n'auroit pas les graces qu'elle demande, si elle ne les empruntoit presque toutes de la Cour. Je dis *presque*, parce que nous avons encore un grand nombre d'autres phrases, qui ne viennent pas de la Cour, mais qui sont prises de tous les meilleurs Autheurs Grecs et Latins, dont les despoüilles font une partie des richesses de nostre langue, et peut-estre ce qu'elle a de plus magnifique et de plus pompeux. 4. Toutefois quelque avantage que nous donnions à la Cour, elle n'est pas suffisante toute seule de servir de reigle, il faut que la Cour et les bons Autheurs y concourent, et ce n'est que de cette conformité qui se trouve entre les deux, que l'Usage s'establit.

5. Ce n'est pas pourtant que la Cour ne contribuë incomparablement plus à l'Usage que les Autheurs, ny qu'il y ayt aucune proportion de l'un à l'autre; Car enfin la parole qui se prononce, est la premiere en ordre et en dignité, puis que celle qui est escrite n'est que son image, comme l'autre est l'image de la pensée. Mais le consentement des bons Autheurs est comme le sceau, ou une verification, qui authorise le langage de la Cour, et qui marque le bon Usage, et decide celuy qui est douteux. On en voit tous les jours les effets en ceux qui s'estudient à bien parler et à bien escrire, lors que se rendant assidus à la lecture des bons Ouvrages, ils se corrigent de plusieurs fautes familieres à la [14] Cour, et acquierent une pureté de langage et de stile, qu'on n'apprend que dans les bons Autheurs⁴. Il suffira donc, dira quelqu'un, de lire les bons livres pour exceller en l'un et en l'autre, et les Provinciaux ny les Estrangers n'auront que faire de venir chercher à la Cour ce qu'ils peuvent trouver dans leur estude plus commodément et en plus grande perfection. Je respons que pour ce qui est de parler, on sçait bien que la lecture ne sçauroit suffire, tant parce que la bonne prononciation qui est une partie essentielle des langues vivantes, veut que l'on hante la Cour, qu'à cause que la Cour est la seule escole d'une infinité de termes, qui entrent à toute heure dans la conversation et dans la pratique du monde, et rarement dans les livres; 6. Mais pour ce qui est d'escrire, je ne nie pas qu'une personne qui ne liroit que de bons Autheurs, se formant sur de si parfaits modelles, ne peust luy mesme devenir un bon Autheur; et depuis que la langue Latine est morte, tant d'illustres Escrivains qui l'ont fait revivre et refleurir, l'ont-ils peu faire autrement? Le Cardinal Bembo à qui la langue Italienne est si redevable, et qui n'a pas terni l'esclat de sa pourpre parmy la poussiere de la Grammaire, a observé, que presque tous les meilleurs Autheurs de sa langue, n'ont pas esté ceux qui estoient nez dans la pureté du langage⁷, et cela par cette seule raison, qu'il n'y a jamais eu de lieu au monde, non pas mesme Athenes ny Rome, où le langage ait esté si pur, qu'il ne s'y soit meslé quelques defauts⁸, et qu'il est comme impossible, que ceux à qui ils sont naturels n'en laissent couler dans leurs escrits; Au lieu que les autres ont cet avantage, que se deffiant continuellement des vices de leur terroir, ils se sont attachez à des patrons excellens qu'ils se sont proposez d'imiter, et qu'ils ont souvent surpassez prenant de chacun ce qu'il avoit de meilleur. 7. Il est vray que d'adjouster à la lecture, la frequentation de la Cour et des gens sçavants en la langue, est encore toute autre chose, puis que tout le secret pour acquerir la perfection de bien escrire et de bien parler, ne consiste qu'à joindre ces trois [15] moyens ensemble. Si nous l'avons fait voir pour la Cour et pour les Autheurs, l'autre n'y est gueres moins necessaire, parce qu'il se presente beaucoup de doutes et de difficultez, que la Cour n'est pas capable de resoudre, et que les Autheurs ne peuvent esclaircir, soit que les exemples dont on peut tirer l'esclaircissement y soient rares, et qu'on ne les trouve pas à point nommé, ou qu'il n'y en ait point du tout. 8. Ce n'est donc pas une acquisition si aisée à faire que celle de la pureté du langage, puis qu'on n'y sçauroit parvenir que par les trois moyens que j'ay marquez, et qu'il y en a deux qui demandent plusieurs années pour produire leur effet; Car il ne faut pas s'imaginer que de faire de temps en temps quelque voyage à la Cour, et quelque connoissance avec ceux qui sont consommez dans la langue, puisse suffire à ce dessein. Il faut estre assidu dans la Cour et dans la frequentation de ces sortes de personnes pour se prevaloir de l'un et de l'autre, et il ne faut pas insensiblement se laisser corrompre par la contagion des Provinces en y faisant un trop long sejour⁹.

Document 3

F. Brunot, Histoire de la langue française des origines à nos jours, t. III, première partie, pp. 2-9:

En 1605, Malherbe fut présenté à la Cour, et les choses changèrent. La réaction, un peu vague jusque-là, achève de se dessiner, elle avait trouvé un chef.

Peu d'hommes ont été mieux faits que celui-là pour prendre la direction d'un mouvement. Sans respect d'aucune sorte, même pour les gloires les mieux assises, d'une brusquerie native, à laquelle il ajoutait encore par calcul, gardant dans sa maturité l'humeur agressive des débutants, il eût été, même pour des adversaires solides et organisés, un ennemi redoutable ; l'ombre de la Pléiade et Desportes vieilli ne l'empêchaient pas devant lui. En outre, ce qui en faisait un révolutionnaire complet, il était doué non pour détruire seulement, mais pour reconstruire. A peu près en pleine possession d'un talent qu'il avait fortifié et corrigé longtemps par un travail réfléchi, de ces principes qu'il avait appliqués lui-même à un art où jusque-là on n'avait guère compté que sur la fantaisie, confiant dans la valeur de son esprit et de sa méthode jusqu'à l'orgueil, il apportait deux choses essentielles à un maître : une doctrine et l'assurance nécessaire pour l'imposer. [. . .]

Qu'on doive écrire en français et non plus en latin, ce n'est plus une question pour Malherbe. A l'Université quiconque parle français est passible du fouet. Sur le Parnasse, Malherbe eût voulu qu'on établît la règle inverse et que les latiniseurs fussent passés par les verges (cf. II, 91). Mais précisément il lui paraît si simple qu'on use en tous les genres de la langue nationale, qu'il n'en subordonne l'emploi à aucune condition préalable.

Ses prédécesseurs avaient déclaré la langue pauvre et cherché à l'amplifier; il la juge, lui, assez et même trop riche, et s'étudie à l'épurer. Sur ce premier point essentiel, il les renie complètement; ils avaient rivé d'une règle, lui aussi en veut une, mais il la veut obligatoire, et ici il continue les hommes de la Pléiade en les dépassant, si bien qu'il en arrive presque à se mettre, là aussi, en contradiction avec eux. Son avènement marque un changement complet de régime pour le langage comme pour les lettres.

ÉPURATION DU VOCABULAIRE. — Pour Malherbe, le principal mérite d'un écrivain, mérite auquel on doit subordonner mais même sacrifier tous les autres, consiste à écrire avec pureté. Il existe une règle du langage, elle s'applique à tous sans exception; personne, pas même le roi, n'a le droit d'y rien changer; aucun écrivain, pas même le poète, ne peut s'en licencier; loin que les pré-

tendues licences soient quelquefois une grâce, aucune nécessité ne saurait les excuser. *Règle infaillible, faute sans réplique*, ces formules reviennent constamment sous la plume de Malherbe ; elles disent assez combien les temps avaient changé. Pour la première fois, depuis que la langue existait, on retournait le vieux brocard : *verbis imperare, non servire debemus*. Le fait ne peut être assez mis en pleine lumière, il ouvre le règne de la grammaire, règne qui a été, en France, plus tyrannique et plus long qu'en aucun pays.

On comprend tout de suite, d'après ce qui précède, pourquoi Malherbe a voulu arrêter le débordement des nouveautés par lesquelles on avait cru jusqu'à lui développer la langue. Il y avait impossibilité absolue d'arriver à quelque stabilité, en tolérant ces apports incessants, incompatibilité complète entre la liberté d'inventer et le régime d'ordre qu'il prétendait instituer. J'ajoute qu'une autre eût peut-être eu scrupule de tarir les sources de la richesse; Malherbe, pauvre d'invention, avait moins besoin que personne d'un vocabulaire abondant. Il transportait ses métaphores d'un endroit à l'autre comme les six chaises de paille de sa chambre, et ce déplacement suffisait à ses besoins de variété.

Aussi abandonne-t-il un à un les procédés que nous avons vu appliquer avant lui à l'amplification de la langue. Il réprouve d'abord, bien entendu, les emprunts. [. . .]

Les mots de formation française proprement dite n'ont pas trouvé Malherbe plus indulgent. [. . .]

Malherbe n'admet même pas qu'on fasse des substantifs avec des adjectifs, quoique ce soit à peine innover. On disait *ma belle*, *ma cruelle*, il n'en résulte pas le droit de dire *ma dure*, *cette dure*. De même, *au clair de la lune* n'autorise pas *au vif de la flamme*. Quoi qu'en ait dit Du Bellay, « ces adjectifs pour substantifs ne sont pas tous indifféremment recevables » (*Ibid.*, 332). Ainsi de quelque côté qu'on se tourne, les bornes sont fixes et les limites étroites. On ne peut ni emprunter, ni créer, le règne du néologisme est fini.

Mais Malherbe pousse plus loin. Il ne lui semble pas supportable que tous les mots reconnus français soient reçus indifféremment dans la langue littéraire. Il faut écarter d'abord les termes techniques : comme *caler*, qui est de la marine, *lénimcnt*, *entamer*, *ulcère*, qui appartiennent aux médecins, *idéal*, qui est un mot d'école. D'autres sont sales. On verra que c'est à lui que le mot *poitrine* dut d'être presque rejeté de l'usage.

Surtout il répète à satiété qu'il y « des termes ou des expressions « plébées », ainsi : *faire conte*, *coup de fouet*, *fallace*, etc., et il les rejette. Il y aura désormais des mots nobles et d'autres bas dont certains genres pourront s'accommoder, non la haute poésie.

[...]

Ainsi toute la doctrine de Malherbe sur le vocabulaire est essentiellement restrictive. Là, surtout, il a bien été un « docteur en négative ». Sans abandonner l'idée qu'il doit exister une langue littéraire distincte de la langue courante, il veut qu'on la constitue de tout autre façon que faisaient ses prédécesseurs: ce ne sont pas des additions, ce sont des retranchements qu'il s'agit d'y faire.

RÉGLEMENTATION DE LA LANGUE. — On verra en détail dans les chapitres qui vont suivre comment Malherbe a essayé d'ordonner ce qu'il ne supprimait pas dans les mots, les formes et la syntaxe; il est descendu pour cela jusqu'aux dernières minuties. Sans doute on peut dégager de l'ensemble de grandes règles très importantes. Ainsi l'une commande de toujours faire suivre ne de pas et de point, sauf dans certains cas très spéciaux (Ibid., 467); l'autre, tout analogue, ordonne de toujours exprimer le pronom sujet des verbes (Ibid., 378). Préparées depuis longtemps par l'évolution de la langue, ces deux prescriptions devenaient pour la première fois absolues. Avec ce caractère elles sont toutes nouvelles, il pourrais citer aussi, dans un autre ordre de faits, la condamnation des formes de temps périphrastiques: être tenaillant, aller couronnant, rendre soulagé. Depuis Malherbe, la périphrase avec aller a pu seule survivre, avec une nuance de sens spéciale (Ibid., 417). [...]   Il est bien vrai que souvent il n'impose la règle que parce qu'elle est la règle, et qu'elle a en soi sa vertu propre. Mais souvent aussi il tend, ou au moins contribue, sans s'en rendre compte, à donner à la langue les qualités qu'il aime avant toutes.

La première de ces qualités est la clarté. Il la veut complète; hésiter à user d'un texte équivoque, choisir entre deux sens est encore une peine, le lecteur doit pouvoir lire distraitement: « Je ne vous entends point », dit-il souvent à Desportes, et la critique est des pires très visiblement de ces préoccupations. Aucune exigence ne lui paraît excessive; sur des vers aussi clairs que ceux-ci: Et par ma contenance, Mes pleurs et mes soupirs, Elle auroit connaissance, Que je sens bien ma faute... Malherbe fait semblant d'être arrêté, de ne savoir si mes pleurs n'est pas nominatif, et réclame la répétition de la préposition, comme il demandera ailleurs celle de l'article, de la conjonction ou du pronom, au risque de donner aux phrases une insupportable lourdeur (Ibid., 400, 471, 492).

En second lieu, pour écrire clair, il faut écrire juste. Malherbe s'en rend très bien compte, et une grande partie de son travail grammatical a consisté à donner à tous les éléments de la langue un rôle et une valeur bien précise. Le xviie siècle avait laissé sous ce rapport à peu près tout à faire; les confusions les plus grossières ne sont pas rares dans nos des poètes très soignés.

[...]

Malherbe a le sentiment très vif qu'il n'y a pas de synonymes: aspect n'équivaut pas à spectacle, ni même débile à faible, ou dormir à sommeiller. Toute cette partie de sa critique est très pénétrante, très solide, et inaugure dignement le beau travail que les analystes du xviie siècle devaient faire sur la sémantique, travail positif et fécond celui-là, puisqu'en distinguant les sens on multipliait en réalité les moyens d'expression. [...]

Dans ce genre d'observations, on pourrait citer et citer encore. Malherbe descend jusqu'aux subtilités; il inaugure la fameuse distinction des passés, suivant qu'ils sont construits avec être ou avec avoir: « j'ai demeuré, dit-il, a un autre sens que je suis demeuré » (Ibid., 415); il cherche à élever la barrière, toujours franchie, entre les verbes transitifs et les intransitifs (Ibid., 426 et s.), ou même entre deux constructions du même verbe: éclairer quelqu'un et éclairer à quelqu'un. Il pose que la conjonction excessive bien que s'entend d'une chose douteuse, quand on l'accompagne du subjonctif: bien que vous fussiez; qu'avec l'indicatif, au contraire, elle s'entend d'une chose certaine: bien que vous fûtes (Ibid., 440). Il analyse comme la grammaire classique les régimes des pronominaux: « Pour bien parler, il faut dire: ils se sont élus, comme ils se sont blessés, ils se sont chauffés Mais puisque l'action va hors de l'élisant, il falloit dire se sont élu » (Ibid., 456).

Enfin il prépare la séparation des participes et des gérondifs. Cette affaire, dit Balzac, était pour lui comme une question de frontières entre deux peuples voisins. Tout ironique qu'elle est, la comparaison exprime bien l'idée que Malherbe se faisait des classifications grammaticales; elles étaient destinées à déterminer des possessions entre rivaux. A quelques exigences qu'ait donné lieu cette conception étroite, qui dure encore, il faut considérer qu'elle a assuré à la langue moderne un grand nombre de ses mérites les moins discutés. [...]

Le système de Malherbe serait présenté ici trop avantageusement, si je n'y signalais de graves défauts. Presque dans toutes les directions Malherbe est allé trop loin. Sous prétexte de régularité, il impose à la phrase un tracé géométrique, supprime l'imprévu, tout ce qui fait par moments la hardiesse et le bonheur du tour. Il demande la clarté et ne s'inquiète pas des répétitions et des surcharges. Parce qu'il veut qu'on écrive avec précision, il irait jusqu'à rayer les nombres indéterminés, et voudrait empêcher de dire qu'on s'en est repenti vingt ou cent fois. Il épluche le lexique, mais avec une telle sévérité qu'il laisse tomber bien des mots nécessaires, qu'on regrettera pour la plupart et qui seront perdus.

CHAPITRE 6
ECRITURE ET ORTHOGRAPHE FRANÇAISE

Les grammaires traditionnelles ont toujours fondé leurs descriptions sur la forme écrite de la langue, conformément au programme que suggère l'étymologie grecque du mot *grammaire* ; GRAMMATIKÉ : « art de lire et d'écrire » ou « connaissance des signes écrits », de sorte que la forme écrite est alors prise dans une double relation : elle est identifiée à la langue elle-même, elle est aussi étroitement associée à des visées didactiques. Pour éviter ce mélange d'aspects hétérogènes qui brouille par avance toute tentative d'analyse et pour traiter de l'écrit comme d'une entité spécifique, passible d'une description systématique, il faut distinguer trois points de vue successifs : l'écrit est un **medium spécifique** lié par une situation de communication définie [→ chap. 4] ; dans le cadre de ce medium, tout système graphique est une **technique de représentation** de la langue, qui relève d'un type scriptural général parmi d'autres possibles ; enfin, dans le cadre du type général sus-dit, un système graphique étroitement spécifié est développé au cours de l'histoire d'une communauté linguistique, et c'est par ex. l'**orthographe** du français.

1. Eléments historiques et anthropologiques
La conception traditionnelle de la forme écrite est à juste titre critiquée ainsi par F. de Saussure :

> **§ 2. Prestiges de l'écriture . Causes de son ascendant
> sur la forme parlée.**
> Langue et écriture sont deux systèmes de signes distincts ; l'unique raison d'être du second est de représenter le premier ; l'objet linguistique n'est pas défini par la combinaison du mot écrit et du mot parlé ; ce dernier constitue à lui seul cet objet. Mais le mot écrit se mêle si intimement au mot parlé dont il est l'image, qu'il finit par usurper le rôle principal ; on en vient à donner autant et plus d'importance à la représentation du signe vocal qu'à ce signe lui-même. C'est comme si l'on croyait que, pour connaître quelqu'un, il vaut mieux regarder sa photographie que son visage.
> (*Cours de linguistique générale*. p. 45)

H. A. Gleason (1969) note aussi le préjugé général et propose d'aborder la question selon une méthodologie précise :

> Quand la plupart des gens s'interrogent sur leur langue, c'est presque exclusivement sur la langue écrite. Une langue écrite est naturellement un objet de recherche linguistique important et intéressant ; elle peut cependant conduire à bien des erreurs, si l'on ne garde pas clairement à l'esprit sa nature et ses limites.

Une langue écrite reflète la langue parlée ; elle n'en est indépendante que de façon limitée. En tant qu'image du discours parlé réel, elle est forcément imparfaite et incomplète. Pour comprendre la structure de la langue écrite, on doit constamment avoir recours à la langue parlée ou faire des hypothèses. C'est malheureusement trop souvent vers cette dernière solution qu'on s'est tourné. En outre, on a fondé des hypothèses moins sur une connaissance approfondie du fonctionnement des langues en général que sur des conditions *a priori* d'une prétendue logique, sur la métaphysique, voire sur de purs préjugés. (...) La linguistique doit d'abord procéder à une analyse approfondie de la langue parlée avant de passer à l'étude de la langue écrite. Ceci s'applique autant aux langues qui ont une longue histoire littéraire écrite, comme le français ou l'anglais, qu'à celles de tribus isolées qui n'ont même jamais entendu parler de la possibilité d'écrire. (1969, p. 13)

L'origine de l'activité langagière en général et des langues en particulier est une question qui reste encore spéculative ; on ne peut en parler que de façon très indirecte, en faisant appel à l'acquisition du langage telle qu'on peut l'observer chez l'individu parlant. Rien ne garantit vraiment que cette façon d'aborder le problème a une réelle validité dans la mesure où personne n'a encore scientifiquement démontré que le processus phylogénétique était calqué sur ou même seulement similaire au processus ontogénétique[1]. On peut aussi formuler des hypothèses à partir de prises de positions philosophiques générales sur l'homme et la communication, sur les conduites instinctives et intellectuelles, etc.

De la Renaissance au XVIIIème siècle, on a pensé en découvrant des peuples aux modes de vie « primitifs » (du point de vue des découvreurs) que leurs langues, caractérisées elles-mêmes de « langues primitives » étaient la clé du problème ; ces langues allaient montrer un état antérieur du développement des langues, à partir duquel on pourrait déduire une forme originelle ainsi que son évolution, jusqu'à la perfection des langues modernes (celles des découvreurs européens, bien sûr, ainsi que les langues anciennes classiques). Le caractère biaisé et donc fallacieux de cette approche est aujourd'hui évident : il n'existe en effet aucune forme linguistique sur la planète qui puisse être considérée comme représentant un état antérieur, plus « primitif », de développement, et l'observateur ne trouve jamais que des langues pleinement élaborées, de degrés de complexité absolument comparables. Il parait alors très raisonnable de supposer que les codes linguistiques ne se sont pas établis par un don instantané venu « d'en haut », comme le supposent les doctrines religieuses, mais qu'ils se sont développés peu à peu, dans l'interaction sociale, en rapport étroit avec les activités pratiques différenciées, très certainement en relation

---

[1] *L'ontogénèse* représente la formation d'une capacité chez l'individu (le petit enfant qui apprend sa langue), la *phylogénèse* le développement des capacités de l'espèce, au cours de l'histoire.

étroite avec l'émergence de l'outil, d'où est née la **nécessité** de se transmettre entre humains des savoir-faire de plus en plus complexes. Le problème est que, de cette étape historique, nous n'avons pas la moindre trace matérielle qui soit de nature linguistique. Le premier trait important à considérer est donc que la langue est toujours déjà là, que nous n'avons aucun moyen de remonter au-delà de quelques milliers d'années pour disposer de traces (écrites, bien sûr), alors que nous savons dans le même temps que la faculté de langage réalisée sous forme d'une langue naturelle a existé très tôt et qu'elle s'est constituée entre l'âge de l'*homo erectus* (- 700.000 ans) et celui de l'*homo sapiens*. Les éléments de preuve sont de deux ordres : seule la position redressée (« *erectus* ») du tronc et de la tête permettrait l'ouverture de la cavité pharyngale et par voie de conséquence l'extrême différenciation articulatoire nécessaire à la réalisation des sons-phonèmes . En outre, en anthropologie, nous pouvons constater l'augmentation progressive et continue de la zone corticale du cerveau grâce à la mesure des crânes de nos ancêtres hominiens, puis humains :

> En quelque trois millions d'années, qui représentent environ 120 000 générations, le volume du cerveau humain a pratiquement doublé, passant de 700 cm^3 à 1300 cm^3. En même temps, la capacité de la neuromémoire humaine passait d'un niveau qu'on peut évaluer à 1012 bits (1 000 milliards de connexions) chez *Homo habilis*, à un niveau sans doute voisin de 1014 bits (100 000 milliards de connexions) chez *Homo sapiens*.
> (C.-L. Gallien (1998) : *Homo. Histoire plurielle d'un genre singulier*, PUF.)

Si des datations précises restent encore impossibles, on peut être quasiment sûr que le langage, sous forme gestuelle et vocale, a été couplé avec le développement progressif de l'appareil neuronal, et qu'il remonte donc au début de ce qu'il est convenu d'appeler l'*humanité*[2]. C'est en cela qu'est parfaitement légitime l'expression de **LANGUE NATURELLE**. Rien de tel ne peut être dit pour ce qui concerne la forme écrite. Sous quelque forme qu'elle apparaisse, cunéiformes, hiéroglyphes, alphabets ou autre graphisme encore à découvrir par les archéologues en Afrique ou en Asie, l'écriture est une acquisition extrêmement récente des hommes. L'état actuel des connaissances la fait remonter à environ cinq millénaires, et même si l'archéologie future doublait ou triplait cette estimation, nous serions toujours dans un passé très proche. Là où le langage se confond avec le « temps archéologique » de l'espèce, l'écriture se situe dans le temps quasi présent. A cette observation s'en adjoint une autre, de grande importance pour comprendre le phénomène scriptural : l'écriture est une **invention**.

---

[2] On entendra par là la « qualité d'appartenir en propre à l'homme », ou encore : 'human-ité'.

INVENTER : trouver, imaginer pour un usage particulier. (Petit Robert)
concevoir quelque chose qui, dans une occasion déterminée, serve à un usage particulier. (*Lexis*, Larousse)

Le terme d'invention a lui-même pour corollaire que l'écriture est une **technique**. Nous savons dater cette invention, nous en observons les formes techniques diverses, nous pouvons suivre les évolutions historiques : création de signes graphiques, réfections des alphabets ou des caractères, emprunts de langue à langue, de civilisation à civilisation, abandons et innovations. Cette technique, dont on peut faire aujourd'hui l'histoire avec des données étendues et solides, est une **technique de représentation**, comme le disent aussi bien Saussure que Gleason.

Envisager une langue sans forme orale est en conséquence une contradiction dans les termes ; dire qu'il y a des LANGUES MORTES signifie seulement qu'elles ne sont plus parlées, après l'avoir été. L'évolution historique des peuples, sur la durée et le long terme ou au contraire ponctuelle et brutale (par ex. l'extermination presque totale des peuples amérindiens à partir du XVIème siècle), fait qu'une langue perdure et se développe ou disparait. Ce sont là des facteurs purement externes, liés aux contacts entre populations, aux guerres, aux conquêtes, aux migrations ou à la colonisation continue.

Envisager, à l'inverse, une langue sans écriture, est tout à fait raisonnable en soi, et corroboré par toutes les observations. De nombreuses langues n'ont pas du tout d'écriture, d'autres, dont les locuteurs n'ont pas inventé une écriture qui lui soit propre, empruntent un code graphique (i.e. une technique) à une langue voisine. La constitution de l'alphabet dit *cyrillique*, à partir de l'alphabet grec pour l'essentiel, par les moines Cyrille et Méthode, aux fins de transcrire les textes chrétiens dans les langues slaves et ainsi d'évangéliser plus efficacement les populations, est un exemple bien connu. Pour environ quatre mille langues différentes de par le monde, il y a vingt-cinq systèmes d'écriture différents, preuve supplémentaire s'il en fallait du caractère second et contingent de la technique, des aléas de sa mise au point et de sa diffusion. Et de la différence ontologique entre langue et écriture.

Envisager de changer une langue est une autre contradiction logique ; une langue change objectivement, mais on ne peut en aucune façon « changer une langue » de façon délibérée. A l'inverse, « changer une écriture » (i.e. la graphie de tel mot particulier), et même, plus étonnant peut-être, « changer d'écriture » (i.e. de technique graphique), est parfaitement concevable. L'orthographe du français est un bon exemple du premier cas : les mêmes mots se sont écrits de façon très variable au cours des trois ou quatre derniers siècles, même si le non-spécialiste ne peut guère s'en rendre compte puisque les textes classiques ont été constamment réécrits en graphie moderne, au fur et à mesure des rééditions. La réfection des systèmes de caractères chinois, dans le sens d'une simplification, est du même type. Le turc offre un exemple du second cas : l'écriture alphabétique latine a été substituée à l'écriture arabe en Turquie en 1928. Enfin, s'il est tout aussi absurde de parler de la « valeur » en soi d'une langue, de la supériorité d'une langue sur une autre ou encore de l'inadaptation d'une langue par rapport à la communauté qui la parle, il est en revanche tout à fait raisonnable de dire qu'une écriture est ou n'est pas adaptée à la langue qu'elle transcrit. Ainsi Vayrasse d'Allais, grammairien du XVIIème siècle, constatait-il déjà en 1681 dans sa *Grammaire méthodique du françois* :

> Les premiers qui ont écrit le françois firent servir une lettre pour écrire deux, trois, et jusques à quatre sons différents ; et, tout au contraire, ils se servirent en certaines rencontres de deux, trois et quelquefois quatre figures différentes pour exprimer un son très simple et c'est là sans doute la plus grande source du désordre de notre orthographe. Ce désordre est si grand qu'après de longues et sérieuses méditations, je suis persuadé qu'il est impossible d'y remédier sans le secours d'un nouvel alphabet, plus ample et plus méthodique que le romain, qui avec si peu de lettres ne saurait représenter les trente sons très simples dont les mots de la langue françoise sont composés. *(cité par Benveniste et Chervel 1969)*

L'utilisation de l'alphabet latin pour écrire le français est un bel exemple d'emprunt pur et simple ; une norme d'écriture s'est ensuite progressivement constituée sur cette base peu adéquate, mais néanmoins imposée à la langue pour des raisons historiques et sociales. On voit d'ailleurs ici très clairement le caractère **externe** de la forme graphique par rapport à la forme phonique et à la langue, dans la mesure où la distorsion phonie-écriture qui existe en français est directement imputable à l'état de la société française comme européenne à l'époque médiévale et classique, c'est-à-dire à l'impossibilité absolue, à cette époque, de penser la religion, la culture, et *a fortiori* l'écriture hors de la filiation gréco-latine. D'où l'impossibilité culturelle d'élaborer une technique d'écriture alphabétique spécifique et pensée pour le français, malgré la formation particulièrement bâtarde de cette langue, faite de latin pour une part importante sans doute (les Romains), mais aussi d'un fort composant celte (les Gaulois) et de germain (les Francs) [→ chap. 5]. Comme le remarque fort bien Vayrasse d'Allais, le système vocalique du latin et celui du français sont tout particulièrement dissemblables et si les lettres disponibles pour représenter les voyelles avaient une parfaite fonctionnalité en latin (ou bien pour l'espagnol d'aujourd'hui), elles étaient et sont toujours totalement inadéquates à une représentation écrite naturelle et simple du français.

- **LECTURE 1 Document 1**
  L'écriture comme représentation seconde de la langue.
  F.de Saussure : *Cours de linguistique générale*. pp. 45-47.

- **LECTURE 2 complémentaire**
  Histoire de l'écriture.
  S. Février (1984)

2. La genèse sociale de l'orthographe française

A l'encontre de la représentation a-historique de notre système graphique trop souvent répandue dans les esprits, l'historien constate que trois siècles ont été nécessaires pour que s'établisse vraiment la notion d'**orthographe**, c'est-à-dire non seulement la notion d'une norme, d'un usage répandu, mais bien plus celle d'une loi, donc d'une stricte contrainte, ce que nous pouvons signifier en jouant sur l'étymologie et sur l'écriture du mot lui-même : l'orthographe est une **ortho -graphie**[3].

Le français n'a commencé à être écrit qu'au Xème siècle et, pendant très longtemps, l'écriture n'a pas été à proprement parler codifiée. Il existait plutôt des **traditions graphiques** diverses et il est étonnant de voir, par ex., que Rousseau et Voltaire, écrivains de grand prestige culturel, au milieu du XVIIIème siècle, après l'époque classique, après Vaugelas, après l'Académie (*Dictionnaire de l'Académie*. 1694), n'écrivaient toujours pas les mêmes mots de façon identique . Il y avait à l'époque des usages individuels concurrents, des usages professionnels différents des typographes, des recommandations de l'Académie pour les mots de sa nomenclature[4], mais point de forme stricte, ni donc de « faute » au sens où tout le monde l'entend aujourd'hui. Ce sont d'abord la politique centralisatrice de Napoléon, puis surtout, tout au long du XIXème siècle, l'unification du système administratif, suivie par l'extension et l'unification progressive du système éducatif, primaire en particulier, qui ont peu à peu dessiné le concept d'une écriture conçue comme une sorte de *Code civil* de l'écrit, dont l'application a été de plus en plus contrôlée scolairement, administrativement, socialement, et dont les Académiciens sont les juges en dernière instance, au moins en droit.

Dès lors, aucun écart n'était plus possible, et l'orthographe était devenue le moyen idéal tant pour apprécier l'esprit de conformité des élèves des classes populaires accédant à l'instruction élémentaire que pour sélectionner les accédants aux cycles supérieurs d'enseignement. Depuis un siècle, les

---

[3] *orthos*, 'droit' et *graphein*, 'écrire' en grec, l' 'écriture droite' ; il n'y a pour tout mot qu'une seule graphie acceptable, c'est-à-dire légitime socialement parlant.
[4] Le sous-ensemble restreint des 35 000 mots courants et littéraires retenus à la nomenclature.

institutions se préoccupent de revoir certains aspects de l'orthographe, sans toutefois toucher au principe du maintien d'une norme stricte. Des arrêtés de 1905 ont même institué quelques tolérances, sous la forme de l'instruction : « *On ne comptera pas comme faute, dans les copies d'examen, telle et telle graphie* », mais ils n'ont jamais été appliqués, les enseignants eux-mêmes, premiers intéressés pourtant, n'en ayant guère été informés par leur Ministère et n'ayant pas non plus cherché spécialement à l'être. Le texte officiel du 6 décembre 1990, qui propose quelques très modestes simplifications, ne bénéficie pas d'une meilleure diffusion, tant l'orthographe, identifiée à la langue, est l'objet d'un crispation violente et quasi métaphysique de la part de tous les conservatismes[5].

Ces réflexions historiques et sociologiques amènent à mieux comprendre que l'acquisition du système orthographique soit un problème pour les Français eux-mêmes. La maitrise de l'orthographe sert, au premier chef, à la distinction sociale, c'est une valeur au sens de P. Bourdieu [→ chap. 3.4] et la dictée est un exercice scolaire si typiquement français que la télévision s'en est emparée pour organiser, en France et même à l'O.N.U., des « championnats d'orthographe » qui ont réuni des concurrents sélectionnés dans tous les pays francophones ; à l'inverse de ces pôles d'excellence supposée de la culture[6], une enquête de 1992 a montré que près de 15% de la population est concernée par l'ILLETRISME, c'est-à-dire l'incapacité ou la très grande difficulté à se servir du code écrit, qu'il s'agisse de lire avec aisance et rapidité des textes ou d'en produire dans les diverses situations sociales de la vie courante.

- **LECTURE 3**
  Genèse de l'écriture française.
  Cl. Blanche-Benveniste, A. Chervel (1969) : *L'orthographe*. pp.45 à 112.

3. La structure du système orthographique

De même qu'au niveau des unités phoniques on emploie le terme de PHONEME, le terme de GRAPHÈME est utilisé au niveau des unités graphiques [→ chap. 7]. La forme graphique appelle à ce titre la constitution d'un champ d'étude propre, la

---

[5] Les éditeurs du *Robert* envisageraient d'intégrer les Rectifications de 1990 à titre de variantes dans leurs rééditions à venir (colloque : *Les dictionnaires*. Université de Cergy, mars 2000) et l'Académie aurait adopté les rectifications pour sa prochaine édition (*Ibid.*, colloque : *Les dictionnaires*. mars 2001).

[6] L'excellence en orthographe tend en effet, dans la représentation idéologique de beaucoup de Français (ou de francophones hors de France), à valoir excellence tout court.

graphématique ; le *Dictionnaire de linguistique* définit le terme de GRAPHÈME de façon très explicite :

> Un *graphème* est une unité graphique minimale entrant dans la composition d'un système d'écriture ; cet élément abstrait se réalise concrètement par des formes graphiques dites allographes dont le tracé dépend des autres éléments du système : le graphème correspond donc, dans l'écriture alphabétique, à la lettre, les allographes étant les formes majuscule, minuscule, cursive, etc. (ex. : A, a). Il peut correspondre à un phonème, à une syllabe, à un concept selon que l'écriture est phonétique, syllabique ou idéographique. Les graphèmes sont des unités de deuxième articulation dans l'écriture, comme les phonèmes dans la langue parlée, les morphèmes graphiques étant les unités de première articulation. (p. 337)

Le terme de GRAPHÉMATIQUE, qui n'apparait dans aucun de ces ouvrages, est à la nomenclature du *Grand Robert* (rééd. 1992). L'orthographe française, sous ses aspects purement techniques pris en compte dans la description en trois niveaux et les quantifications associées, comme sous ses aspects socioculturels, doit être l'un des objets, spécifique, de l'étude générale des formes graphiques. Au-delà de l'écriture des mots eux-mêmes, sur lesquels se focalise l'orthographe, la GRAPHÉMATIQUE aura par ailleurs à traiter de tous les phénomènes graphiques, mise en page, typographie, tableaux et icônes, texte et hypertexte dans le cadre de l'écriture par ordinateur.

- **LECTURE 4 complémentaire**
  Texte et ordinateur. L'écriture réinventée ?
  J. Anis (1998).
  [Réflexion approfondie sur la mutation de l'écriture à travers le support informatique]

Les travaux du linguiste russe V. Gak et ceux de N. Catach en France, qui ont pris pour objet plus spécifique l'orthographe française, ont abouti à distinguer trois types de fonctionnements ou **niveaux** distincts articulés entre eux, souvent co-présents dans la graphie des mots.

3.1. Le niveau phonographique du français

Les écritures alphabétiques, qui nous sont en Europe les plus familières, utilisent des figures graphiques, les **lettres**, dont le principe même est de représenter les sons de l'oral ; il est en effet possible, à ce premier niveau, d'avoir des correspondances terme à terme entre son et lettre (tout comme dans un alphabet phonétique) :

lapin	graphème	*l*	pour le son [l]
	graphème	*a*	pour le son [a]
	graphème	*p*	pour le son [p]

La dernière partie du mot obéit au même principe de base, avec la différence qu'il est composé de deux lettres qui doivent être associées et donc traitées comme une seule unité dans la correspondance phonie-graphie :

graphème   *in*   pour le son [ɛ̃]

En effet, en français, il n'a pas été créé de lettres pour les trois voyelles nasales[7]. Cette combinatoire des lettres complexifie le système qui a ainsi plusieurs sous-classes structurales de graphèmes ; graphèmes simples, formés d'une seule lettre, et graphèmes composés : DIGRAMME pour deux lettres (*ai, in, on, ou, et, ez*, etc.), TRIGRAMME pour trois lettres (*eau, ain, aon*, etc.) mais le principe reste constant : un segment graphique, composé d'une lettre, ou de deux ou de trois lettres associées, est mis en correspondance avec **une** unité phonétique.

Exemples de segmentation de mots en graphèmes, du point de vue de leur fonction phono-graphique (i.e. de leur correspondance avec une unité phonique élémentaire) :

p - a - t - i - ss - i - er ,   b - a - t - eau ,   t - out ,   ch - a - p - i - t - eau.

3.2. Le niveau morphographique

Cette fonction primaire des graphèmes dans le système alphabétique de représentation du son ne suffit cependant pas à expliquer la totalité de la forme graphique des mots français. En effet, les unités graphématiques peuvent être pourvues d'un rôle fonctionnel supplémentaire, de nature morphologique (d'où la dénomination de **morpho-graphique**) ; ainsi, dans : *grand, petit* ou *respect*, la lettre *d*, à la finale du mot *grand*, n'a pas de rôle phonographique, le digramme *an* suffisant à noter [ɑ̃] ; il en va de même pour le *t* à la finale de *petit* et pour le *c* dans *respect* (*respet*, par ex., aurait suffi à satisfaire la fonction de base phonographique tout comme la distinction parfaite d'avec tout autre mot). Dans ces trois cas, les lettres *d* , *t* et *c* assurent dans chacun des mots où elles apparaissent une fonction d'indice morphologique. Le graphème *d* indique que *grand* est la source d'un réseau grammatical et lexical où le *d* sera réalisé phonétiquement : *grande* (fém.), *grandeur, grandir, agrandir, grandement, agrandissement, grandiloquent*, comportent [d] ; le graphème *t* indique que *petite* et *petitesse* comportent le son [t], le graphème *c* indique que *respecter, respectable* et *respectueux* comportent le son [k]. Dans ce dernier mot, la lettre *t* associée à *e* assure le codage du son [e], la lettre *e* seule n'y suffisant pas ; mais, à cet effet, on pourrait imaginer d'autres solutions graphématiques : par ex.,

---

[7] A savoir [õ], [ɑ̃] et [ɛ̃] ; les locuteurs qui produisent l'arrondie [œ̃] en ont quatre.

écrire *respé*, ou *respez*, ou *respait* ... De fait, le graphème *t* s'impose parce que motivé puisque dans les mots dérivés, le *t* reprend une fonction phonographique ([ʀɛspɛkte], [ʀɛspɛktɥø], [ʀɛspɛktabl]). Entre les divers choix d'écriture disponibles pour le mot simple, un choix particulier est structuralement motivé, celui de *t*, là où les autres ne relèveraient que d'un choix de type phonographique[8].

Ce principe morphographique qui équivaut à un codage des relations structurales paradigmatiques que le mot entretient avec d'autres mots sur le plan grammatical (*petit* a pour féminin *petite*) comme sur le plan lexical (*petit* a pour dérivé *petitesse*), est particulièrement intéressant lorsqu'il est employé dans un ensemble homonymique.

Par ex. dans le couple d'homophones : *pin* vs *pain*, les graphèmes *in* (digramme) et *ain* (trigramme) sont deux candidats naturels et équivalents à la représentation phonographique de [ɛ̃]. Choisir l'un pour un mot et l'autre pour l'autre assure la distinction graphique des homophones ; cette analyse, bien connue et utilisée en général pour justifier nombre de complexités de l'orthographe, est toutefois insuffisante. La répartition particulière des deux graphèmes doit, et peut en effet, être expliquée par l'existence de deux séries lexicales :

(1) pin   pine   pigne   pignon   pinède   pineraie   pinéal
(2) pain   panier   panière   panifier   panification   panade

Chaque série dérivationnelle développe une voyelle fondamentale, [i] pour la série *pin* et [a] pour la série *pain* ; les graphies *in* et *ain* construisent donc deux réseaux autour de deux mots aux sens et aux sources étymologiques respectives distinctes (lat. *pinus* et *panis*).

Un autre exemple intéressant est fourni par le mot *loup*, écrit avec *p*, alors que le féminin (relation grammaticale) est *louve*, avec *v*, et que les dérivés (relation lexicale) sont *louveteau, louvoyer*, avec *v* ; on devrait donc écrire : *un louv*. Dans ce cas, il y a eu conflit entre une lettre étymologique (latin *lupus*), et la lettre qui aurait pu prendre valeur de morphogramme, *v*. On constate que dans ce cas comme en bien d'autres, l'étymologie, qui relève de la culture savante, l'a emporté sur la relation morpho-sémantique qui est de nature typiquement fonctionnelle et synchronique. **L'écriture du français est profondément historique.**

L'existence de ce niveau de fonctionnement va donc éloigner l'orthographe de la simple transcription du phonétisme (à l'inverse d'un alphabet phonétique qui **doit**, de par son principe même de bi-univocité, s'y tenir

---

[8] L'aspect étymologique, *respectus* en latin, vient encore sur-structurer cet ex. [→ **infra et § 3**].

strictement) et développer une structure propre, un ensemble de signes de nature purement visuelle, qui auront pour résultat de tisser des relations tant diachroniques que structurales et synchroniques entre les mots. De ce point de vue, l'orthographe **construit sa propre grammaire**, ses propres réseaux grammaticaux et lexicaux, tantôt sous forme de structures très locales (famille *petit, petite, petitesse)*, tantôt sous forme de structures très générales ; ainsi, la plupart des verbes se terminent à la 2ème personne du pluriel par *ez* (sauf le passé simple et le subjonctif imparfait), tous se terminent à la 3ème pers. plur. par *nt*, indépendamment des réalités orales. Dans ce dernier exemple, le choix du graphème est arbitraire du point de vue du français (il copie la conjugaison latine, où la finale écrite *-nt* était phonétique : *amant* était prononcé [amant]), mais il assure de façon satisfaisante la distinction grammaticale de la 3ème personne au pluriel à l'écrit pour tous les verbes français[9] [→ chap. 7].

3.3. Le niveau logographique
Le troisième niveau à considérer est le niveau *logographique* :

> Les *logogrammes* sont des « graphies globales de lexèmes ». Leur fonction est de donner une image visuelle spécifique à certains mots homophones, afin d'aider à la reconnaissance rapide de leur sens : ce sont des *homophones-hétérographes*. Ils utilisent, dans un but de différenciation, les lettres étymologiques ou historiques, les variantes graphiques des phonogrammes, les lettres morphologiques.
>
> (N.Catach (1980), p. 268)

Les logogrammes peuvent donc être considérés comme des figures du mot, des **figures graphiques du signifié**, et même si les mots restent écrits à l'aide des lettres d'un alphabet, nous nous trouvons ici devant quelque chose qui se rapproche beaucoup des IDÉOGRAMMES :

> On appelle idéogramme un caractère graphique correspondant à une idée (concept, procès, qualité). (Dictionnaire de linguistique, article *idéogramme*, p.238)

La différence qui subsiste entre les idéogrammes-types (hiéroglyphes de l'égyptien, caractères du chinois) et les logogrammes du français est que le logogramme ne part pas d'une représentation globale du signifié à l'aide d'un caractère spécifique (dont la valeur était à l'origine symbolique et qui s'est ensuite démotivé) mais qu'il est formé de lettres, formes totalement arbitraires **dont la fonction phonographique reste en outre toujours active**. A l'inverse, dans les langues à écriture idéogrammatique, certaines parties du caractère ou du

---

[9] Les pluriels *sont, ont, viennent,* etc. s'opposent aux formes de singulier *est, a, vient,.* mais cette distinction phonétique ne doit rien à leur désinence et donc rien à la graphie *-nt* de leur finale.

glyphe acquièrent avec l'évolution de l'écriture une valeur phonétique. Ce fut d'ailleurs cette intuition qui permit à J.-F. Champollion de déchiffrer les hiéroglyphes. Dans sa présentation de l'écriture égyptienne, W.V. Davies (1994) écrit :

> On peut considérer que le système d'écriture égyptien comporte trois types fondamentaux de signes, chacun remplissant une fonction différente.
> Le premier est le *logogramme*, qui sert à écrire un mot ; le second, le *phonogramme*, qui représente un son (un phonème du langage) ; le troisième, le *déterminatif*, aide à préciser le sens d'un mot.[...] De par la nature même du système, il se produit un certain chevauchement entre les catégories, et il n'est pas toujours facile, en pratique, d'établir une distinction claire entre l'emploi d'un sémogramme (i.e. les logogrammes et les déterminatifs) et celui d'un phonogramme. (*La naissance des écritures.* p. 135)

En français, le mot *temps* est un bon exemple de logogramme : *t* code le son [t] et il n'y a pas d'autre solution[10] ; *em* code [ã] (on aurait pu avoir *an* ou *en*) car *m* est la lettre étymologique (latin *tempus*) ; *p* est le morphogramme de *tempête*, *tempétueux* d'une part et de *temporel, temporiser* d'autre part ; la lettre *s*, enfin, est aussi une lettre purement étymologique (latin *tempus*) et parasitaire qui brouille l'opposition singulier/pluriel ; on aurait pu écrire : *le temp* (sg) et : *les temps* (plur.) ; au terme de cette accumulation de lettres, dont deux seulement assurent la relation phonographique (*t* et le digramme *em*), on obtient un icône « *temps* », reconnaissable instantanément comme le mot-concept *temps*.

On notera toutefois que l'orthographe ne pousse pas plus loin le jeu de la distinctivité logogrammatique, alors qu'elle le pourrait sur le plan technique ; l'écriture *t-e-m-p-s*, ne permet pas de distinguer entre le temps ...'qu'il fait' *weather, Wetter*) le temps ... 'qui passe'(*time, Zeit*) et le temps 'du verbe' (*tense, Tempus*). L'application plus systématique du principe de la distinction graphique des homonymes, permettrait par ex. d'écrire[11] en référence aux distinctions lexicales mises en forme par l'anglais et l'allemand : *t-e-mps, t-a-mps* et *tens*.

Il semble que là encore, le souci en français de la copie étymologique du latin l'emporte sur le souci structural et sémantique de la qualité distinctive en elle-même de l'écriture, sur l'efficacité de la technique graphique. L'écriture en général apparait là encore comme une technique de représentation de la langue et l'écriture française est à ce titre tout aussi contingente et conventionnelle que toute autre.

---

[10] On peut certes écrire *th* (par ex. *théologie, théorème, apathie*, etc.), ou *tt* (par ex. *attacher*) mais il faut que le signe graphique minimal *t* soit néanmoins présent.

[11] Ceci si l'on se situe dans le cadre des distinctions lexico-sémantiques mises en forme en anglais et en allemand, à titre de pur exemple contingent d'un traitement graphématique possible.

A propos de l'accent circonflexe sans valeur phonématique, B. Cerquiglini (1995) souligne à quel point l'iconicité est le lieu privilégié d'un investissement idéologique et culturel aussi profond qu'irrationnel du point de vue de la fonction pratique du langage et de l'écrit :

> Pourquoi dès lors ne pas l'avouer ? L'accent circonflexe est iconique ; voilà pour les conservateurs son principal atout ; (...) en cela il est beau et distingué, tout le reste est littérature. V.Lucci et A.Millet ont fait apparaître, dans leur langage de sociologues, « l'exercice d'un jugement social concentré sur la zone idéologique de notre orthographe »[12]. En d'autres termes, les signes graphiques dont la mission principale est de transcrire des sons constituent la part la moins valorisée de la graphie, une orthographe du pauvre. Savoir traduire sur le papier ce que l'on entend est tenu pour le b a ba, même si cela implique un apprentissage. Ce qui importe, est estimable et distingue celui qui a la science, est ce que l'oreille ne perçoit pas, et que la main ajoute pour l'information du cerveau, ou le plaisir de l'œil. Au XVIè s. déjà, la position conservatrice tenait l'écrit pour la forme noble de la langue, et défendait la « superfluité » au nom de la majesté de notre idiome. [...]
> Signe visuel, idéographie labile, le circonflexe résume et illustre, pour les conservateurs modernes la part la plus noble de l'orthographe française, celle qui, au-delà de la notation des sons, dépose sur le papier, admirable et provocante, toujours quelque figure...   (pp.154-155, *passim*)

De nombreux mots français mettent en jeu, outre les deux autres niveaux, le niveau logogrammatique et iconique : *poing, dès, voix, cors, vainc, deux*, etc., un même graphème pouvant d'ailleurs fort bien assurer plusieurs fonctions à la fois.

L'écriture du français, bien qu'elle mette en jeu, au moyen d'une technique graphique de type alphabétique, une représentation fondamentalement phonographique dont les phonèmes sont donc très naturellement les unités-sources, ne se réduit cependant pas à cette mise en correspondance simple. Elle comporte un mode d'articulation graphématique propre, impliquant des morphogrammes et des logogrammes ; les oppositions morphologiques de genre, de nombre, de temps, les marques d'accord entre catégories s'en trouvent particulièrement disjointes entre oral et écrit, ainsi que les relations d'homonymie ou non-homonymie entre éléments lexicaux, ce qui a amené à parler parfois de deux « grammaires » différentes de la langue. La conscience et la connaissance précise de cette disjonction forte, et due aux choix historiques et

---

[12] Cité de : *L'orthographe de tous les jours. Enquête sur les pratiques orthographiques des Français.* Champion 1994, p.86.

contingents que la communauté a faits pour son système d'écriture, est d'une particulière importance pour l'apprenant de langue étrangère.

- **LECTURE 5 Document 2**
  Phonogrammes, morphogrammes et logogrammes dans l'orthographe française.
  N. Catach (1980) : *L'orthographe française*. pp. 27-29.

- **LECTURE 6 complémentaire**
  Réformer l'orthographe ?
  M. Arrivé (1993) : Paris, PUF.

- **TRAVAIL 1 [→ COR]**
  La lettre *h* est-elle en français la représentation d'un son ou bien un pur signe graphique, et dans ce cas quelles sont ses fonctions graphématiques ?

- **TRAVAIL 2 [→ COR]**
  Quelles sont les propriétés caractéristiques de l'orthographe française que l'on peut mettre au jour en analysant la graphie des mots suivants :

  tordu, porc, vert, vair, vient, psychologie, corps.

BIBLIOGRAPHIE DU CHAPITRE 6

Anis, J. (1988) : *Texte et ordinateur, l'écriture réinventée ?*
Arrivé, M. (1993) *Réformer l'orthographe ?* Paris, PUF.
Blanche-Benveniste, C. & Chervel, A. (1969) : *L'orthographe*. Paris, Maspéro.
Catach, N. (1980) : *L'orthographe française*. Paris, Nathan.
Cerquiglini, B. (1995) : *L'accent du souvenir*. Paris, Ed. de Minuit.
Davies, W. V. (1994) : « *Principes de l'écriture égyptienne.* » Dans : *La naissance des écritures*, Paris, Le Seuil.
Février S. (1984) : *Histoire de l'écriture*. Payot, Paris.

DOCUMENTS DU CHAPITRE 6

Document 1
Prestige de l'écriture.
F. de Saussure (1916-1970) : *Cours de linguistique générale.* extrait.
Document 2
Phonogrammes, morphogrammes et logogrammes dans l'orthographe.
N. Catach (1980) : *L'orthographe française*. Nathan, extrait.

Document 1
Prestige de l'écriture *Clg*, pp. 44-47

REPRÉSENTATION DE LA LANGUE
PAR L'ÉCRITURE

§ NÉCESSITÉ D'ÉTUDIER CE SUJET.[*]

L'objet concret de notre étude est donc le produit social déposé dans le cerveau de chacun, c'est-à-dire la langue. Mais ce produit diffère suivant les groupes linguistiques : ce qui nous est donné, ce sont les langues. Le linguiste est obligé d'en connaître le plus grand nombre possible, pour tirer de leur observation et de leur comparaison ce qu'il y a d'universel en elles.

Or nous ne les connaissons généralement que par l'écriture. Pour notre langue maternelle elle-même, le document intervient à tout instant. Quand il s'agit d'un idiome parlé à quelque distance, il est encore plus nécessaire de recourir au témoignage écrit ; à plus forte raison pour ceux qui n'existent plus. Pour disposer dans tous les cas de documents directs, il faudrait qu'on eût fait de tout temps ce qui se fait actuellement à Vienne et à Paris : une collection d'échantillons phonographiques de toutes les langues. Encore faudrait-il recourir à l'écriture pour faire connaître aux autres les textes consignés de cette manière.

Ainsi, bien que l'écriture soit en elle-même étrangère au système interne, il est impossible de faire abstraction d'un procédé par lequel la langue est sans cesse figurée ; il est nécessaire d'en connaître l'utilité, les défauts et les dangers.

§ 2. PRESTIGE DE L'ÉCRITURE ; CAUSES DE SON ASCENDANT SUR LA FORME PARLÉE.*

Langue et écriture sont deux systèmes de signes distincts ; l'unique raison d'être du second est de représenter le premier ; l'objet linguistique n'est pas défini par la combinaison du mot écrit et du mot parlé ; ce dernier constitue à lui seul cet objet. Mais le mot écrit se mêle si intimement au mot parlé dont il est l'image, qu'il finit par usurper le rôle principal ; on en vient à donner autant et plus d'importance à la représentation du signe vocal qu'à ce signe lui-même. C'est comme si l'on croyait que, pour connaître quelqu'un, il vaut mieux regarder sa photographie que son visage.

Cette illusion a existé de tout temps, et les opinions courantes qu'on colporte sur la langue en sont entachées. Ainsi l'on croit communément qu'un idiome s'altère plus rapidement quand l'écriture n'existe pas : rien de plus faux. L'écriture peut bien, dans certaines conditions, ralentir les changements de la langue, mais inversement, sa conservation n'est nullement compromise par l'absence d'écriture. Le lituanien, qui se parle encore aujourd'hui dans la Prusse orientale et une partie de la Russie, n'est connu par des documents écrits que depuis 1540 ; mais à cette époque tardive, il offre, dans l'ensemble, une image aussi fidèle de l'indoeuropéen que le latin du iii⁰ siècle avant Jésus-Christ. Cela seul suffit pour montrer combien la langue est indépendante de l'écriture.

Certains faits linguistiques très ténus se sont conservés sans le secours d'aucune notation. Dans toute la période du vieux haut allemand on a écrit *tôten*, *fuolen* et *stôzen*, tandis qu'à la fin du xii⁰ siècle apparaissent les graphies *tôten*, *füelen*, contre *stôzen* qui subsiste. D'où provient cette différence ? Partout où elle s'est produite, il y avait un *y*

dans la syllabe suivante ; le protogermanique offrait *dau-
pyan, */ölyan, mais *stautan. Au seuil de la période littéraire, vers 800, ce y s'affaiblit à tel point que l'écriture n'en
conserve aucun souvenir pendant trois siècles ; pourtant il
avait laissé une trace légère dans la prononciation ; et voici
que vers 1180, comme on l'a vu plus haut, il reparaît mira-
culeusement sous forme d' « umlaut » ! Ainsi sans le secours
de l'écriture, cette nuance de prononciation s'était exactement transmise.

La langue a donc une tradition orale indépendante de
l'écriture, et bien autrement fixe ; mais le prestige de la
forme écrite nous empêche de le voir. Les premiers linguistes
s'y sont trompés, comme avant eux les humanistes. Bopp
lui-même ne fait pas de distinction nette entre la lettre et
le son ; à le lire, on croirait qu'une langue est inséparable de
son alphabet. Ses successeurs immédiats sont tombés dans
le même piège ; la graphie th de la fricative þ a fait croire à
Grimm, non seulement que ce son est double, mais encore
que c'est une occlusive aspirée ; de là la place qu'il lui assigne
dans sa loi de mutation consonantique ou « Lautverschiebung »
(voir p. 199). Aujourd'hui encore des hommes éclairés con-
fondent la langue avec son orthographe ; Gaston Deschamps
ne disait-il pas de Berthelot « qu'il avait préservé le français
de la ruine » parce qu'il s'était opposé à la réforme orthographique ?*

Mais comment s'explique ce prestige de l'écriture ?

1º D'abord l'image graphique des mots nous frappe comme
un objet permanent et solide, plus propre que le son à constituer l'unité de la langue à travers le temps. Ce lien a beau
être superficiel et créer une unité purement factice : il est beaucoup plus facile à saisir que le lien naturel, le seul véritable,
celui du son.

2º Chez la plupart des individus les impressions visuelles
sont plus nettes et plus durables que les impressions
acoustiques ; aussi s'attachent-ils de préférence aux premières. L'image graphique finit par s'imposer aux dépens
du son.

3⁰ La langue littéraire accroît encore l'importance imméritée de l'écriture. Elle a ses dictionnaires, ses grammaires ; c'est d'après le livre et par le livre qu'on enseigne à l'école ; la langue apparaît réglée par un code ; or ce code est lui-même une règle écrite, soumise à un usage rigoureux : l'orthographe, et voilà ce qui confère à l'écriture une importance primordiale. On finit par oublier qu'on apprend à parler avant d'apprendre à écrire, et le rapport naturel est renversé.

4⁰ Enfin, quand il y a désaccord entre la langue et l'orthographe, le débat est toujours difficile à trancher pour tout autre que le linguiste ; mais comme celui-ci n'a pas voix au chapitre, la forme écrite a presque fatalement le dessus, parce que toute solution qui se réclame d'elle est plus aisée ; l'écriture s'arroge de ce chef une importance à laquelle elle n'a pas droit.

§ 3.. Les systèmes d'écriture *

Il n'y a que deux systèmes d'écriture :

1⁰ Le système idéographique, dans lequel le mot est représenté par un signe unique et étranger aux sons dont il se compose. Ce signe se rapporte à l'ensemble du mot, et par là, indirectement, à l'idée qu'il exprime. L'exemple classique de ce système est l'écriture chinoise.

2⁰ Le système dit communément « phonétique », qui vise à reproduire la suite des sons se succédant dans le mot. Les écritures phonétiques sont tantôt syllabiques, tantôt alphabétiques, c'est-à-dire basées sur les éléments irréductibles de la parole.

D'ailleurs les écritures idéographiques deviennent volontiers mixtes : certains idéogrammes, détournés de leur valeur première, finissent par représenter des sons isolés.*

Document 2.
Le système d'écriture français. N.Catach (1980) *L'orthographe française*

6. LES TROIS ZONES CONSTITUTIVES DU SYSTEME GRAPHIQUE.

Phonogrammes	Morphogrammes	Logogrammes
Phonèmes	Morphèmes	Lexèmes

En fait, selon notre analyse, basée sur les proportions statistiques réelles des divers graphèmes, les fondations de notre écriture sont bel et bien phonétiques, ou plutôt *phonogrammiques* :

- *80 à 85 % des signes d'un texte quelconque* sont chargés en français de transcrire les sons. Ils sont utilisés à tout moment, en toute place du mot, et tout compte fait avec une étonnante stabilité, si bien qu'on n'y fait plus attention.

- *3 à 6 % des signes supplémentaires* apportent un complément d'ordre *syntagmatique* (positionnel) ou *paradigmatique* (flexionnel ou dérivatif). Ils ne se trouvent que *dans certains cas*, en *certaines positions* du mot. Leurs rôles sont multiples et d'importance variable.

- *12 à 13 % de lettres étymologiques, historiques* ou *diacritiques* donnent à notre orthographe cet aspect caractéristique que l'on juge (souvent à juste titre) inutilement compliqué. Ce ne sont pas toutes des lettres « hors système », mais elles appartiennent dans l'ensemble à des systèmes de langue dépassés. Certaines sont utilisées comme *lettres distinctives* ou *logogrammiques* (voir paragraphe suivant).

- *3 à 6 % des mots* ont en effet, en français, une graphie globale spécifique. Ces mots graphiques ne sont pas des *idéogrammes*. En effet, le phonème est ici toujours noté, mais on y trouve *plus* que l'équivalent du phonème. Il s'agit pour la plupart de radicaux monosyllabiques, homophones, à graphie caractéristique. Nous les avons appelés des *logogrammes*. (1)

On peut donc se représenter le système ou plutôt le « plurisystème » graphique du français de la façon suivante :

■ 6.1. Une zone centrale dense, dont les unités (très petites) sont d'autant plus fortes qu'elles sont plus autonomes. Cette zone a pour fonction de transcrire les phonèmes. Elle comporte elle-même trois parties sur lesquelles nous reviendrons.

■ 6.2. Une zone secondaire plus dispersée, mais encore structurée et bien reliée à la première, comportant des micro- ou macro-éléments *instables*, tantôt graphiques, tantôt phoniques *et* graphiques, et situés dans certaines régions bien précises du mot.

■ 6.3. Une zone formée d'unités graphiques du lexique, par essence dispersées, utilisant divers éléments du système dans un but de distinction formelle.

■ 6.4. Un reliquat de lettres étymologiques ou historiques, qui se trouvent parfois, pas toujours, « récupérées » d'une façon ou d'une autre dans les rouages précédents, mais dont les liens avec le système n'apparaissent pas toujours clairement.

On peut représenter cet ensemble de la façon suivante :

SCHEMA DU SYSTEME

Légende :

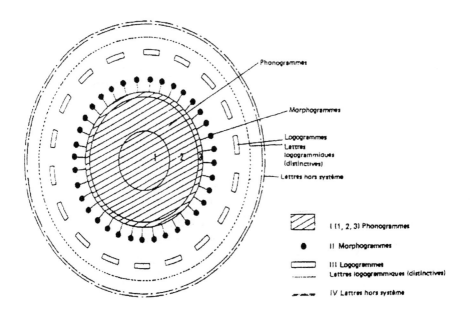

Phonogrammes

Morphogrammes

Logogrammes
Lettres
logogrammiques
(distinctives)

Lettres hors système

I (1, 2, 3) Phonogrammes

II Morphogrammes

III Logogrammes
Lettres logogrammiques (distinctives)

IV Lettres hors système

CHAPITRE 7
ELEMENTS DE PHONOLOGIE ET DE MORPHOLOGIE

1. Phonétique et phonologie : les sons et les phonèmes

Quoique le mot, pour l'usager d'une langue, soit considéré comme unité linguistique de base, parce que c'est celui-ci qu'il discerne le plus facilement dans une chaine écrite ou parlée (les mots, c'est important, on en connait ou n'en connait pas le sens [→ vol. II]), il est loin d'être l'unité la plus petite, mais se décompose à plusieurs niveaux. Du point de vue acoustique et articulatoire, un mot, par exemple *rouler*, constitue une suite bien déterminée de sons, une unité sonore [R-u-l-e] que Saussure, dans sa théorie des signes, appelle SIGNIFIANT et qui fonctionne, grâce à ce façonnement, comme porteur de significations ('se mouvoir sur des roues', 'avancer', ...). Les lettres dont sont en apparence formés les mots ne sont en vérité que les représentants graphiques de notre articulation qui nous permettent de lire, d'écrire ou d'imprimer. Il s'agit, dans ce cas, de combinaisons de lettres, réglées par un code d'orthographe (la norme orthographique) qui s'applique, pour le français au moins, aux mots et à l'au-delà des mots, mais très peu aux sons eux-mêmes [→ § 7.2. et chap. 6]. Pour rendre visibles, et par conséquent lisibles les sons et leurs combinaisons formant unité lexicale de façon univoque et conforme à la norme ORTHOÉPIQUE (l'orthoépie donne la norme acoustique et articulatoire), on se sert d'une transcription phonétique, en l'occurrence de celle de l'Association Phonétique Internationale (l'A.P.I.) qui répertorie l'ensemble des sons existants dans les langues les plus répandues (cf. annexe), ainsi pour notre exemple [R], [u], [l], [e].

Le mot a donc une double existence : une forme orale, qui peut être transcrite (on la met entre crochets : [Rule]), et une ou plusieurs formes graphiques (rouler, roulé, roulée, roulés, roulées etc.). Les sons se différencient les uns des autres par la manière dont et par l'endroit où ils sont prononcés et par leur impression auditive : [R] et [l] sont fricatifs (le courant phonatoire passe sur le côté des organes articulatoires en les frottant): [R] est un son pharyngal ou uvulaire, [l] un son alvéolaire (les lieux de leur articulation), tous les deux sont munis de sonorité (les cordes vocales du larynx participent à l'articulation) et d'une certaine durée. Tous les deux font partie des CONSONNES, catégorie de sons caractérisés par un « bruit » particulier qui émane du fait que l'air phonatoire est contraint de surmonter quelque obstacle que le locuteur, pour les produire tels qu'il les veut, lui impose.

Ainsi, LA PHONETIQUE se charge de décrire et de dénommer tous les sons :

- [ʀ] dans le français d'aujourd'hui, est un son fricatif, ou vibrant, dorso-vélaire (le dos de la langue et le voile du palais sont rapprochés) ou bien pharyngal ou uvulaire (prononcé dans le pharynx, la gorge) et sonore ;
- [l] est un fricatif alvéolaire et sonore. Comme l'air phonatoire passe sur le côté, là où la pointe de la langue touche les alvéoles, il est en même temps considéré comme un son latéral.
- [u] et [e] sont des voyelles. Tandis que [e] est articulé dans la partie antérieure de la bouche, cela se passe pour [u] beaucoup plus en arrière. L'air phonatoire peut sortir librement, il ne trouve aucun obstacle en route, de là leur dénomination de sons d'aperture. Leur degré d'aperture et leur lieu d'articulation ne sont naturellement pas les mêmes pour toutes les voyelles et ce n'est qu'ainsi que nait la multitude des possibilités de prononciation de la voyelle. La participation des lèvres (leur degré et type d'ouverture) et la position de la langue jouent également leur rôle. La voyelle est le centre d'une syllabe, il n'y a syllabe que s'il y a voyelle. Les consonnes et les semi-voyelles [j], [w] et [ɥ], par contre, ne sont pas aptes à créer une syllabe. Dans les syllabes, elles sont donc obligatoirement accompagnées de voyelles.

Une syllabe est dite OUVERTE si elle se termine en voyelle prononcée, autrement elle est FERMÉE. Enfin, pour les voyelles françaises, nous sommes devant une spécificité extraordinaire dont se passent beaucoup d'autres langues : en faisant baisser le voile, l'air phonatoire a accès à la fosse nasale et peut sortir, en partie, du nez. Ainsi naissent les voyelles NASALES si typiques du français. Sans accès nasal, l'air sort de la bouche ouverte ou mi-ouverte, les voyelles sont ORALES, c'est le cas du [e] et du [u]. En tenant la bouche close, en revanche, on ne peut en aucun cas produire des voyelles, mais seulement certaines consonnes qu'on appelle OCCLUSIVES. Mais là encore, la participation du caveau nasal est possible. Si l'air sort du nez, nous produisons, toujours à bouche close, des CONSONNES NASALES, telles [n] et [m]. Si l'air ne peut pas sortir librement, le nez étant inaccessible et la bouche close, il s'amasse derrière la bouche et s'échappe brusquement lorsque nous levons l'obstacle, de la sorte naissent les consonnes occlusives dites explosives [k], [p], [t] appelées en outre sourdes, car prononcées sans participation des cordes vocales, ainsi que leurs homologues sonores [g], [b], [d]. Ainsi, les sons du français peuvent être décrits de manière très détaillée et, par la suite, distingués les uns des autres. Isolés, ils constituent les éléments d'un répertoire de bruits (les consonnes) et de tons (les voyelles). Ce répertoire chez les individus est beaucoup plus grand qu'il ne le faudrait pour se faire entendre, et chaque langue n'en applique qu'une partie, un ensemble de SONS bien déterminé qui forment l'inventaire du phonétisme d'une langue donnée.
La PHONETIQUE a donc pour tâche de rechercher et de décrire cet inventaire avec, bien sûr, les particularités auditives et articulatoires de chaque unité de

l'inventaire. Pourtant, si l'on sait que chaque sujet parlant pratique en principe une prononciation individuelle, imprégnée des habitudes locales, sociales ou encore physio- ou psychologiques, on comprend qu'il soit nécessaire de faire abstraction de tous ces traits individuels pour établir (et enseigner) un standard : LA NORME ORTHOEPIQUE. Cette norme ne tient d'ailleurs pas seulement compte de la prononciation d'un son isolé, mais aussi des influences sur son articulation provenant de son entourage (des sons voisins) et enregistre encore d'autres particularités phoniques qui tiennent très souvent à l'histoire du mot, voire à son origine. En plus, la norme n'est pas, loin de là, scrupuleusement respectée par tous les locuteurs francophones. Elle représente plutôt un idéal, un modèle : celui de la prononciation du Parisien cultivé en situation communicative plus ou moins formelle, et cela depuis des siècles [→ chap. 3].

Dans l'optique du FLE, il faut en plus tenir compte des difficultés physiques et physiologiques que peuvent avoir les non-francophones quant à l'articulation des sons français. Bien que, grâce à l'appareil articulatoire humain, ils soient théoriquement capables de prononcer n'importe quel son, ils doivent être assistés dans la maitrise de l'articulation « à la française », car, d'un côté, ils sont soumis aux phénomènes d'interférence en ce qui concerne les sons apparentés de leur langue maternelle, de l'autre côté ils ne sont pas habitués du tout à l'articulation des sons que leur langue ne possède pas. On voit que la phonétique comprend, tout comme la grammaire ou le lexique, une part d'enseignement et d'apprentissage pratique, la PHONETIQUE CORRECTIVE. Par conséquent, il convient, pour le professeur FLE, de s'intéresser au phonétisme et aux habitudes d'articulation de la langue des apprenants. Un premier pas vers cet objectif serait la connaissance et la conscience de la BASE ARTICULATOIRE propre à chaque langue. Celle du français est décrite par exemple comme suit :

Les traits les plus typiques de la prononciation française sont le mode croissant et le caractère tendu de son articulation. Voyelles et consonnes se réalisent avec une énergie physiologique qui commence doucement et s'accroît progressivement : on parle d'attaque douce. Le mouvement ouvrant est progressif. De là découlent :
- la syllabation : la consonne se rattache à la voyelle qui suit plutôt à celle qui précède, il y a prédominance d'une syllabation ouverte (la syllabe se termine sur voyelle) ...
- les caractères des voyelles : absence de diphtongaison, absence de neutralisation vocalique .
- le lieu d'articulation est surtout l'avant de la cavité buccale...
Le français se caractérise également par l'égalité rythmique : la proéminence accentuelle est moins marquée que dans les autres langues européennes... »

(M.Arrivé et al. 1986, p. 512)

Pour pouvoir établir l'inventaire phonique d'une langue donnée, la linguistique moderne se sert d'un critère supplémentaire qui fait encore davantage abstraction

de toutes les variantes possibles : la propriété spécifique des sons à la différenciation sémantique. C'est-à-dire : dès qu'un son est en mesure, par sa qualité
phonique même, de faire apparaitre un autre mot lorsqu'on le met à la place d'un
son d'un mot donné (ce qu'on appelle une COMMUTATION), les deux sons
interchangés sont considérés comme éléments phoniques fondamentaux
constitutifs et bien distincts. Les oppositions que les phonéticiens ont pu déjà
révéler en étudiant les particularités auditives et articulatoires des sons (sourd *vs*
sonore, voyelles *vs* consonnes, nasal *vs* oral, aperture *vs* fermeture, vélaire *vs*
palatal etc.) sont ainsi complétées par l'opposition de distinction sémantique. De
cette manière, on peut séparer les variantes d'un son, qui, malgré une articulation
différente, ne mènent pas à un autre mot, des sons qui produisent l'effet de passage
à un autre mot. Les premiers constituent seulement une variante appelée
ALLOPHONE, tandis que les seconds, sons élémentaires et principaux, sont les
PHONEMES, transcrits cette fois-ci entre barres obliques. Comparons par exemple
le rôle des sons [R] et [r] en initiale par rapport au [R] en finale : [rule] ou [Rule] par
rapport à [fɛːR], [tɛːR], [mɛːR], [pɛːR], [sɛːR]. /f/, /t/, /m/, /p/ et /s/ seraient alors des
phonèmes du français contre [r] et [R], qui sont des variantes du seul et unique
phonème /R/. Le phonème se voit par conséquent défini comme étant

> « la plus petite unité de son capable de produire un changement de sens par simple
> commutation, sans avoir de sens lui-même. »   (Genouvrier/Peytard, 1970)

A première vue, les variantes d'un même phonème (les allophones), à l'exception
du [R], ne semblent pas être très différentes, mais un procédé de mesurage
phonétique, basé sur des données physiques, peut démontrer le contraire. Pour le
linguiste, ces différences constituent une quantité négligeable tant qu'il ne
s'intéresse qu'à l'inventaire des phonèmes. Il devient phonologue, sa matière est
désormais LA PHONOLOGIE. Il définit les unités phoniques fondamentales du
français à l'aide du critère phonologique décrit plus haut et introduit par
R. Jakobson et N. Troubetzkoy. Suivant cette définition, le français contemporain
standard comprend entre 35 et 37 phonèmes (cf. tableau Document 1) qui se laissent
caractériser au-delà de leur fonction phonologique par leurs traits acoustiques et
articulatoires spécifiques. Ce n'est qu'à partir du moment où le linguiste entre-
prend des recherches sur le phonétisme des dialectes ou du français régional ou
des parlers individuels [→ chap. 3] qu'il redevient phonéticien.

- **TRAVAIL 1 Document 1**
  Vérifiez votre maitrise des signes de transcription phonétique de la A.P.I. Transcrivez les
  petites phrases et comparez après avec la solution. Marquez d'une flèche les endroits où il y a
  changement de l'intonation.

Exemple : Ses amis ne prennent pas d'anis ni de cognac.
[sezami↑nprɛnpadanis↑nidkɔɲak ↓]

1 Vous avez un enfant. C'est une fille ?
2 Elle est bête et fait des bêtises.
3 Mettez-le par-dessus ou par-dessous.
4 Il mourrait de peur s'il voyait un gangster.
5 Vous pensez que c'est un contresens invraisemblable, n'est-ce pas ?
6 J'en ai huit et toi, tu en as dix.
7 On exige un examen du boxeur mexicain. Il a soixante dix-huit ans !

- **TRAVAIL 2 Document 1**
  Donnez une description détaillée des spécificités articulatoires et auditives des phonèmes suivants. De quel type de sons s'agit-il ? Vous pouvez vous référer à la grille dans l'annexe (Document 1).
  [p], [d], [f], [z], [ɲ], [w], [y], [ɔ].

- **TRAVAIL 3 [→ COR]**
  Qu'est ce qu'une syllabe ouverte/fermée ?
  Renseignez-vous et insérez vos décisions dans la grille :

mot	ouvert	fermé	ouvert	fermé	ouvert	fermé	ouvert	fermé
maison	mai		son					
monotone								
revirement								
transformation								
ennuyer								
objectif								
parachutiste								
simplicité								

2. Relations phonèmes - graphèmes

Comme nous l'avons déjà signalé au chap. 6, il y a parfois des différences considérables entre la forme phonique et la forme graphique des mots. Le vrai problème du français pour l'apprenant de langue maternelle comme de langue autre que française ne réside pas simplement dans le clivage des formes écrites par rapport aux formes prononcées (pour la justification de l'écrit [→ chap. 6]), mais surtout dans les correspondances compliquées, car assez hétérogènes, entre les phonèmes et les combinaisons de lettres qui les représentent à l'écrit, les **GRAPHÈMES**. Il faut chercher la cause de ce fait troublant dans l'histoire de l'orthographe qui est en effet très anachronique par rapport à l'évolution du français parlé : L'origine latine du français se lit plus qu'elle ne s'entend.

Et pourtant il y a eu une époque très longue où l'on prononçait à peu près comme on écrivait. Les consonnes finales tout comme le -s du pluriel se prononçaient, il y avait des diphtongues etc. Aujourd'hui les données sont plus compliquées : Dans [po] (pot), [le] (les), [ami] (amis), [ʃjɛ̃] (chien), les consonnes finales ne se prononcent pas, mais se laissent entendre dans *pot au feu, les amis*. En revanche, on prononce [nɛt] (*net*), [laps] (*laps*), [spesimɛn] (*spécimen*), on dit [inisjal] (*initial*) et [eʒipsjɛ̃] (*égyptien*), mais [sutjɛ̃] (*soutien*) et [biʒutje] (*bijoutier*), on prononce [sɛt] (*sept*) et [sɛtjɛm] (*septième*), mais il faut dire [sɛptɑ̃br(ə)] (*septembre*), [sɛptɑ̃t] (*septante*) et [sɛptɥaʒenɛʀ] (*septuagénaire*). L'analogie n'est pas fiable dans tous les cas : *anguille* et *aiguille, oindre* et *oignon, équarrissage* et *équateur, suspect* et *respect*, en témoignent. Le -e dit « muet » dans : *passe-moi un verre* et dans : *la fenêtre* ne l'est pas dans *une fenêtre* ; pour : *je ne te*, on peut avoir [ʒəntə...], mais pas [ʒnət...]. Pour le phonème /ɛ/ les représentants graphiques peuvent être è, ê, ais, ait, et, aient, ai, ay, ey. A l'inverse, G représente le son [g] devant a, o, u, (*gaz, mégot, aigu*), mais [ʒ] devant e, i (*large, gilet*). Prononcer [g] devant e, i exige un autre représentant : GU (*guérir, guide*) ; prononcer [ʒ] devant a, o, u en exige encore un autre : GE (*mangeait, geôle, gageure*).

Un problème qui rend cette situation encore plus difficile pour l'apprenant est l'autre particularité du français qui consiste dans l'enchainement des mots de la chaine parlée appartenant à un ensemble sémantique (un syntagme par ex.), formant ainsi un mot phonétique, c'est-à-dire un groupe qui se prononce en un trait d'haleine : LE GROUPE RYTHMIQUE. Là où dans le code graphique, chaque mot est, en principe, séparé du mot voisin par un blanc (faisons pour l'instant abstraction des composés et d'autres cas qui tiennent à la définition du mot [→ vol. II]), le mot phonétique du code oral est le résultat d'une liaison ininterrompue de sons représentant les signifiés en questions, où, par exemple, les consonnes muettes du mot isolé peuvent devenir audibles, tandis qu'un [ə] sera vraiment muet : *C'est un ami de nos enfants* : [sɛtœnamidnozɑ̃fɑ̃].

En outre, certains mots connaissent des variantes orthographiques (*cuiller* ou *cuillère, clef* ou *clé, lieu-dit* ou *lieu dit, fantasme* ou *phantasme, yaourt, yogourt* ou *yoghourt, laïc* ou *laïque*) et aussi phonétiques (*reddition* : [redisjõ] ou [rɛdisjõ], *jeep* [dʒip] ou [ʒip], *hôpital* [opital] ou [ɔpital], *gas-oil* [gazɔil] ou [gazwal]).

- **TRAVAIL 4 [→ COR]**
  La prononciation correcte de mots difficiles :
  Prenez votre décision, entre **a** ou **b** , quant à la prononciation des syllabes soulignées.

1. a = [e] b = [ɛ] ([ɛʀ]) dans : réglementer, régler, aide, aidé, léger,
   événement, bête, bêtise, fier,
2. a = [ɥe] ([we]) b = [ye] ([ue]) dans : suer, nouer,
3. a = [ije] ([ijõ]) b = [je] ([jõ]) dans : pliez, riez, Lyon,
4. a = [ɲ] b = [n] dans : camping, montagne,
5. a = [ɛ] b = [ɛ:] dans : maitre, mettre,
6. a = [a] b = [a:] dans : patte, pâte,
7. a = [gz] b = [ks] dans : exactement, Xavier, examen, excessif,
8. a = [ɛ] ([œ]) b = [ai] ([y]) dans : maïs, gageure, nous eûmes, aiguë,
9. a = [aj] ([ij]) b = [ɛl] ([il]) dans : ail, aile, fille, ville, tranquille,
10. a = [aj] b = [ɛ] dans : cobaye,
11. a = [waje] b = [wajje] dans : croyez, croyiez,
12. a = [ei] b = [ɛ] dans : abbaye, pays, il paie
13. a = [yi] b = [ɥi] dans : huit,
14. a = [wɛ̃] b = [oɛ̃] dans : loin
15. a = voyelle b = pas de voyelle
    nasale nasale dans : enivrer, thym, rhum, maximum, Reims,
16. a = [eɛ̃] ([iɑ̃]) b = [ejɛ̃] ([ijɑ̃]) dans : Européen, client,
17. a = [ɑ̃] b = [ɛ̃] dans : appendice, benzine, référendum,
18. a = [iɲ] b = [ɛ̃] dans : shampooing, meeting,
19. a = 2 voyelles b = [ɑ̃] dans : Caen, paon, Saint-Saëns,
20. a = [p] prononcé b = pas de [p] dans : prompt, drap, cap, corps, concept,
    septième, sculpter, baptiser,
21. a = [ɛ] b = [ə] dans : faisant, professeur,
22. a = [ø] b = [œ] dans : bœufs, œufs, meute, neutre, jeûne, jeune,
    cueille, meunier,
23. a = [o] b = [ɔ] dans : vogue, rauque, robe, loge, grosse, idiome,
    atome, atomique,
24. a = [ɔ] b = [ɔɔ] dans : alcoolique, coopérative, coopérer,
25. a = [-0] b = [-s]([-z]) dans : las, gaz, pas, six, six tables, jadis, tourne-
    vis, terminus, sens, os,
26. a = [wa] b = [oɛ] dans : poêle, moelle, moelleux, Noël
27. a = [t] ([ʀ]) b = [tt] ([ʀʀ]) dans : vingt-trois, netteté, arriver
28. a = [b] prononcé b = pas de [b] dans : plomb, club,
29. a = [b] ([d]) b = [b]([t])
    désonorisé dans: obtenir, grand homme, quand il,
30. a = [t] ([d]) b = [t] ([d]) pas
    prononcé prononcé dans : asthme, net, brut, soit, un fait,
    Montréal, démocratie, noeud, grand-rue
31. a = [k] b = [kw] dans : aquarium, adéquat, square,
32. a = [ʃ] b = [k] dans : archaïque, orchidée, psychologie,
    psychique, Zurich,
33. a = [k] prononcé b = pas de [k] dans : escroc, tabac, estomac, marc, Marc, bouc,
    dis donc, distinct, ski,
34. a = [gi] b = [gɥi] dans: aiguille, linguiste, ambiguïté, Guy, aiguiser,

35. a = [gʒ] ([gn])	b = [ʒ] ([ɲ])	dans :	suggestion, stagnation,
36. a = [f] prononcé	b = pas de [f]	dans :	nerf, chef-lieu, chef d'œuvre, nef, clef
37. a = [w]	b = [v]	dans :	interviewer, waters,
38. a = [f]	b = [v]	dans :	neuf ans, naïveté,
39. a = [sj]	b = [tj]	dans :	martial, bestial, égyptien, initier,
40. a = [l] prononcé	b = pas de [l]	dans :	pouls, saoul, outil,
41. a = [mn]	b = [n]	dans :	hymne, automne, damner,
42. a = [ɛ̃]	b = [ɛn]	dans :	amen, dolmen, spécimen, doyen

Quelles particularités se rencontrent par ex. dans: *solennel, second, sandwich, gruyère* ?

Etudiez de plus près la prononciation des mots *plus* et *tous* en français (document 2) et du « *e*-muet » (document 3). Relisez les passages correspondants du chap. 4.4.

3. Prosodie

L'assemblage des sons isolés pour obtenir un mot et des mots pour obtenir une CHAINE PARLÉE ne constitue pas seulement un simple alignement de phonèmes bien déterminé. Chaque mot polysyllabique présente aussi une syllabe tonique, c'est-à-dire l'accent de mot. C'est, pour le français, en cas normal la dernière syllabe prononcée du mot, ou mieux : sa voyelle. Si le mot, par dérivation ou composition [→ vol. II] devient plus long, ou en cas de groupe de mots (syntagmes), l'accent se déplace constamment vers la fin, on parle de L'ACCENT DE GROUPE. Dans la chaine parlée, outre cet accent mobile, et pour cette raison assez typique du français, (il n'existe pas en allemand, ni en anglais, espagnol ou italien), plusieurs autres moyens acoustiques et articulatoires entrent en jeu. Ils contribuent à sa structuration, à sa différenciation et, par là, aussi à sa sémantisation, voire à son interprétation : LES MOYENS SUPRASEGMENTAUX (ils s'installent au-dessus de l'ensemble des segments phoniques) ou PROSODIQUES (du grec : accent, quantité dans la prononciation).

Les plus importants en sont, à côté de l'accent de mot et de l'accent de groupe, l'accent d'insistance, l'intonation ou mélodie de la phrase, le rythme et la pause. Bien évidemment, ces marques sont liées à l'énonciation, non à la simple prononciation. Autrement dit, ce n'est que l'énoncé, aussi court soit-il (*Tenez !/Bien./Bien sûr !/Attention !/Merci, monsieur.* etc.), qui porte des marques prosodiques, le mot unité de dictionnaire n'a que son accent de mot, et même celui-ci est plutôt théorique. La partie de la phonétique qui analyse et décrit ce phénomène de structuration suprasegmentale du discours s'appelle la PROSODIE.

Par INTONATION, on entend la conduite vocale que le locuteur dirige en formant de sa voix une espèce d'arc parce qu'il la fait descendre ou monter entre 4 degrés de hauteur au moins. La voix qui monte, puis retombe à la fin d'un groupe réuni par le sens pour remonter de nouveau et, de nouveau, retombe avec une certaine permanence, fournit à la langue française cette impression mélodieuse largement connue et appréciée. En même temps, l'intonation sert à distinguer les modalités de l'énoncé ou types communicatifs (*déclaratif/ assertif, interrogatif, impératif, exclamatif* [→ vol. II]) aidant ainsi à les caractériser mélodiquement, et mettant en relief l'intention communicative du locuteur. Parfois, elle constitue même le seul moyen employé dans la communication orale à cette fin : *tu es malade* (simple constatation, interrogation, exclamation/regret ou intérêt ne s'intonent pas de la même façon).

Les **PAUSES** découpent la chaine parlée en divers groupes réunis étroitement par leur sens, marquent la fin de l'énoncé ou de l'énonciation (*ils disent que / dès qu'ils l'ont fini / ils te l'envoient // ah bon //*) contribuent à distinguer les composants sémantiques redondants et explicatifs qui suivent une pause, des composants essentiels déterminatifs (*les enfants qui ont travaillé seront récompensés //* vs. *ces enfants / actifs et travailleurs / auront tous une récompense //*).

A l'aide de **L'ACCENT D'INSISTANCE**, qui se place sur une autre syllabe que celle où l'accent se trouve normalement, il est possible de donner du relief à certains éléments du message. Cet accent nous permet par exemple, dans le discours affectif ou emphatique, d'insister sur notre émotion, sur notre point de vue subjectif ou encore de rendre plus clair ce qui pourrait être ambigu ou prêter à malentendu. Ainsi :

c'est MAGnifique !
c'est bien ce que tu DIS vs. c'est BIEN ce que tu dis
je parle de l'EXportation et non de l'IMportation

Mais que l'on n'en abuse pas trop, puisqu'il peut être aussi l'indice d'une manie ou d'un style de milieu. Beaucoup plus courant en allemand ou en italien, il est largement dépassé par les moyens syntaxiques de mise en relief.

Le code graphique, de son côté, dispose de quelques moyens semblables, néanmoins ils ne reflètent les proportions de la prosodie qu'assez incomplètement, tels les **SIGNES DE PONCTUATION** : « la virgule » représente la pause et sert à segmenter, les points, « points d'exclamation et d'interrogation » de même que « les points de suspension » marquent les types d'énoncé communicatifs correspondants. « La mise en relief », « l'accentuation » peuvent être indiquées, outre que par les moyens syntaxiques, par des moyens graphiques ou typographiques. « L'intonation », de par sa nature, manque complètement.

4. Morphologie
Les plus petites unités présentées ci-dessus (les sons ou les phonèmes) contribuent toutes, comme on vient de le voir, à la naissance du sens du mot ou d'une unité linguistique encore plus grande, sans pour autant être munies d'une signification quelconque elles-mêmes. Prises dans leur totalité, elles forment un ensemble rela-

tivement réduit, qui, en plus, est bien limité, fermé. A l'autre point extrême se trouve le réservoir immensément grand, on peut dire : illimité, donc ouvert, des unités du lexique, qui, elles, portent, chacune, au moins une signification. En les regardant de plus près, on peut néanmoins y relever des traits, des éléments, des modes d'application que certaines d'entre elles présentent en commun ou, au moins, qui se ressemblent, par rapport aux autres qui ne les présentent pas. Cela concerne avant tout leur forme et leur fonction ou valeur grammaticale.

Nous entrons donc avec **LA GRAMMAIRE** dans un domaine qui cherche (et c'est un de ses objectifs) à classifier ce répertoire illimité selon les valeurs et traits communs de ses représentants – les mots. Ces traits communs, on peut les découvrir tout d'abord dans leur forme, mais il faut rappeler tout de suite que le côté formel en langue peut être trompeur s'il n'est pas immédiatement mis en rapport avec sa fonction, sa valeur ou sa signification[1]. Malgré cela, l'apprentissage d'une langue nous contraint très tôt à apprendre à produire et à reconnaitre les formes. Et, qui plus est, cet apprentissage facilite énormément la libre production d'énoncés, car il nous aide à dire beaucoup de choses avec peu de moyens. Vu sous cet angle-là, on peut même dire, aussi bizarre que ce soit, que la grammaire représente une simplification extraordinaire de la multitude et de la diversité des unités lexicales et des possibilités d'en construire des énoncés entiers dont une langue dispose. La classification selon la forme est dite **MORPHOLOGIQUE** et repose sur les critères de la séparabilité et de la variation.

Le critère de la **SÉPARABILITÉ** tient compte du fait que certains mots sont décomposables en unités plus petites (au-delà des sons, évidemment), isolables, avec une signification ou une valeur particulière qui s'intègre à la signification du mot « complet » (la première articulation selon Martinet (1968)). Si, et seulement si ces unités plus petites manifestent ce trait sémantique, elles sont des unités morphologiques, sinon, il s'agit de purs alignements de sons ou de lettres. Comparons (1) [maʀl], (2) [mɛʀl] et (3) [paʀl] :

    (1) n'est qu'une suite de sons puisqu'il ne suscite aucune représentation mentale, est dépourvu de signification,

    (2) signifie quelque chose, mais n'est pas décomposable, car on ne peut reconnaitre aucune unité porteuse de signification en dehors du tout, au moins synchroniquement,

    (3) en revanche, présente un élément *-e* (même s'il n'est pas clairement prononcé) que l'on retrouve dans d'autres mots du même type (*chante, ferme, ouvre* etc.) et il est bel et bien une unité morphologique : elle

---

[1] Ces trois termes reflètent, en linguistique, des concepts assez hétérogènes. Contentons-nous ici de les entendre au sens assez strict: fonction = le rendement d'une forme par rapport à un processus grammatical, sa contribution; valeur = capacité/poids grammatical d'une forme qui lui revient par la délimitation réciproque des unités d'un paradigme; signification = apport sémantique.

exprime l'impératif, c'est-à-dire une espèce d'ordre adressé à l'interlocuteur que le locuteur tutoie, sa valeur. Mettons [e] à la place de [–]
(4) *parlez*, et l'on aura encore l'impératif, cette fois adressé soit à plusieurs
personnes soit à une seule que l'on vouvoie. Ces deux unités se retrouvent
par conséquent dans une même classe, appelée impératif.

Cette classe est, en sciences de la langue, une catégorie, et comme je ne
m'intéresse pour l'instant qu'à la forme (bien qu'un sens doive être présent), une
des catégories morphologiques. Cette unité plus petite que le mot est appelée
MORPHEME : la forme *parlez* [paʀle] se compose ainsi de deux morphèmes, l'un
qui fait partie de la catégorie impératif (qui est grammaticale), l'autre qui fait
partie de la catégorie bases lexicales et qui comporte la signification propre, le
concept (ici : d'une activité bien déterminée). Morphèmes lexicaux et morphèmes
grammaticaux coopèrent, et il est évident pour tout le monde que connaitre le
répertoire des morphèmes grammaticaux constitue un grand avantage, et recouvre
une partie des connaissances grammaticales indispensables.

Le deuxième critère, celui de la VARIATION, n'est autre que la conséquence
logique du premier : les mots de ce type, tout en présentant une structure
morphologique (ils sont composés de deux ou plusieurs morphèmes), offrent un
ensemble de formes différentes : on a vu *parle*, *parlez*, on trouvera encore *parlons*,
rien que pour l'impératif. On obtient ainsi le PARADIGME de l'impératif des verbes
en *-er*. On dira donc qu'un mot comme *parler* est variable. Mais le phénomène des
morphèmes n'est pas si simple que cela. Reprenons cet autre exemple qui, à
première vue, n'était pas décomposable : *merle*. Nous sommes obligés de nous
corriger, car nous pouvons très bien trouver la forme *merles*, décomposable : le *-s*
nous indique l'idée du pluriel - une autre catégorie grammaticale ; *merle* est alors
variable, seulement le morphème du singulier n'a pas sa propre expression si ce
n'est le manque du morphème du pluriel. Réflexion tout à fait théorique, car,
introduit dans un énoncé, on aura une nette opposition audible entre [ləmɛʀl] et
[lemɛʀl]. La situation se présente différemment à l'écrit : *le merle* et : *les merles*,
d'où un décalage dans l'analyse morphologique (des morphèmes) entre l'oral et
l'écrit. Cet état de choses nous permet de dire que les articles (et d'autres déterminants) fonctionnent comme des morphèmes de la catégorie grammaticale du
nombre, au moins à l'oral, et que l'article lui-même est variable aussi, car il se
réalise grâce à des paradigmes (singulier/pluriel, masculin/féminin), même si sa
séparabilité pose problème : (l-), unité de base, n'a pas d'existence autonome. Les
choses se passent différemment si l'on remonte dans l'histoire [→ chap. 5]. La
structure morphématique de la forme du singulier des noms pourrait être décrite
ainsi : morphème de base (lexical) : *merle* [mɛʀl], morphème grammatical du
nombre : zéro.

De cette manière, on retrouve une approche qui nous est déjà familière : l'opposition binaire de traits distinctifs (une entité le possède, l'autre en est démunie ; exemple : la sonorité : /z/ la possède, /s/ ne la possède pas. Ce principe est assez pratique et nous aide à mieux comprendre le fonctionnement de la langue (qui repose pour une grande partie sur la faculté de l'interlocuteur à discriminer, voire à distinguer)², mais son application à certains domaines de la grammaire n'est pas partagée par tous les linguistes.

Pour regrouper en catégories grammaticales les unités du lexique, on se sert de plusieurs critères à la fois. En premier lieu, on prend en considération leur caractère grammatical, leur valeur sémantique ne vient qu'après. Tous les mots ont, en effet, un côté grammatical, une composante qui leur est inhérente. Dire par ex. que les verbes expriment une activité (catégorie sémantique) est d'abord banal et, en plus, faux. Le verbe est une distinction grammaticale, la catégorie VERBE ne se définit sémantiquement que de façon très abstraite et générale : les référents (les phénomènes qui sont désignés par des verbes) sont vus dans leur processualité, liée à l'idée d'une certaine durée inhérente, donc en relation avec le concept de temps et de durée (*Zeitwort* pour les Allemands). Mais du point de vue grammatical, on peut très bien cerner le VERBE : C'est l'espèce de mot (partie du discours) qui, morphologiquement, est apte à s'adapter à la catégorie de la personne, du temps, du mode (l'impératif par ex.), et syntaxiquement, au sujet, pour former avec lui un noyau énonciatif. Sur le plan sémantique, chaque verbe correspond à un type singulier de procès auquel participent un ou plusieurs actants (ce qui est un reflet du monde extralinguistique). La traduction langagière de ce phénomène s'effectue à travers les relations syntaxiques, la valence (verbe-sujet-compléments [→ vol. II]).

Ainsi, la **fonction syntaxique** et la **référence généralisée** ainsi que les **traits morphologiques** ont abouti à la classification traditionnelle des mots héritée du latin et largement connue sous le terme de PARTIES DU DISCOURS ou CATEGORIES : articles, noms, pronoms, verbes, adjectifs, adverbes, prépositions, conjonctions, interjections. Les mots à plusieurs formes *(petit, petite, petits, petites ; marcher, marchez, marchons, marchent* etc.) sont donc composés de morphèmes lexicaux (base lexicale) et grammaticaux et ce sont ces derniers qui fournissent la variabilité. Leur valeur est purement grammaticale, mais on peut néanmoins leur attribuer une espèce de signification qu'on appelle communément signification grammaticale. Le concept de la signification sera exposé plus tard [→ vol. II], mais nous pouvons dès lors retenir l'idée d'une signification particulière qui ne vise pas, comme le fait la signification lexicale, un référent extralinguistique (du « monde » dont il est question), mais le procédé de mise en

---

² Rappelons la célèbre formule de Saussure: « La langue est une forme et non une substance. » [→ chap. 1.6]

discours. Leur référence est le procédé d'activité linguistique lui-même, leur fonction est également sémantique (puisqu'elles fournissent une information), mais cette information nous aide seulement à mieux organiser la compréhension, comme si c'étaient des indications, des directives sur comment interpréter les unités de l'énonciation (par exemple à quoi/qui il faudra attribuer la qualité d'être *petit* grâce à la position et à la forme de l'adjectif : position et genre/nombre étant des catégories grammaticales ; comment interpréter l'usage de *marcher* : comme une activité en cours exécutée par une tierce personne (*il marche*), ou comme une activité à laquelle le locuteur invite son interlocuteur (*marchez*) : personne, temps et mode étant, eux-aussi, des catégories grammaticales). Les morphèmes grammaticaux constituent les plus petites unités linguistiques munies de signification.

Certains morphèmes grammaticaux existent seulement sous forme de dépendance (liée à une base lexicale), d'autres paraissent bénéficier d'une existence autonome en unités du lexique (*le, la, elle, de, en, cette, son, sa, cela, que, ici, où, parce que, afin que* etc.). Mais leur référence n'est pas non plus « le monde » avec ses objets, dans un mode immédiat. Si c'en est un (mettons : *elle* pour *pomme*), il l'est sous forme de reprise, de renvoi à l'unité lexicale propre *pomme* : > *elle/la/y/en* : nous sommes donc de nouveau devant un procédé énonciatif. Mais cela peut être aussi un renvoi à un énoncé complet (je *l'*ai déjà dit et je *le* répète), une appartenance ou attribution à une personne sujet ou objet de l'énonciation (*ma/sa* pomme), un renvoi à la situation d'énonciation (*cette* pomme-*là, ici*) ou au contexte verbal (*cette* pomme), un mot de connexion qui illustre le type de rapport sémantico-logique entre deux faits énoncés (fait 1 *afin que* fait 2), un indice de la volonté du locuteur d'en savoir plus, donc du manque d'information (*où* sont mes souliers ?), un renvoi à la personne qui exécute ou subit une action ou possède une qualité (par ex. l'interlocuteur : *tu* es méchant) etc.

Leur existence sous forme de mot nous suggère une signification plus ou moins claire, mais, pour certains, elle est loin de l'être (certaines prépositions : telles *de, à*), pour d'autres, elle est strictement liée à l'emploi en contexte (*aujourd'hui, ici, cette, mon, ma, que, dont*), pour d'autres encore c'est l'expression d'une relation-type ou d'une pensée relativement abstraite (*parce que, à cause de, dans, avec, si*). Leur signification fonctionne, tout comme pour les morphèmes liés, seulement dans leur rapport à des morphèmes lexicaux voire par leur insertion dans des unités significatives plus grandes : le syntagme ou l'énoncé-phrase. Il s'agit, à vrai dire, beaucoup plus, pour ces éléments, d'une fonction grammaticale que d'un sens[3]. Certains grammairiens les ont appelés

---

[3] La fonction des prépositions et des conjonctions serait celle de servir d'éléments de jonction entre deux unités énonciatives (mot, syntagme, proposition). Leur choix s'opère selon la nature de ces unités et la relation sémantico-logique à transmettre, ce qui est d'ailleurs la preuve qu'ils ont une valeur sémantique.

« mots-outils ». Leur répertoire est, lui aussi, quantitativement limité. Leur recensement devra prendre en compte les parties du discours (catégories lexico-grammaticales fondamentales) ainsi que les catégories grammaticales partielles (plutôt morphologiques) dans lesquelles les premières se manifestent. Mais un rôle particulièrement important leur incombe en syntaxe [→ vol. II].

A cela s'ajoutent certains problèmes spécifiques : les morphèmes de base, en nombre illimité, peuvent participer à plusieurs parties de discours : *pouvoir* et *marche* peuvent entrer dans les catégories et du nom et du verbe, la nominalisation est d'ailleurs, théoriquement au moins, possible pour n'importe quel mot. Les catégories fondamentales possèdent leurs (sous-)catégories spécifiques, leur dénomination n'est pas toujours bien justifiée et peut conduire à une interprétation erronée ou simpliste.

La catégorie du genre, par exemple, comporte l'opposition exclusive du masculin et du féminin, mais elle est immédiatement liée à la catégorie du nombre qui comporte, elle, l'opposition exclusive du singulier et du pluriel. Ce sont les noms, les adjectifs et les pronoms qui affichent ces deux catégories, pourtant de façon différente. Cela ne concerne pas seulement la forme dont elle se manifeste (à l'oral ou à l'écrit ; dans l'article et parfois dans le suffixe pour le nom, dans la désinence pour l'adjectif, encore autrement pour le pronom), cela constitue un vrai problème sémantique et fonctionnel, c'est-à-dire communicatif. Les mots qui se combinent en unités plus grandes, accompagnées de leurs déterminants, formant ainsi un groupe syntagmatique, portent aussi les marques formelles de leur solidarité, de leur cohésion. Les indices du nombre et du genre sont transférés par exemple à tous les membres variables du groupe nominal de même qu'à son substitut : *ce beau portail gothique - il ... / ces beaux portails gothiques - ils ...* (ACCORD). La variabilité du nom français se limite à deux formes, car le genre lui est inhérent et l'usager a comme seule option le singulier et le pluriel : *pot - pots, porte - portes.* Le nom latin, russe ou allemand, au contraire, est plus riche en formes, car son paradigme (l'ensemble des formes optionnelles existantes) comprend encore les cas, catégorie de déclinaison quasi inconnue au français moderne. Le paradigme des noms ne comprend donc pratiquement jamais plus de deux formes, à l'exception des

a) noms se référant à des êtres vivants dotés de sexe et dont la forme féminine et masculine ne sont pas identiques : *vieux - vieille - vieux - vieilles ; chien - chienne - chiens - chiennes ; acteur - actrice - acteurs - actrices* etc.

b) noms employés uniquement en singulier ou pluriel (**singularia** ou **pluralia tantum**) : Ils n'ont qu'une seule forme : *or ; sable ; gens ; noces, ciseaux.* Si la deuxième forme existe, il s'agit ou d'une variante *(noce)* ou d'un mot polysémique (*sables* espèces de sable ; *ciseau* outil de menuisier ou de sculpteur).

Le paradigme des adjectifs, en revanche, doit comprendre normalement quatre formes, vu que les adjectifs sont appelés à s'accorder au nom avec lequel ils entrent en contact sémantique et syntaxique (accord, voir plus haut) : forme masculine et féminine, et de nouveau forme du singulier et du pluriel : *petit, petite, petits, petites ; bon, bonne, bons, bonnes*. Les adjectifs en -*e* n'en ont que deux *(facile, faciles)*, quelques autres types en présentent trois : *heureux, heureuse, heureuses ; vieux, nouveau* et *beau* ainsi que *ce* possèdent une forme supplémentaire quand ils précèdent un nom masculin avec initiale vocalique : *vieil, nouvel, bel, cet*.

L'individuation, en théorie grammaticale, des morphèmes du genre et du nombre reste problématique. Le principe structuraliste qui veut qu'on oppose, dans un cas de dichotomie, la forme marquée à la forme non-marquée nous amène à dire que le singulier du nom et le masculin singulier de l'adjectif représentent les formes non-marquées, car on voit difficilement un représentant formel de ces catégories ; on parle de MORPHÈME ZERO : *pot-0, petit-0*). Il s'agit, par contre, d'un cas de NEUTRALISATION, si l'appartenance sans équivoque à une des catégories ou sub-catégories (le masculin ou le féminin par ex.) est occultée. Ainsi, au pluriel, la catégorie du genre peut être latente, non explicite: *les enfants, les chats*. Pour d'autres noms, les marques du genre sont manifestes, mais moins celles du nombre, dû à l'amuïssement du *s*-final: *boulanger - boulangère - boulangers – boulangères ; paysan - paysanne - paysans – paysannes ; plateau – plateaux ; fonctionnement(s) ; anniversaire(s)* (m.) - *fonction(s) ; chargeuse(s) ; bordure(s) ; charrette(s)* (f.). Ici, nous avons affaire à un autre type de morphèmes: Ils servent à former des dérivés à partir de bases lexicales, et sont quasi systématiquement porteurs de marques du genre. [→ infra].

Le verbe possède le paradigme le plus riche, car déjà ses catégories grammaticales sont nombreuses : Le MODE, la PERSONNE, ceux-ci jumelés au NOMBRE, au TEMPS, à la VOIX et, assez controversé, à l'ASPECT. La catégorie du mode rassemble une série de formes du verbe dont l'indicatif serait, suivant la méthode d'individuation des morphèmes, la forme non-marquée. Ses formes verbales se caractérisent par les morphèmes de la personne et du temps, qui, très souvent, sont amalgamés ou disposés par couches et peuvent se charger de significations modales ou aspectuelles. Les formes « personnelles » reflètent les personnes intégrées dans la communication, le locuteur (la 1ère personne), l'interlocuteur (la 2ème personne) et celui/ce dont on parle (la 3ème personne), ceci au singulier ou au pluriel. L'indication des personnes s'effectue au moyen de morphèmes spéciaux qui se joignent au radical ; mais comme ils ne sont pas suffisamment pertinents (la distinction, à l'oral, des formes n'est pas garantie en entier), le verbe à la forme personnelle est toujours accompagné de son pronom personnel, et celui-ci devient en quelque sorte un morphème, lui aussi. L'indication peut donc être, dans beaucoup de cas, et surtout à l'écrit, double : *tu* chant-*es*, *nous* chant-*ons*, *ils* chant-*ent*.

Tout comme en phonologie, la description morphologique se sert également de la notion de variante. Les formes de l'imparfait et du passé simple par ex. offrent un morphème qui cumule valeur temporelle et valeur personnelle. L'imparfait présente un paradigme bien régulier et indépendant du type de conjugaison, tandis que le passé simple nous offre des variantes morphématiques (**ALLOMORPHES**) selon les types de conjugaison reconnaissables au morphème de l'infinitif : ferm-*a*, dorm-*it*, répond-*it*, ainsi que de nombreuses formes dites irrégulières : *vit, dut, put, vint, fit, naquit* etc. Puisque notre vue reste synchronique ici, nous nous désintéressons des raisons historiques de cette disparité.

La structure morphématique du passé composé est encore différente. Il s'agit d'un cas de composition de morphèmes libres (auxiliaire et participe) et liés (personne et forme du parfait (dite passée) du participe, et, occasionnellement, marque du pluriel ou du féminin) : tu *as* chant-*é* ; elles *sont* ven-*u-e-s*. Le mode participe dispose de ses propres morphèmes (-*ant* pour le présent, -*é*, -*i*, -*u* et d'autres variantes pour le parfait). C'est son emploi adjectival (là encore, on trouverait les raisons dans l'histoire du français), qui lui fournit la capacité de se charger de morphèmes des genre et nombre (comme en ven-*u-e-s*).

Le mode subjonctif a également ses propres morphèmes du présent et de l'imparfait. Ceux du présent sont parfois identiques aux morphèmes de l'indicatif (classe des verbes en -*er*) : *je* chant*e*/chant*e* ; *ils* chant*ent*/chant*ent*, par contre : *nous* chant*ons*/chant*ions* ; *je* fin*is*/fin*isse* ; *je* do*is*/do*ive*.

Les marques formelles du mode **CONDITIONNEL** sont doubles : d'un côté il se distingue de l'indicatif (mais pas du futur) par l'apparition du son [R] qui lui vient de l'infinitif auquel s'ajoute la désinence personnelle et temporelle amalgamée. De l'autre, il utilise cette dernière (morphème de l'imparfait) ce qui le met en opposition au futur. C'est pourquoi, d'un point de vue purement morphologique, futur et conditionnel n'appartiennent pas, malgré leurs valeurs correspondantes, à la même classe.

Le paradigme verbal ne s'arrête pas là. En font partie également les formes périphrastiques : pour exprimer des nuances modales, temporelles ou aspectuelles, on peut recourir à d'autres verbes. Leurs formes se sont chargées ainsi d'une fonction grammaticale par rapport au verbe qu'ils accompagnent (comme c'est le cas des auxiliaires), et c'est cette valeur qui (au moins pour certains d'entre eux) leur a confié une nouvelle signification grammatico-lexicale : je *dois* partir, il *peut* venir, tu *sembles* t'ennuyer, je *viens de* bricoler, il *va* chanter, elle *est en train de* faire sa valise, nous *commençons à* travailler etc.

Les degrés de comparaison des adjectifs et adverbes sont formés, à part quelques formations synthétiques héritées du latin *(meilleur, pire, majeur, mineur, supérieur, inférieur* ou *mieux, pis* etc.) à l'aide des deux morphèmes libres *plus* ou *moins*, qui se sont chargés ainsi d'une valeur grammaticale. Ainsi est né le COMPARATIF : *intelligent - plus/moins* intelligent, concrètement - *plus/moins* concrètement. En reprenant encore un des déterminants thématiques (dans la plupart des cas, c'est l'article défini) on obtient le SUPERLATIF : *le/la plus/moins* intelligent(e) ; - *le plus/moins* concrètement.

Si l'on reconsidère les différences entre le code oral et le code graphique [→ chap. 4 et 6], il faut avouer qu'on se trouve, quant à l'analyse morphématique, devant une série de problèmes supplémentaires. Les différences sont si grandes qu'il serait justifié de constater que les morphèmes indicateurs de valeurs et fonctions grammaticales, souvent, ne sont pas les mêmes dans les deux codes, qu'il y a deux systèmes distincts, ce qui ne facilite point l'établissement de leur inventaire.

(1) le pluriel :

    code graph. : l'élève / **les** élève**s** = marques : -s + article au pluriel ;
    code oral : [lelεv] / [lezelεv] = marques : article /le/ avec liaison ;

(2) le féminin :

    code graph. : un grand (chêne) / **une** grand**e** (chaine)
         = marques : -e + article féminin ;
    code oral : [œ̃grɑ̃ʃεn] / [yngrɑ̃tʃεn]
         = marques : la consonne finale se fait entendre, mais, pour l'adjectif, s'assimile quelque peu à la sourde qui suit + alternance de la voyelle pour l'article

A l'intérieur de chacun des deux codes en outre, les morphèmes présentent diverses allomorphes. Leur sélection se fait suivant l'apparence phonématique ou graphématique de la forme de départ (forme non-marquée : soit, pour le nom et l'adjectif le masculin du singulier, pour le verbe l'infinitif), mais aussi suivant l'orthographe grammaticale et les régularités de la prononciation. Exemple :

(3) les morphèmes du féminin et du pluriel des adjectifs :

    code graph. : 4 formes : petit/ petit-**e**, petit-**s**/ petite-**s** ; joli/ joli-**e**, joli-**s**/ jolie-**s** ;
                     3 formes : heureux / heureu-**se**, heureux-0 / heureuse-**s** ;

4 formes : blanc / blan-**che**, blanc-**s** / blanche-**s** ; vif / vi-**ve**, vif-**s** / vive-**s**
5 formes : fou / fol / f-**olle**, fou-**x** / **folle-s**

code oral :   2 formes : [p(ə)ti] / [p(ə)ti-t], [p(ə)ti-0] / [p(ə)tit-0] ;
1 forme :[ʒɔli] / [ʒɔli-0], [ʒɔli-0] / [ʒɔli-0], mais [leptitzelεv],
[leʒɔlizɑ̃fɑ̃] ;
2 formes : [øʀø] / [øʀø -z], [øʀø] / [øʀøz-0] : [blɑ̃] / [blɑ̃-ʃ],
[blɑ̃-0] / [blɑ̃ʃ-0] ; [vif] / [vi-v], [vif-0] / [viv-0] ; [fu] / [f-ɔl], [fu-0] /
[fɔl- 0]

rappel :   le « 0 » note un morphème zéro (cf. ci-dessus).

Il y a, comme nous l'avons déjà vu, parmi l'ensemble des morphèmes grammaticaux ceux qui sont toujours graphiquement et phonétiquement liés à des mots et, par conséquent, ne figurent pas dans le lexique du français, et ceux d'apparence autonome formant mot à part, tels *le, la, les, un, une, je, tu, il, ils, des, plus, moins, avoir, être, venir, aller, devoir, pouvoir* etc. Leur statut est loin d'être univoque et clair. Pris isolément, certains d'entre eux portent une signification assez vague, ils n'ont pas de référence extra-linguistique, hors-texte. Ceci vaut également pour les mots polysémiques, tels *plus, moins, je, tu, il, venir, aller, pouvoir* etc. quand ils sont à considérer comme unité grammaticale. On leur confère une SIGNIFICATION GRAMMATICALE ; aux articles par ex. la fonction d'indiquer le genre et le nombre du nom qu'ils accompagnent, mais encore la signalisation qu'il s'agit d'un objet défini, déjà mentionné et point de départ/base d'une nouvelle information ou, à l'opposé, d'un indéfini et introduit pour la première fois dans le message, voire l'information elle-même (FONCTION ANAPHORIQUE / THÉMATIQUE VS. CATAPHORIQUE / RHÉMATIQUE). Les articles peuvent également renvoyer à toute la classe d'objets ainsi dénommés (ARTICLE GENERIQUE). Les déterminants *mon, ma, mes* etc., à part l'indication du genre et du nombre et du défini, quant à l'objet, renvoient à l'appartenance quant à la personne (leur rôle dans le « jeu communicatif »). L'adverbe *très* aurait la fonction de servir d'intensificateur par rapport à un adjectif (ou un nom employé comme adjectif). En font partie encore les pronoms et adjectifs démonstratifs et indéfinis, ainsi que les prépositions, les conjonctions et certains adverbes, ces trois dernières catégories ayant pour fonction d'assurer la relation ou la jonction logico-sémantique entre les unités lexicales ou syntaxiques ou encore textuelles. N'oublions pas les PARTICULES DE NEGATION et toute la classe des PRONOMS PERSONNELS et des autres SUBSTITUTS. Puisque tous ces morphèmes d'apparence autonome sont incontournables dans la constitution d'un message linguistique, presque tous sont d'une fréquence très élevée et font donc partie, sur le plan didactique, du français fondamental.

- **TRAVAIL 5 Document 4 [→ COR]**
  Les parties du discours
  Consultez divers livres de grammaire française et comparez la terminologie en usage pour désigner et classifier les différentes espèces grammaticales des mots. Faites la même chose pour une langue étrangère que vous connaissez. Cherchez à découvrir les critères appliqués à la classification en question. Lesquels (sémantiques, morphologiques, syntactiques) vous paraissent le mieux adaptés à la classification ?

  Déterminez ensuite, dans le texte *Rendons à Julie* [→ **Document 4**], la classe/ l'espèce de chaque entité lexicale. Cherchez, dans un premier temps, à classifier chaque mot individuellement. Essayez ensuite de reconnaitre des groupements autour d'un nom (groupes ou syntagmes nominaux, noms composés). Qu'est-ce qui entoure les noms à leur gauche (prédétermination) et à leur droite (postdétermination) ?

- **TRAVAIL 6 [→ COR]**
  La morphologie du verbe
  Le même texte comporte une série de formes verbales. Déterminez-en le mode, le temps et la voix. Contrôlez votre solution.

5. La formation des mots

En faisant un bilan morphématique de l'ensemble du vocabulaire du français moderne, on peut constater sans grande difficulté qu'une quantité considérable de mots a été dérivée, à des périodes différentes de l'histoire du français, d'autres mots plus simples : *petitesse < petit, possibilité < possible, examiner < examen, criailler < crier, pouvoir (nom) < pouvoir (verbe), apporter < porter, bleuâtre < bleu, rougir < rouge, mensonger < mensonge , tire-bouchon < tirer + bouchon, métro < (chemin de fer) métropolitain* etc. Appelés globalement « mots dérivés », les linguistes les ont reclassifiés suivant leur base et le procédé de dérivation. Ainsi les mots issus de bases adjectivales s'appellent dérivés « déadjectivaux » (tels *possibilité*), d'autres sont dérivés « dénominaux » (*examiner*) ou « déverbaux » (*criailler*). La création de nouveaux mots par la voie de formation à partir de mots déjà existants est un des phénomènes les plus importants responsables de l'évolution des langues et de l'enrichissement de leur réservoir lexical ; il se maintient bien à côté de l'emprunt de mots d'autres langues ou des dialectes et complète les modifications sémantiques sans dérivation des mots déjà en usage [→ vol. II]. Le procédé de la dérivation est ancré dans la morphologie également, en ce sens que le français dispose d'un inventaire assez grand, mais de nombre limité, de morphèmes de formation de mot. La dérivation s'organise en cas de besoin grâce à des cas analogues, des procédés déjà utilisés, selon les modèles des diverses voies de formation. L'ensemble des modèles, y compris ceux qui, aujourd'hui, ne sont plus « productifs », est assez grand et assez systématique, même si les modèles singuliers sont loin d'être réguliers et prévisibles. Le procédé proprement dit consiste en ceci : un morphème de formation (de l'inventaire) s'unit à un lexème (mot déjà existant) par assemblage ; en nait un nouveau mot dont la signification se différencie considérablement du lexème de base, car l'élément morphématique l'a modifiée : les morphèmes de formation de mot (par ex. les « préfixes » et les « suffixes ») sont dotés de sens et, par conséquent, aptes à modifier le sens du lexème de base en lui en attribuant un nouveau. Il faut distinguer **PRÉFIXATION** et **SUFFIXATION**.

Dans le premier cas, les morphèmes se mettent devant la base, ce qui ne change en aucun cas le statut grammatical de la base : un nom reste un nom, un verbe reste un verbe etc. La valeur sémantique du préfixe amène, dans beaucoup de cas, une précision (*porter* : *re*porter, *im*porter, *ex*porter, *a*pporter, *dé*porter, *sup*porter), mais peut aussi modifier considérablement le sens du lexème de départ, surtout lorsque le procédé de formation est ancien et quelque peu caché : *com*prendre (sens de « saisir intellectuellement ») à partir de *prendre* ; ou *re*passer (les chemises) de *passer*. Dans de tels cas, on parle de motivation dissimulée ou perdue. Le modèle peut comporter certaines modifications morphophonématiques et graphiques au préfixe (jusqu'aux variantes préfixales) et à la base. Cela veut dire que, parfois pour des raisons articulatoires, mais plus souvent à cause de l'histoire du mot ou du préfixe (les deux composants peuvent être ou empruntés ou hérités du latin ou du grec ou mixtes), le fusionnement peut entrainer une variation de la forme écrite et/ou des phonèmes qui peuvent même toucher la base. Par la préfixation sont nés et naissent encore avant tout de nouveaux verbes et noms, mais aussi des adjectifs :

> **com-** : patriote > compatriote ;
> **inter-** : rompre > interrompre, national > international ;
> **dé-, dis-** : porter > déporter, joindre > disjoindre, verbal > déverbal, continu > discontinu ;
> **sur-, super, supra-** : charger > surcharger, poser > superposer ; face > surface, marché > supermarché, naturel > surnaturel, national > supranational,
> **anti-** : poser > antéposer, chambre > antichambre, fasciste > antifasciste.
>
> Les dérivés peuvent de nouveau servir de bases à d'autres dérivations : déporter > déportation, surcharger > surchargement.

Dans le second cas, celui de la suffixation, les morphèmes se mettent en position finale. Le statut grammatical du mot de départ peut alors changer, car les suffixes de l'inventaire morphématique se sont spécialisés dans l'attribution aux mots dérivés de traits sémantiques globaux ayant rapport aux catégories lexicales et grammaticales. Ainsi, il y a des suffixes adjectivaux (tels *–ible, –able, –ais, –ois, –eur, –ien*, qui, en plus, varient en genre et nombre), nominaux (90 environ, tels *–ion, –ation, –aison, –itude, –ure, –eur, –euse, –té, –tier, –er*, eux aussi pourvu du genre et variables en nombre) et des suffixes verbaux (par ex. *–ifier, –iser, –eter*, à part les désinences élémentaires : *–er* et *–ir*). De cette façon, le nouveau mot a acquis une signification légèrement ou même considérablement modifiée, conditionnée par son nouveau statut (par ex. « objectivation/agent », « procès/activité » « qualité » et d'autres composants sémiques [➔ vol. II] évoqués par le suffixe adjoint). La suffixation s'étend à toutes les classes de dérivation :

N > N	V > V (par infixe)	A > A
V > N	A > V	V > A
A > N	N > V	N > A :
chocolat > chocolatier	tousser > toussoter	lourd > lourdaud
charger > chargeuse	calme > calmer	venger > vengeur
doux > douceur	beurre > beurrer	famille > familial

Les variations morphophonématiques et d'orthographie du suffixe et/ou de la base dues à l'adjonction du suffixe ne sont, là non plus, pas rares. Sur le plan sémantique, certains suffixes sont très précis : par ex.

> **–isme, –iste** confèrent aux noms ou adjectifs le sens global de « idéologie, conception, intérêt spécifique ou leur regroupement » ou encore « son représentant » : *séparatisme, séparatiste, socialisme, socialiste,* ou encore *romaniste, médiéviste, cyclisme, cycliste* ;
> **–eur, –ateur, –euse, –atrice, –ien, –ienne, –ier, –ière** s'emploient pour désigner des métiers, des activités et pour leurs exécutants : *chanteur, chanteuse, cantatrice, commentateur, provocateur, boxeur, chauffeur, vendeur, vendeuse, pharmacien, pharmacienne, opticien, barbier, liftier.*
> **–ois, –ais, –ain, –ien, –in, –ol** servent, entre autres, à créer les dérivés de noms géographiques ou ethniques : *Niçois, Hongrois, Anglais, Américain, Italien, Bisontin, Espagnol,* plus rarement **–and, –éen** : *Flamand, Européen.*

L'appellation de certains morphèmes de formation, conformément à leur contribution sémantique, est entrée même dans la terminologie :

> **–et, –ette, –ot, –otte** sont des **DIMINUTIFS** (*voiturette, îlot*),
> **–âtre** dans *blanchâtre* est un **ATTENUATIF**,
> **–aille, –ard, –aud** sont des **PEJORATIFS** (*écrivailler* (en tant que infixe), *chauffard, salaud*), mais pas exclusivement (*poignard*) ; les infixes
> **–ot–, –in–, –ill–** sont appelés **FREQUENTATIFS**, parfois munis d'un sens diminutif : *trembloter, toussoter, trottiner, mordiller.*
> **re–** est considéré tantôt comme un morphème **ITERATIF** (répétition), tantôt comme un **INTENSIFICATEUR** : *repasser, reconstruire, réemploi, restructuration.*

Il arrive assez souvent qu'une base s'unisse à la fois à un suffixe et à un préfixe. Les dérivations sont alors, dans la majorité des cas, secondaires, c'est-à-dire, un mot préfixé (ou suffixé) devient à nouveau la base pour une nouvelle pré- ou suffixation, et ainsi de suite : *centre > central > centralisation > décentralisation.* Mais il y aussi des cas, parmi les dérivés munis à la fois de suffixe et préfixe, où ni le mot préfixé, ni le mot suffixé, n'existent (ou n'existent plus), la dérivation n'en est donc pas secondaire : par ex. : *embouteillage* (*embouteille, *bouteillage), *aplanir* (*aplan, *planir). Ces formations sont appelées PARASYNTHETIQUES.

Les morphèmes libres (les lexèmes) peuvent se combiner également. Les mots qui en naissent s'appellent MOTS COMPOSES. Le groupe le plus extensif en est le composé déterminatif, dans lequel règne une relation de subordination entre les composants, c'est-à-dire un mot déterminé et un mot déterminant. La marque formelle de relation est souvent une préposition, *de* ou *à*, mais d'autres aussi : *chemin de fer, musique de chambre, arme à feu, moulin à vent, crème à raser, travail à mi-temps, café en poudre, enseignement par correspondance, confection pour dames* ; l'emploi de l'article n'est pas rare : *boite aux lettres, travail à la chaine.* On peut facilement admettre que ces éléments de jonction ont également le statut de morphèmes de formation de mot, et, de temps en temps, on y reconnait aussi un apport sémantique : par ex. *à* peut indiquer une fin, une destination, une fonction : *couteau à fromage, machine à écrire.* Mais le modèle composite est plus riche. Il permet également la composition directe de deux mots en rapport de coordination : *sourd-muet, wagon-lits, roman-fleuve* ou bien la combinaison verbe + nom : *ouvre-bouteille, porte-clés, perce-neige, attrape-nigaud* et nom + adjectif : *classe verte, bête noire, dessin animé, mauvaises herbes.* Plus récente est la suite immédiate, dans les noms, de déterminé et déterminant sans aucune marque formelle de rapport : *enfant prodige, cité(-) dortoir, parfum cerise, voyage éclair, assurance maladie, adresse e-mail.*

- **TRAVAIL 7 [→ COR]**
  La formation des mots
  Discutez la fréquence et la valeur grammaticale et sémantique des suffixes suivants: –**ment,** –**er, –logue, –cide, –ure, –able, –ifier.**

  Cherchez à trouver des exemples de mots formés à partir des affixes grecs et latins indiqués au chapitre 5.6.

199

BIBLIOGRAPHIE DU CHAPITRE 7

Argod-Dutard, F. (1996) · *Eléments de phonétique appliquée*. Paris, Armand Colin.
Arrivé, M. ; Gadet, F. ; Galmiche, M. (1986) · *La Grammaire d'aujourd'hui*. Paris, Flammarion.
Carton, F. (1974) : *Introduction à la phonétique du français*. Paris, Bruxelles, Montréal, Bordas.
Chiss, J. L. ; Filliolet, J. ; Maingueneau, D. (1992, 1993) : *Linguistique française*. 2 tomes. Tome 1 : *Notions fondamentales – Phonétique – Lexique*. Paris, Hachette.
Fuchs, V. (2001) : *Taschenlexikon der französischen Grammatik*. UTB Tübingen, Basel, Francke.
Gardes-Tamine, J. (1990) : *La Grammaire*. T. 1 : *Phonologie, morphologie, lexicologie*. Paris, Armand Colin.
Génouvrier, E. ; Peytard, J. (1970) : *Linguistique et enseignement du français*. Paris, Larousse.
Holtus, G. ; Metzeltin, M. ; Schmitt, Chr. (1990) : *Lexikon der Romanistischen Linguistik*. Bd. V, 1. *Französisch*. Tübingen, Niemeyer.
Léon, P. R. (1976³) : *Prononciation du français standard*. Paris, Didier.
Martinet, A. (1968) : *Eléments de linguistique générale*. Paris.
Thiele, J. (1987) : *La formation des mots en français moderne*. (Trd. de l'allemand, Leipzig 1981). Montréal, Les Presses de l'Université.

ANNEXE DOCUMENTAIRE

Document 1
Les sons français de l'API
Document 2
Léon, P. : *Prononciation du français standard*. p. 102-103 :
Document 3
Le e-muet
Carton, F. : *Introduction à la phonétique du français*. p. 206-207.
Document 4
Les parties du discours :
texte *Rendons à Julie*

Document 1
Les sons du français (A.P.I.)

élévation de la langue	aperture:	région articulatoire (lieu d'articulation): antérieures (alvéo-palatales)	postérieures (vélaires)	nasalité:
voyelles hautes (extrêmes)	voyelles à aperture minimale	i *lit* y *lu*	u *loup*	
moyennes	à aperture moyenne — fermées	e *lé* ø *leu* ə *le*	o *l'eau*	voyelles orales
	ouvertes	ɛ *lait* œ *leur*	ɔ *lors*	
		ɛ̃ *lin* œ̃ *l'un*	ɔ̃ *long*	bucco-nasales
basses	à aperture maximale	a *là*	ɑ *las*	orales
			ɑ̃ *lent*	bucco-nasale
labialité:		non labialisées ou non arrondies ou étirées	labialisées ou arrondies	

Fig. 1: Classification des voyelles françaises

(1990), p. 2.

Mode d'articulation:		bilabiales	labio-dentales	labio-palatales	labio-vélaires	alvéo-dentales	alvéolaires	post-alvéolaires	palatales	vélaires	Sonorité:	Durée:	Impression auditive:
occlusives	orales	p				t				k	sourdes	momentanées	explosives
		b				d				g	sonores		
	nasales	m				n			ɲ	(ŋ)			
constrictives (orales)	médianes		f				s	ʃ			sourdes	continues / prolongeables	fricatives ou spirantes
			v	ɥ	w		z	ʒ	j		sonores		
	médiane à battements								R		sonores		vibran-te
	latérale						l						liquides
Position de la pointe (apex):		↓	↓	↓	↓	↓	↓	↑	↑	↓	↓		
Organe articulatoire:		labiales		labio-linguales		api-cales	dor-sales	apicales		dorsales			
								linguales					

Fig. 6: Classification des consonnes françaises

G. Straka, dans: Holtus, G./ Metzeltin, M. / Schmitt, Ch. (1990), p.17.

Document 2
Prononciation du français. P.Léon *Prononciation du français standard*, *pp.102-103*

32.8. Prononciation du [s] final dans le mot TOUS.

TOUS, adjectif : [s] jamais prononcé	*Tous les jours;* [tuleʒu:r]	*tous ces habits;* [tusezami]	*tous mes amis...* [tumezami]
TOUS, pronom : [s] toujours prononcé	*Tous l'ont vu;* [tuslõvy]	*ils sont tous ici;* [ilsõtusisi]	*prenez-les tous* [prɔneletus]

32.9. Prononciation du [s] final dans le mot PLUS.

	PLUS, NÉGATIF	PLUS, POSITIF
En finale	S jamais prononcé *Il n'en veut plus* [ilnɑ̃vøply]	[s] facultatif *un peu plus un peu plus* [œ̃pøply] ~ [œ̃pøplys]
Suivi d'une consonne	S jamais prononcé *plus du tout* [plydytu]	S jamais prononcé *plus beau* [plybo]
Suivi d'une *voyelle* ou d'un *h muet*	S prononcé [z] *Il n'en a plus assez* [ilnɑ̃naplyzase] *ça n'est plus humain* [saneplyzymɛ̃]	S prononcé [z] *Il est plus âgé* [ileplyzaʒe] *Il est plus humain* [ileplyzymɛ̃]

Document 3
Le e muet F.Carton (1974) *Introduction à la phonétique du français.*

3.5.3. *Le e muet*

Après en avoir étudié le statut phonologique (1.3.3.3.), nous considérons ici l'opportunité de son emploi. Pour être bien compris quand on parle *en public*, il est préférable de ne pas faire disparaître trop de *e*. En effet, les transitions de consonnes, dont nous avons dit l'importance pour la perception, ont ainsi la possibilité de se manifester. On maintient cet *e* chaque fois qu'un accroissement de la redondance est jugé nécessaire.

Pour éviter des chutes intempestives de consonnes, il convient de placer une légère expiration, mais sans insérer un [ə] à valeur syllabique aux jointures interconsonantiques : *à l'est / d'une ligne, les films / qui sont diffusés, un match / de coupe, les tracts / distribués, au strict / minimum.*

Les critères de son amuïssement ou de son maintien sont complexes.

3.5.3.1. Dans *nous v'nons*, la probabilité de disparition du *e* est plus grande que dans *ses gu'nilles*, bien que les deux *e* soient à l'initiale de mot. C'est sans doute une question de distribution : le groupe secondaire [vn] est plus fréquent que le groupe secondaire [gn]. Dans *vous ne s'rez* ou *vous ne f'rez*, nous n'hésitons pas à supprimer le deuxième *e* muet car les groupes résultants [nsR] et [nfR] sont habituels en français.

3.5.3.2. Selon Delattre, « *e* précédé de deux consonnes se maintiendra d'autant mieux que la première consonne sera plus fermée et inversement ». Il est plus « facile » de dire *ferm'ture* que de dire *appr'nez* (r est une sonante, *p* et *m* des occlusives). Mais d'autres facteurs entrent en jeu. A l'intérieur d'un groupe, ce peut être différent : dans *il demande*, *e* peut se maintenir bien que [d] soit plus fermé que [l].

3.5.3.3. On enseigne que *e* se prononce toujours devant [rj] et [lj]; or, selon un test récent (P. Léon), des enseignants non méridionaux n'ont pas dit *e* dans : *ils ne valent rien, ils en tiennent lieu.* Il semble donc qu'il n'y ait pas lieu de faire une exception pour les groupes en question. P. Léon[1] a montré le rôle que joue le rythme dans certains cas : dans les mots composés d'un verbe et d'un nom, [ə] à la jointure externe précédé de deux consonnes reste, si le deuxième terme n'a qu'une syllabe : *garde-meuble, porte-plume, porte-clé*; mais s'il a plus d'une syllabe, [ə] tombe presque toujours : *gard(e)-malade, port(e)-monnaie...*

3.5.3.4. Pour le *e* muet de monosyllabe initial, « le facteur psychologique (attraction de la position initiale de phrase) joue contre le facteur mécanique (force d'attraction combinée avec aperture consonantique) et l'emporte généralement, mais d'autant moins que ce dernier facteur lui oppose plus de résistance » (Delattre). Ex. : *je te parle* [ʃtə'paRl] et non [ʒət'paRl]. Mais il faut aussi prendre en considération des facteurs linguistiques (occurrence), sociaux et phonostylistiques : dans l'Est, une même personne dira *j'te vois* ou *je t'vois*, selon les circonstances.

3.5.3.5. On recommande, dans tous les registres, la non-élision de [ə] devant les numéraux *onze, un, onzième*. Au XVIIe siècle, on l'élidait, à preuve la vieille locution désignant un breuvage empoisonné : *le bouillon d'onze heures.* Littré préconisait *le huit* mais admettait encore *l'onzième page.* On dit aujourd'hui *le biberon de onze heures.* Comme le fait remarquer l'*Encyclopédie du bon français* (p. 1786), notre langue arrive au terme d'une évolution : « on a normalisé l'usage en faisant de *onze, onzième* des mots traités comme s'ils commençaient par un *h* aspiré ». Pour mieux dire, on a généralisé, pour les numéraux à initiale vocalique, un processus de jointure : la non-élision; *le un*, cela n'a pas le même sens que *l'un.*

Document 4
Parties du discours et verbe Texte d'étude, *Le Monde*, extrait.

Rendons

▄▄▄ à Julie...

« *Pauvre Julie Daubié, martyrisée dans le dernier numéro (mars) du* Monde *de l'éducation* », nous écrit Florence Montreynaud, indignée que nous en ayons fait une Jacqueline Daubier. Voici la biographie de la véritable Julie Daubié, première bachelière française en 1861, communiquée par notre correspondante.

« Modèle d'obstination, de courage et d'intelligence, pionnière de l'éducation féminine, Julie Daubié n'a pas aujourd'hui la reconnaissance qu'elle mérite. On a oublié que cette institutrice autodidacte, fille d'un comptable pauvre de la région lyonnaise, connaissait le latin et l'allemand. Qu'elle fut l'auteur d'un ouvrage sur « *la Femme pauvre au dix-neuvième siècle, par une femme pauvre* » (1859), où elle analyse les manques de l'instruction féminine ainsi que l'exploitation des institutrices « *moitié moins payées que les hommes* », ouvrage qui fut, malgré son audace, couronné par l'Académie de Lyon.

nom composé

» Le plus étonnant est encore la lettre qu'elle adressa, deux années de suite, à M. Roulland, ministre de l'instruction publique, pour demander l'autorisation de passer le baccalauréat. Après enquête, mais surtout grâce à l'appui personnel de l'impératrice Eugénie, un arrêté du conseil des ministres lui permit de se présenter devant les examinateurs de la faculté de Lyon et de devenir, en 1861, à trente-sept ans, la première bachelière française. Quelques années plus tard, elle devint licenciée ès lettres. La mort interrompit ses travaux pour une thèse de doctorat concernant la condition de la femme dans la société romaine. »

CORRIGES DES EXERCICES

CORRIGES DU CHAPITRE 1

- **TRAVAIL 1 : Le jeu d'échecs et la langue**

1. Linguistique externe et linguistique interne.
Le jeu d'échecs a une histoire, il a été inventé en un lieu et à un moment donné, il s'est codifié en un ensemble de règles, il a pu jouer un rôle social important, etc.; ces éléments sont de nature externe. Ce qui le définit de façon interne est le nombre et la nature de ses pièces et le système bien spécifique et immuable de règles de déplacement de ces pièces sur un échiquier qui est lui-même un espace défini de cases blanches et de cases noires. Cette opposition entre types de propriétés est applicable à la langue, où l'on peut et même où l'on doit, opposer nettement facteurs externes et facteurs internes (cf. *Cours de linguistique générale*. Introd. et chap. 5).

2. Synchronie et diachronie
Dans le jeu lui-même, il y a indépendance totale, radicale, entre la succession des coups (les étapes par lesquelles on est passé, coup après coup) et l'état du jeu. F. de Saussure dit qu'un observateur qui arrive à n'importe quel moment du jeu peut analyser l'état de jeu et calculer le meilleur coup à jouer sans avoir en aucune façon pris connaissance des coups précédents ; d'où par ex. les multiples parties « en simultané » que jouent les Maitres d'échecs, très impressionnantes à observer. Cette situation est transposable au domaine de la langue pour laquelle F. de Saussure propose l'opposition méthodologique stricte entre l'étude *synchronique*, qui prend en charge la description fonctionnelle de la langue, et l'étude *diachronique*, qui observe l'évolution dans le temps des systèmes synchroniques successifs ; le locuteur n'a besoin d'aucune connaissance sur l'histoire de sa langue pour s'en servir.

3. Valeur
Ce qui définit une pièce du jeu d'échecs, c'est la position qu'elle occupe sur l'échiquier à chaque moment du temps associée à ses possibilités de déplacement et donc de prise. A tout moment de la partie, l'échiquier se présente ainsi comme une « structure » au sens fort du terme, l'identité de chaque pièce étant constituée par un ensemble de relations. Cette propriété rejoint celle des unités linguistiques qui sont, elles aussi, définies oppositionnellement, les unes par rapport aux autres ; c'est ce que F. de Saussure appelle leur **VALEUR**. (cf. *Cours de linguistique générale*. 2ème partie, chap. 3).
L'analogie est limitée par la notion d'intentionnalité, valable pour le joueur qui, visant à gagner la partie, projette des intentions et des mouvements de façon consciente et volontaire, qui essaie d'en anticiper toutes les conséquences (son adversaire fera tout pour s'y opposer et imposer ses propres plans). La langue est avant tout une convention établie socialement et qui s'auto-régule, sur le long terme, par l'action individuelle et collective inconsciente, par l'interaction simultanée de toute la communauté parlante.
Ce que montre d'essentiel l'analogie est à la fois l'opposition du synchronique et du diachronique et le concept central de valeur ; ou encore que : « la langue est une forme, et non une substance » (*Cours de linguistique générale*. chap. 4, p. 169).

- **TRAVAIL 2 : L'environnement syntagmatique et le sens**

Les mots ici fournis représentent des exemples, fréquents en français, de formes qui restent graphiquement comme phonétiquement sans variation bien qu'ils soient susceptibles de correspondre à des entités sémantiques complètement différentes, parfois à de véritables homonymes.

AIGU
une pointe/flèche/lame aiguë : 'qui se termine par une extrémité pointue, très effilée' ; sens concret décrivant la forme d'un objet matériel ; syn. : acéré, effilé, fin. On a aussi *angle aigu*, qui en géométrie désigne par analogie de forme un angle très fermé (le contraire est un *angle obtus*).

    (A) un cri/son aigu : 'qui est de fréquence élevée' dans l'échelle des sons ; le nom désigne un son ; l'antonyme est alors : un son/etc. *grave*.

    (B) une crise (sens général) /maladie/affection aiguë : 'qui atteint un haut degré de force, qui fait beaucoup souffrir' ; une crise/maladie peut être *aiguë* ou au contraire *bénigne*.

    (C) une intelligence/un esprit aigu : ' vif, pénétrant, rapide' ; *lourd* serait un antonyme possible.

    (D) un accent aigu : 'signe que l'on trouve sur la lettre e et qui marque le é fermé ([e])' ; ce cas ne correspond qu'à l'association avec le mot accent, qui lui-même n'a comme interprétation que 'accent graphique'. A l'inverse un accent régional pourrait être dit *pointu*, mais jamais « aigu ».

Donc, bien que ces emplois relèvent tous de la même catégorie grammaticale, adjectif, leur remarquable diversité de sens dépend directement du type de nom auquel l'adjectif est associé.

ACCUSER
Deux verbes homonymes se cachent ici :

    (A) Accuser qqn (complément nom de personne) de qqchose : 'affirmer la culpabilité de qqn' par rapport à un acte répréhensible ou 'mettre en accusation qqn devant un tribunal'.

    (B) Qqn accuser le coup/la fatigue : 'ressentir, marquer un sentiment par rapport à un événement pénible' ; les types de noms qui encadrent le verbe changent très nettement son sens.

    (C) On connait encore : accuser réception, accuser son jeu, une lumière qui accuse les contours : 'rendre connu, plus évident'

TRAITE

    (A) La traite des esclaves/des blanches ; se livrer à la traite : 'trafiquer des humains comme des marchandises', le nom correspond ici au verbe *traiter* dans *traiter/négocier un contrat*.

    (B) La traite des brebis/vaches/chèvres/chamelles : 'extraction du lait d'un animal' ; le nom suivi d'un nom d'animal renvoie au verbe *traire* ; il y a homonymie entre les noms, mais l'ambiguïté est aisément levée par le type du nom complément du nom *traite*.

    (C) Tirer une traite est une expression en usage sur le marché des finances.

CORRIGÉS DU CHAPITRE 2

- **TRAVAIL 2 : Les traits universels**

Les traits universels se situent des deux côtés et évidemment dans ce qui est propre à toute langue humaine, donc au langage humain en général. Ainsi, toutes les langues se basent sur l'articulation phonique et comportent donc une série de sons et bruits distinctifs (phonèmes) regroupés dans un certain ordre pour former des unités sémantiques. Voyelles et consonnes alternent et sont modulées, à l'intérieur de leur enchainement, par les diverses facultés de variation de la voix humaine : intensité, prolongement et durée, hauteur, affaiblissement. Ceci est à considérer comme un fait formel, tout comme la nécessité que les fonctions et les valeurs (dont le sens) des unités linguistiques reposent sur la différence des formes. Si cela n'était pas le cas, la bonne compréhension serait menacée en permanence.

Que les langues unissent un sens à une forme (en résulte le signe) est à considérer également comme universel. Mais en partant de cette observation, on entre déjà dans le domaine des fonctions. Ici, on peut imaginer l'existence, dans toute langue, de structures linéaires plus grandes que les sons (c'est-à-dire s'étendant dans le temps), mais organisées dans une succession plus ou moins déterminée. Parmi les fonctions, on aurait donc celle qui règle cette succession (organise le discours syntaxiquement), mais aussi d'autres qui répondent aux besoins communicatifs fondamentaux, tels la démarcation du locuteur, de l'interlocuteur et de la « personne » dont on parle, l'orientation dans le temps, dans l'espace et dans la quantité, la distinction du réel et de l'imaginé ou du pur possible.

En revanche, l'existence de noms, de pronoms et de verbes et leur organisation linéaire en mots bien séparés ou encore l'existence de temps et d'aspects du verbe, de cas, de l'accord, donc de paradigmes formels, ou encore de lettres et donc de l'écriture avec les règles d'orthographe, ne font pas partie des faits universels.

CORRIGES DU CHAPITRE 4

- **TRAVAIL 1 : Les liaisons**

Ce sont de jeunes enfants :	obligatoire
Nous n'avons pas encore répondu :	possible, prononciation soignée, mais non obligatoire.
Il est ému :	possible, fréquente.
Il est vraiment ému :	quasi impossible, relèverait d'une sur-articulation (lecture par ex.).
A corps et à cris :	possible, la locution est toutefois plus souvent produite sans liaison.
En arrivant au port :	obligatoire pour : en, possible pour : arrivant, mais plus courant sans.
Ils ont eu de la chance :	usuel sans liaison, mais liaison faite assez fréquemment.
C'est trop important :	usuel sans liaison, mais liaison faite en parler soigné.
Il vaut mieux en rire :	quasi impossible, sur-articulation (lecture par ex.)
Il prend un avion chaque matin :	usuel sans liaison, mais liaison faite en parler soigné.
Tout un ensemble :	les deux liaisons sont obligatoires.

Les jours heureux :   très usuelle, liée à une quasi locution N + adj., sauf à séparer les deux mots par une très brève pause.

La liaison *il va - t - arriver* (ce qu'on appelle un *cuir*) s'explique par la morphologie des verbes français, un grand nombre de verbes très fréquents comportant un [t] comme marque de la 3ème personne (*être*, le plus fréquent de tous les verbes, *venir, prendre, mettre, faire, vouloir, finir* etc.) ; le principe d'analogie fait que les locuteurs rajoutent souvent ce [t] phonique même là où la graphie ne le comporte pas.

- **TRAVAIL 3 : Les expressions avec ça**

ça barde, ça va barder : d'origine argotique, devenu familier, toujours impersonnel, sans adverbe possible : 'il y a (va y avoir) une violente discussion ou de la violence physique' (par ex. au combat).
Ça chauffe, ça va chauffer, ça chauffe dur : familier, avec le même sens que *barder*, mais moins fort.
Ça a cassé : un objet s'est rompu / une relation entre personnes s'est détruite ; *ça passe ou ça casse* : c'est très risqué, mais on tente le coup quand même, en force ; *ça* (ou autre sujet) *me casse les oreilles/les pieds/le cul* : de familier à vulgaire (selon le nom employé) : 'pénible au plus haut point' ; l'expression *se casser le cul* ('se donner beaucoup de mal pour faire qqch') ne fonctionne pas avec le pronom *ça*.
Ça (lui)passera : une difficulté/douleur/amour 'finira par disparaitre' ; *ça (ne) passera pas* : même sens, négatif, que le positif ou bien : ça 'ne sera jamais accepté' (ex. : « votre projet de pont, c'est trop compliqué, ça ne passera pas/(jamais) » ; « Ça ne se passera pas comme ça. » : 'on ne peut accepter cela', 'on va l'empêcher').
Ça pète/ a pété / pétera : 'casser' ou : 'y avoir de la bagarre' ; *péter le feu* s'emploie plutôt avec un sujet nom de personne, ex. : « Jean pète le feu depuis les vacances ».
Ca tourne mal : 'il y a difficulté, ça ne marche pas comme prévu' ; *ça tourne rond / ça ne tourne pas rond* : 'ça marche très bien/mal' ; *ça tourne au vinaigre* : 'ça se gâte'. *Ça tourne court* : 's'interrompt sans qu'on l'ait voulu ou prévu' ; l'ensemble de ces expressions peut recevoir un sujet autre que le pronom *ça*.

- **TRAVAIL 4 : Les questions familières**

Elle aime les huitres ?/ Est-ce qu'elle aime les huitres ? : les deux formes sont les plus courantes, à égalité d'usage.
Qui a épluché les pommes de terre ? / C'est qui qui a épluché les pommes de terre ? / Qui c'est qui a épluché les pommes de terre ? : les trois formes sont utilisées, la première étant seule acceptée comme « correcte » par la norme prescriptive ; la deuxième est souvent utilisée par les enfants, peut-être moins par les adultes (à cause du sentiment de la séquence répétée : *qui qui* ?), la troisième est tout à fait courante.
Il est parti travailler où ? / C'est où qu'il est parti travailler ? / Où c'est qu'il est parti travailler ? : les trois questions sont usuelles, le placement en tête de l'interrogatif *où* s'accompagne presque toujours d'un renforcement par *c'est ...que* (la phrase étant assez longue, on n'entend guère : *où il est parti travailler ?*) ; marquée comme vraiment populaire et « incorrecte », on peut aussi entendre : *où qu'il est parti travailler ?*, phrase dans laquelle le locatif *où* n'est renforcé que par la conjonction *que*.

CORRIGES DU CHAPITRE 5

- **TRAVAIL 2 Document 2 : Les doublets**

1°

mots héréditaires	mots savants
chose	cause
droit	direct
écouter	ausculter
entier	intègre
frêle	fragile
froid	frigide
hôtel	hôpital
livrer	libérer
menu	minute
nager	naviguer
parole	parabole
peser	penser
raide	rigide

2°

mots latins	mots héréditaires	mots savant
blasphemare	blâmer	blasphémer
circulare	cercler	circuler
dotare	douter	doter
fabricum	forge	fabrique
legalem	loyal	légal
mobilem	meuble	mobile
nativum	né	natif
potionem	poison	potion
singularem	singulier	sanglier
viridem	vert	viride

- **TRAVAIL 3 : L'étymologie**

Exemples de pages explicatives :

noyer
Mot hérité du lat. *necare* ('tuer') > *neiier (neier* anc. fr. vers 1100) du fait de la palatalisation et même la perte assez fréquente de l'occlusive intervocalique (médio-palatale : entre [i,e,a] et [a]). La prononciation du groupe vocalique s'est effectuée sans hiatus, le i avait donc la valeur de [j] (semi-voyelle), la désinence de l'infinitif se prononçait alors [-jɛʀ], ceci dû au fait que, après consonne palatale, le [a] se transforme en [jɛ].
Autre exemple : *canem* > [tʃjɛɳ]. La signification est déjà restreinte : Le verbe désigne à ce moment-là une manière particulière de la mise à mort, celle qui subsiste encore aujourd'hui.
La modification ultérieure passe par *noiier, noier* (encore [-ɔjɛ-], surtout à l'Est et en Ile de France) vers [-uɛ-] au XIIIème siècle, et, accompagnée de la transposition de l'accent sur la deuxième partie de la diphtongue, devient [ua], en français moderne [wa]. L'orthographe est conservée, sauf que le *y* remplace à partir du XIVème siècle peu à peu les deux i prononcés [ij].

soldat
Mot emprunté à l'ital. *soldato* au XVIème siècle. Celui-ci est un dérivé (le participe passé nominalisé) du verbe italien *soldare* ('payer une solde'), *la solde* de l'ital. *soldo* provient du lat. *solidus* (une monnaie, mais, tout d'abord en lat. class. un adjectif voulant dire 'massif', d'où le fr. *solide*) qui fournit le français *sou*. Mais au milieu du XIVème siècle, il existait en anc. fr. aussi le mot *souldard* > fr. mod. : *soudard*, dérivé de *soude* 'solde' employé à l'époque du Moyen Âge pour désigner un soldat mercenaire, à qui on a payé une solde (verbe *soudoyer*). Le sens actuel de *soudard* s'est généralisé et en même temps spécialisé : 'tout homme de guerre brutal, grossier'. Cette évolution ou modification du sens est devenue possible à partir du moment où le mot italien a été emprunté et accepté largement en français.

autocritique
Mot formé à partir de *critique* et du préfixe grec *auto(s)–* (sens de 'soi-même, lui-même'), apparu au milieu du XIXème siècle sous la forme *autocritique*. Le mot *critique* est un mot savant emprunté au latin *criticus* (qui l'avait emprunté au grec) et avait son champ d'usage dans la médecine : Dérivé de *crise* (lat. *crisis*, du grec), l'adjectif a désigné tout ce qui avait rapport à la crise ('moment décisif d'une maladie'). L'extension du sens (usage en dehors de la médecine, donc pour 'toute sorte de moment crucial') se produit vraisemblablement en philosophie au XVIIIème siècle. Mais déjà en 1580 il pouvait avoir le sens de 'examen détaillé afin de pouvoir porter un jugement d'appréciation'. Un peu plus tard déjà, il dénomme aussi la personne qui porte jugement. Il était donc déjà à ce moment-là un mot polysémique. Le mot *autocritique* devient une sorte de terme scientifique avec le marxisme ('reconnaitre ses erreurs par rapport à ligne du parti') et apparait en France sous cette acceptation vers 1930, en allem. *Selbstkritik*, en angl. *self-criticism*, en russ. *avtokritika*, mot international pour le sémantisme et la formation. Cette dernière signification se manifeste cependant seulement à la base de l'appartenance du mot à une terminologie qui, nécessairement, enlève à ces termes toute sorte d'ambiguïté.

CORRIGES DU CHAPITRE 6

• **TRAVAIL 1 : Le rôle graphématique de la lettre *h***

Cas 1

La lettre *h* se trouve à l'initiale d'un mot mais ne produit aucun effet phonétique « direct » (comme un son, consonne ou voyelle possède une valeur positive propre). C'est ce qu'on appelle traditionnellement le *h muet* :

→ *habiter, homme, harmonie, héritage, héroïne* etc.

Il n'y a pas non plus d'effet phonétique « indirect », les phénomènes de *liaison* comme d'*élision* se produisant régulièrement ; le mot est donc traité par le système comme ayant une initiale vocalique ordinaire :

→ [laʀmonimynisipal] [lezɔmpɔlitik] [œneʀitaʒ] [leʀoin] [lezeʀoin]

Cas 2

La lettre *h*, dans la même position que 1., agit sur le phonétisme en bloquant les possibilités d'élision et de liaison avec le mot qui précède. C'est ce qu'on appelle, conventionnellement, le *h aspiré* :

→ *héros, haricot, handicapé, hamac, hausse, honte* etc.

Le *h* a pour rôle de noter un blanc phonétique, une frontière entre deux mots, entre le nom et ce qui le précède :

→ [deeʀo] (*des héros*) [tʀwaaʀiko] (*trois haricots*) [mõamak] (*mon hamac*)

Il n'y a pas réellement d'aspiration audible (comme dans d'autres langues, l'allemand par ex., *der Hund*, ou l'anglais, *a hat* ([h'])).

En comparant le cas 1 et le cas 2, on voit que la lettre est donc ambiguë ; on ne peut pas savoir selon un principe général si le *h* sera un *h muet* ou un *h aspiré*, ce qui explique la très grande hésitation des locuteurs français à répartir les deux valeurs, « laquelle ne répond qu'à un usage social dominant ». On peut quantifier de façon précise ces valeurs : en suivant l'usage social standard (donc, *handicapé, haricot, héros, hamac* etc. seraient comptés dans 2.), on n'obtient que 70 mots à *h aspiré*. Rapporté à l'ensemble des mots à initiale vocalique, puisque c'est là la seule comparaison légitime compte tenu de la valeur purement graphique du cas 1, la proportion est tout à fait infime, ce qui est encore un facteur d'instabilité pour le *h aspiré*.

Cas 3

Lorsqu'il est associé à une autre lettre pour former un digramme, le *h* n'a plus aucune valeur indépendante, il est une partie inanalysable (structuralement parlant, en *langue*) d'un graphème, et présente diverses fonctions dans cette structure graphématique :

→ dans : *château, chapeau, chez, apache* etc., le graphème *ch*, qu'il soit initial ou interne de mot, assure la fonction phonographique : [ʃ]

C'est dans ce cas que l'on trouve la fonction la plus fondamentale de la lettre *h* en français, dans le cadre précis de ce digramme *ch*.

→ dans : *archaïque, écho, achante, psychologie, dichotomie* etc., le graphème *ch* assure une autre fonction phonographique : [k]

Il s'agit ici de la transposition étymologique d'une lettre grecque, χ *(khi)*, ou *k aspiré*, qui s'opposait en grec à κ *(kappa)*, *k non aspiré*. Le digramme *ch*, outre la représentation de [k], a valeur logographique en identifiant les mots issus du grec et en les donnant à interpréter au lecteur comme mots savants, à sens spécialisé.

Cas 4
Dans quelques mots, *h* est employé seul pour éviter que deux voyelles soient interprétées comme un digramme et pour leur redonner leur indépendance au niveau phonographique ; ainsi :

→ *tohu-bohu* et *ahuri*

sont-ils prononcés [toyboy] et [ayri], avec diérèse bien marquée des deux voyelles, et non pas [tubu] et [ori], ce qui aurait été rendu possible si l'on avait eu la graphie :

→ **tou-bou* et **auri*.

Le tréma remplit aussi à l'occasion cette fonction :

→ *ambiguë* se lit [ābigy] et non [ābig].

Cas 5
Enfin, on pourrait réserver une petite place à des interjections. écrites avec un *h* initial, comme :

→ *ha* !, *hola* !, *hop* !, *houlàlà* !, *hue* ! etc.

Dans la mesure où ces mots « peuvent » être (mais ne sont pas nécessairement) articulés avec une aspiration audible à l'initiale. Ce cas reste marginal, d'autant que des mots du même type, écrits sans *h* ,peuvent aussi être « aspirés » : ouf !

La lettre *h* relève donc bien essentiellement, en français, de la graphématique, son rôle phonographique est très limité ; elle n'acquiert un rôle important sur le plan phonographique que lorsqu'elle entre dans la composition d'un digramme, le graphème *ch*, lequel a deux valeurs différentes : [ʃ], qui est de loin la plus essentielle (les graphies *sch* ou *sh*, calques des langues étrangères, sont en effet très marginales) et [k], valeur d'origine étymologique (voulue par les lettrés hellénistes du XVIème siècle) qui assure en même temps une fonction logographique.

• **TRAVAIL 2 : Les types de fonctions graphématiques**

1. La fonction phonographique
C'est la base du système de représentation graphique et il est donc possible, dans « tout »mot, aussi complexe soit-il, de pointer des lettres dont la fonction est la représentation du son correspondant de la forme orale.
t . o . r . d . u , par ex., représente cette mise en correspondance terme à terme des lettres et des sons : *t* pour représenter [t] , *o* pour représenter [o] etc. Dans *porc*, *p, o* et *r*, dans *vert*, *v, e* et *r* etc. Parfois, cette correspondance est établie entre un son et une lettre simple, parfois

entre un son et un digramme (*ai* pour [ɛ] dans *pair*), voire un trigramme (*eau* est une des graphies représentant [o], dans le mot *eau*, mais aussi dans *beau, bateau* etc.).

2. La fonction **morphographique**

Certaines lettres ne sont pas nécessaires au codage graphique du son dans un mot donné (telle lettre est donc muette), mais elles représentent un son qui est susceptible d'apparaitre soit dans le système grammatical de flexion du mot, soit dans sa famille dérivationnelle.

Ainsi, *porc* est terminé par un *c*, que l'on retrouve réalisé par [s] dans *porcin, porcelet*, voire même dans *porcherie, porcher*, où, associé à *h* dans le digramme *ch*, il code [ʃ].

De même, le *p* de *corps* se retrouve dans les dérivés : *corporel, corpulent, corpulence*, avec la valeur [p].

Plusieurs solutions peuvent d'ailleurs être possibles ; ainsi *vert* est-il écrit avec un *t* final, en relation avec la flexion du féminin *verte*, mais **verd* serait aussi une écriture cohérente, en relation avec *verdir* , *verdure*, ou même *viride* (*viridis*, en latin).

Le cas du *t* de *vient* est d'une autre nature ; il représente une graphie systématique, indépendante aussi bien de toute phonie que d'une famille particulière de mots, dont le rôle est le marquage purement grammatical de la 3ème personne du singulier de milliers de verbes. Le *s* de pluriel des noms est aussi de ce type, même si certaines liaisons peuvent ici ou là lui donner une réalisation phonique [z].

3. La fonction **logographique**

Enfin, certaines lettres servent à l'identification du mot en lui donnant une figure globale qui le distingue d'autres mots homophones (mots qui risqueraient donc d'être aussi homographes). *Corps* comporte un *s* final, lettre issue directement du mot latin *corpus*, et qui a été maintenue dans l'écriture moderne. Le poids culturel (maintien de la figure étymologique) joue ici indéniablement un rôle qui dépasse la fonctionnalité pure, puisqu'il suffirait d'écrire **corp* pour assurer à la fois la relation aux dérivés (*corporel* etc.) et la distinction d'avec l'homonyme *cor*.

Le *ch* de *psychologie* est l'héritage direct de la lettre grecque *khi* (*k* aspiré, [k']), maintenue dans les mots calqués sur cette langue, de telle sorte que toute graphie *ch* (*psychologie, archéologie*) , *rh* (*rhumatologie*), *th* (*théologie*), *ph* (*philosophie*) etc. en vient à signifier : « mot savant » (des sciences ou techniques) issu du grec. Les lettres étymologiques peuvent ainsi soit apparaitre comme de pures traces historiques, soit être mobilisées aux fins de distinction par rapport à d'autres graphies. Dans tous les cas, elles contribuent à constituer une image graphique du mot associable directement au signifié (d'où le terme : « logo-graphique »).

4. Langues étrangères

L'anglais n'est pas réputé pour avoir une écriture strictement phonographique, mais lorsqu'on parcourt un dictionnaire anglais, il n'est cependant pas si aisé de trouver des morphogrammes ou des logogrammes. Ainsi le *s* qui marque le pluriel des noms est phonographique, il code soit [s] (*books*), soit [z] (*pigs*), soit [iz] (*roses*). *–ed* est certes une marque graphique tout à fait générale des verbes réguliers au prétérit, mais là aussi un son est articulé, [t] (*laught*), [id] (*noted*), [ɛd] (*tried*), [d] (*said*). Un meilleur exemple serait la série des pronoms et adverbes en *wh* (*who, which, what, where, why* etc.), le *w* pouvant en anglais à lui seul coder [w] (*wait, wagon, way* etc.) et le digramme *wh* servant donc ici d'indice graphique grammatical de la classe des interrogatifs. On peut citer des logogrammes comme : *two*, distinct de *to* et de *too* (avec [uː] pour *too*), ou bien *knight*, opposé à *night* ; *scene*, calque étymologique du latin, se distingue de *seen* ; ou bien encore : *three* (vs *free*), *sea* (vs *see*), *witch* (vs *which*). L'allemand, quant aux consonnes, n'est pas non plus très riche d'exemples, peu de consonnes étant en concurrence sur la même aire phonétique. Un exemple de morphogramme est le cas de *Rat* (génitif : *Rates, raten*, 'conseil', 'conseiller') et de *Rad* (*Räder, Radfahren*, 'roue', 'vélo', 'rouler à vélo'). *Mann* (*der Mann* , 'l'homme'), qui s'oppose à *man*, 'on', peut être aussi considéré comme un logogramme. C'est surtout dans les voyelles qu'on trouve les morpho- ou logogrammes : *Bäcker, Gepäck, schänden* ('boulanger', 'bagages', 'profaner, violer') de *backen, packen, Schande* (au lieu de *e*, ce qui n'empêche pas le nom de famille *Becker*), *Gräuel* ('actes horribles') selon la dernière réforme d'orthographe, et *läuten*, ('sonner') de *Grauen, Laut*, au lieu de *eu*, par exemple. Citons aussi le cas du pluriel de certains noms ou bien la 2/3ème personne de verbes en [a] qui ont [ɛ] ou [e], mais écrivent *ä* et non pas *e* comme c'aurait été possible : *Rad – Räder, Palast – Paläste ; fahren – du fährst, raten – du rätst, fangen – du fängst*.

L'espagnol et l'italien sont les langues où il est le plus difficile de trouver des exemples. L'écriture étymologique de *kilo,* avec un *k* alors que *c* est la lettre latine généralisée pour noter [k], est logogrammatique. L'italien préfère néanmoins *chilo*.

Dans toutes ces langues européennes cependant, on peut considérer que les graphies calquées sur le grec sont des logogrammes : *philosophy, psychology* (angl.) *Psychologie* (all., prononcé [psyχologi]. L'espagnol et l'italien se distinguent encore ici en écrivant par ex. *filosofia*, donc de façon rigoureusement phonographique, ce qui est assez inattendu pour ces langues bien plus « romanes » que le français, l'anglais ou l'allemand.

Le français apparait donc comme la langue à écriture alphabétique (et donc à principe phonographique de base), où l'écriture est le plus chargée d'éléments « autonomes », qui ont fonction d'indicateurs grammaticaux et lexicaux ou fonction d'identification sémantique « directe » (logogrammatique) des mots.

CORRIGES DU CHAPITRE 7

- **TRAVAIL 1 : Transcription de phrases**

1   Vous avez un enfant ? C'est une fille ?
     [vuzavezœnɑ̃fɑ↑ // setynfij ↑]
2   Elle est bête et fait des bêtises.
     [ɛlebɛt ↑ efɛdebetiz ↓]
3   Mettez-le par-dessus ou par-dessous.
     [mɛteləpaʀdəsy ↑ / upaʀdəsu ↓]
4   Il mourrait de peur s'il voyait un gangster.
     [ilmuʀʀedəpœʀ ↑ silvwajɛå(t)œ̃gɑ̃gstɛʀ↓]
5   Vous pensez que c'est un contresens invraisemblable, n'est-ce pas ?
     [vupɑ̃se ↑ kəsetœ̃kɔ̃tʀəsɑ̃sɛ̃vʀɛsɑ̃blabl ↑ / nɛspa ↑]
6   J'en ai huit et toi tu en as dix.
     [ʒɑ̃nɛɥit ↑ / etwatyɑ̃nadis ↓]
7   On exige un examen du boxeur mexicain. Il a soixante dix-huit ans !
     [õnɛgziʒœnɛgzamɛ̃ ↑ dybɔksœʀmɛksikɛ̃ ↓ // ilaswasɑ̃tdizɥitɑ̃ ↑]

- **TRAVAIL 3 : Syllabes ouvertes ou fermées**

	ouvert	fermé	ouvert	fermé	ouvert	fermé	ouvert	fermé
maison	mai		son					
monotone	mo		no	tone				
revirement	re	vire	ment					
transformation		trans		for	ma		tion	
ennuyer	en		nu(y)	yer				
objectif		ob	jec		tif			
parachutiste	pa		ra		chu	tiste		
simplicité	sim		pli		ci	té		

- **TRAVAIL 4 : Prononciation des mots difficiles**

1 : b, a, b, a, a, b, b, a, b. 2 : a, a. 3 : a, a, b. 4 : b, a. 5 : b, a. 6 : a, b. 7 : a, a, a, b. 8 : b, b, b, b. 9 : a, b, a, b, b. 10 : a. 11 : a, b. 12 : a, a, b. 13 : b. 14 : a. 15 : a, a, b, b, a. 16 : a, b. 17: b, b, a/b 18 : b, a. 19 : b, b, b. 20 : b, b, a, b, a, b, b, b. 21 : b, a. 22 : a, a, a, a, a, b, b, a 23 : b, a, b, b, a, a, a, b. 24 : a, b, b. 25 : a, b, a, b, a, b, b, b, b, b (a). 26 : a, a, a, b. 27 : b, b, a 28 : b, a. 29 : b, b, b. 30 : b, a, a, a (b), a (b), b, b, b, b, b. 31 : b, b, b. 32 : b, b, b, a, b 33 : b, b, b, b, a, a, b, b (a), a. 34 : b, b, b, a, a. 35 :a , a. 36 : b, a, b, a, b. 37 : b, a. 38 : b, b (a) 39 : a, b, a, a. 40 : b, b, b. 41 : a, b, b. 42 : b, b, b, a.
particularités : [sɔlanɛl], [s(ə)gõ] [sãdwi(t)ʃ], [gʀyjɛʀ] ; ces mots présentent des discordances entre la lettre écrite et la prononciation, qui suggèrerait une autre lettre ; *e* dans *solennel* se prononce [a] etc.

- **TRAVAIL 5 : Les parties du discours**

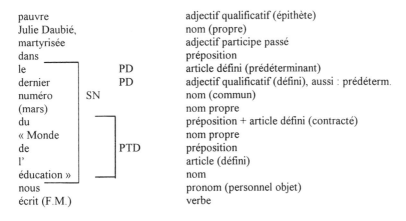

pauvre	adjectif qualificatif (épithète)
Julie Daubié,	nom (propre)
martyrisée	adjectif participe passé
dans	préposition
le — PD	article défini (prédéterminant)
dernier — PD	adjectif qualificatif (défini), aussi : prédéterm.
numéro — SN	nom (commun)
(mars)	nom propre
du	préposition + article défini (contracté)
« Monde	nom propre
de — PTD	préposition
l'	article (défini)
éducation »	nom
nous	pronom (personnel objet)
écrit (F.M.)	verbe

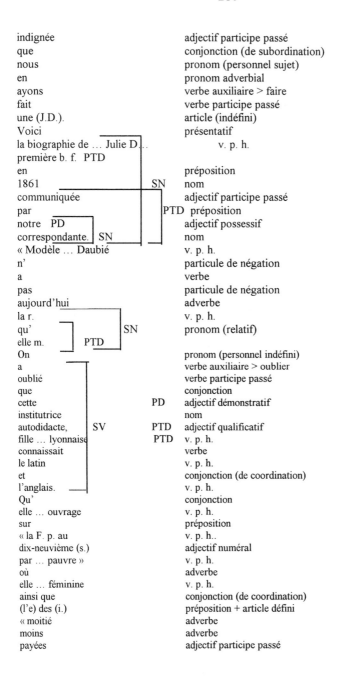

indignée	adjectif participe passé
que	conjonction (de subordination)
nous	pronom (personnel sujet)
en	pronom adverbial
ayons	verbe auxiliaire > faire
fait	verbe participe passé
une (J.D.).	article (indéfini)
Voici	présentatif
la biographie de … Julie D…	v. p. h.
première b. f. PTD	
en	préposition
1861 SN	nom
communiquée	adjectif participe passé
par	PTD préposition
notre PD	adjectif possessif
correspondante. SN	nom
« Modèle … Daubié	v. p. h.
n'	particule de négation
a	verbe
pas	particule de négation
aujourd'hui	adverbe
la r.	v. p. h.
qu' SN	pronom (relatif)
elle m. PTD	
On	pronom (personnel indéfini)
a	verbe auxiliaire > oublier
oublié	verbe participe passé
que	conjonction
cette PD	adjectif démonstratif
institutrice	nom
autodidacte, SV PTD	adjectif qualificatif
fille … lyonnaise PTD	v. p. h.
connaissait	verbe
le latin	v. p. h.
et	conjonction (de coordination)
l'anglais.	v. p. h.
Qu'	conjonction
elle … ouvrage	v. p. h.
sur	préposition
« la F. p. au	v. p. h..
dix-neuvième (s.)	adjectif numéral
par … pauvre »	v. p. h.
où	adverbe
elle … féminine	v. p. h.
ainsi que	conjonction (de coordination)
(l'e) des (i.)	préposition + article défini
« moitié	adverbe
moins	adverbe
payées	adjectif participe passé

que (l. h. »)		conjonction
(o.) qui		pronom relatif
fut		verbe auxiliaire > couronné
malgré		préposition
son audace	SN	v. p. h.
couronné		verbe participe passé
par		préposition
l'A. d. L.	SN	nom propre

Notations :
PD : prédéterminant ; PTD : postdéterminant ; SN : syntagme nominal ; SV : syntagme verbal

TRAVAIL 6 : Analyse purement formelle des formes verbales

martyrisée	participe passée
écrit	indicatif, présent, actif
indignée	participe passé
ayons fait	subjonctif, passé, actif
a	indicatif, présent
mérite	indicatif, présent, actif
a oublié	indicatif, passé composé, actif
connaissait	indicatif, imparfait, actif
fut	indicatif, passé simple
analyse	indicatif, présent, actif
payées	participe passée
fut couronné	indicatif, passé simple, passif
est	indicatif, présent
adressa	indicatif, passé simple, actif
demander	infinitif
passer	infinitif
permit	indicatif, passé simple, actif
se présenter	infinitif
devenir	infinitif
devint	indicatif, passé simple
interrompit	indicatif, passé simple, actif
concernant	participe présent

TRAVAIL 7 : Les suffixes et leurs principaux rôles

−**ment** est polyfonctionnel, comme d'ailleurs beaucoup d'autres suffixes.
Il sert par ex. à former régulièrement l'adverbe à partir des adjectifs (fonction grammaticale, d'origine latine où c'était encore un mot à part).

Pour former des noms, il apparait souvent sous la forme de −*ement*, −*issement* et constitue une dérivation déverbale : *sentir > sentiment, équiper > équipement, bombarder > bombardement, accomplir > accomplissement*. Etant déverbal, le sens du mot dérivé garde l'idée de l'action, du procès ou la transfère vers son résultat (*stationnement, équipement*).

–**er**, à part sa fonction de désinence verbale (infinitif des verbes latines en –*are*), se retrouve dans des noms anglais (*reporter, mixer*) avec la signification d'agent ou d'instrument, mais est français dans beaucoup de noms d'agent ou d'instrument, à partir de noms en [ʃʊ] et [ʒ], avec une variante encore plus fréquente pour les autres : –ier (*cocher, berger, cuisinier, fermier, batelier*). Il présente une forme féminine : –ère, –ière (*bergère, cuisinière*) qui s'applique aussi à des récipients (*soupière, cafetière, théière*) et, au masculin (*beurrier, confiturier*), tout comme aux arbres (surtout fruitiers : *pommier, olivier* etc.) et à des plantations (*rizière*). Ce suffixe est aussi adjectival : *porte cochère, production laitière*.

–**logue**, suffixe très peu productif, mais assez fréquent, est un mot savant du grec et s'emploie surtout pour désigner des chercheurs ou leurs professions dans certaines sciences, telles : *philologue, phonologue, lexicologue, psychologue, sinologue, ethnologue*, en rapport avec le nom des sciences concernées. Les mots pourvus de ce suffixe s'appliquent sans problème au sexe féminin. Bien que ressentis comme ayant subi la suffixation, ils sont plutôt des composés. Le suffixe est en usage aussi en dehors des métiers : *monologue, prologue, idéologue*. Variante : –*logiste* (*biologiste*).

–**cide** est latin, le sens qu'il prête au dérivé est 'celui qui ou l'acte qui tue', signification étymologique, qui se combine avec celle du second élément, lui-aussi très souvent latin ou latinisé : *fratricide, homicide, génocide, insecticide, suicide*. Les dérivés sont des noms et des adjectifs.

–**ure** (aussi -**ature**) a servi et sert encore à créer des noms féminins à partir de verbes et de noms, sa contribution sémantique est soit le résultat du procès exprimé par le verbe (*couper > coupure*), soit, dénominal, une idée d'ensemble(toit > *toiture*, *bord > bordure*), où il n'est plus très productif. Dans la terminologie chimique, on a des mots masculins : *carbure, sulfure*.

–**able**, suffixe très fréquent des adjectifs, surtout déverbaux, (variantes –**ible**, –**uble**) avec la signification de 'peut être fait, exécuté, est possible' : *faisable, lavable, lisible, convertible, audible, soluble*. Un autre ensemble d'adjectifs est dénominal et l'adjectif ainsi formé confère au nom qu'il détermine l'idée de la propriété ou de la qualité qu'exprime la base : *confort > confortable, effroi > effroyable*, aussi –**ible** : *peine > pénible*.

–**ifier** vaut pour former des verbes à partir de noms ou d'adjectifs (*plan > planifier, ample > amplifier*). Il a une signification factitive : 'on fait en sorte que ...'. Il s'agit plus précisément d'un infixe (–**ifi**–), car il se trouve inséré entre la base et la désinence verbale.

TABLE DES MATIERES DU VOLUME 1